Rheoli Straen

Jim White

GRAFFEG

ISBN 9781913134945

Mae **Dr** J_ ghorol sydd we _sanaeth _chyd Gwladol _ ti_ dull sy'n defnyd _ y _d gwybyd_ a_ problemau iechyd meddwl cyffredin ac sy'n cael ei arfer yn helaeth ym Mhrydain ac yn rhyngwladol. Mae bellach yn Gyfarwyddwr Stress Control Ltd.

Mae'n Gymrawd Cymdeithas Seicolegol Prydain, yn Gymrawd Cymdeithas Seicotherapi Ymddygiadol a Gwybyddol Prydain, yn Seicolegydd Siartredig ac yn Wyddonydd Siartredig.

I Lilian, Kirsty, David a Neil

Cynnwys

1

Sut mae'r llyfr hwn yn gweithio

Cyflwyniad

Mae straen yn rhan annatod o fywyd bob dydd. Mae'n dod i'n rhan ni i gyd. Meddyliwch am bwysedd gwaed: os ydych chi'n fyw, mae gennych chi bwysedd gwaed. Os ydych chi'n fyw, mae gennych chi straen. Os yw eich pwysedd gwaed yn mynd yn rhy uchel, dylech chi wneud rhywbeth amdano; mae'r un peth yn wir am straen. Nod y llyfr hwn yw eich helpu i wneud hynny.

I'r rhan fwyaf o bobl, mae straen yn gymysgedd o orbryder, iselder, teimladau o banig, cysgu'n wael, diffyg hunanhyder, diffyg hunan-werth a diffyg ymdeimlad o les personol. Mae'n un o'r problemau mwyaf cyffredin yn y byd heddiw.

Mae'n hawdd gadael i straen ein llethu, ac mae hyd yn oed y syniad o ddarllen llyfr yn gallu codi braw. Er mwyn i'r broses fod mor hawdd â phosib, rydyn ni wedi osgoi jargon ac wedi defnyddio iaith syml drwyddi draw.

Nod y llyfr hwn yw eich dysgu sut i ddod yn therapydd i chi'ch hun. Mae'n cynnig cynllun pum cam i reoli'ch straen:

Cam 1 Adnabod eich gelyn – dysgu am straen a sut mae'n effeithio arnoch chi.

Cam 2 Camau cyntaf – syniadau syml i wneud i chi deimlo mewn rheolaeth ar unwaith.

Cam 3 Ymladd yn ôl – sgiliau cysylltiedig i reoli straen yn y tymor hir.

Cam 4 Hybu'ch lles – sgiliau i wella'ch bywyd.

Cam 5 Cadw'ch straen dan reolaeth – sgiliau i reoli'ch dyfodol.

Mae'r dull hwn yn cyfuno therapi ymddygiad gwybyddol, seicoleg gadarnhaol ac ymwybyddiaeth ofalgar. Does yna ddim atebion hawdd, dim gwellhad gwyrthiol. Ond gyda gwaith caled ac ymarfer, fe allwch chi ddysgu sut i reoli'ch straen.

Mae'r pum cam yn defnyddio amrywiaeth o sgiliau. Y ffordd orau o edrych ar y sgiliau hyn yw fel rhannau o jig-so – maen nhw i gyd yn bwysig ar eu pennau eu hunain ond dim ond o roi'r darnau i gyd at ei gilydd y gallwch chi weld y darlun cyfan.

Gadewch i ni edrych ar y camau hyn yn fwy manwl:

Cam 1 Adnabod eich gelyn

Cyn i chi allu ymladd yn erbyn eich straen, rhaid i chi ei ddeall yn gyntaf. Felly, y cam cyntaf yw dysgu am straen a sut mae'n effeithio arnoch chi. Mae **Pennod 2** yn edrych ar beth yw straen, mae'n disgrifio'r arwyddion mwyaf cyffredin ac yn bwrw golwg ar beth sy'n ei achosi ac yn gwneud iddo bara.

Mae'n edrych ar y 'beth os' sy'n gysylltiedig â gorbryder a'r 'o na fyddai' sy'n dod gydag iselder. Mae'n edrych ar sut mae straen yn effeithio ar eich teimladau, eich meddyliau, eich corff a'r ffordd rydych chi'n ymddwyn. Byddwn ni'n gweld pwy sy'n dioddef straen a pha mor gyffredin yw e. Byddwn yn edrych ar gylch cythreulig straen i egluro pam, unwaith mae'n cael gafael ynoch, nad yw'n eich gollwng. Gallwn ni ddefnyddio'r wybodaeth hon i greu cylch cadarnhaol i wanhau ei afael. Bydd y cylchoedd cythreulig a chadarnhaol hyn yn fapiau i'ch tywys drwy'r llyfr a dangos y cynnydd rydych chi'n ei wneud.

Byddaf yn disgrifio'r model Meddwl, Corff, Bywyd a sut mae'r sgiliau y byddwch chi'n eu dysgu yn y llyfr yn cysylltu â'r model hwn. Mae llawer i'w ddweud dros yr egwyddor 'corff iach, meddwl iach', felly byddwn yn edrych ar amrywiaeth o sgiliau i roi hwb i'r ddau. Byddant yn cael eu cyfuno â sgiliau lles sydd â'r nod o wella'ch bywyd. Er bod lleihau teimladau o straen bob amser yn beth da, dyw hynny ynddo'i hun ddim yn gwneud i bobl *deimlo'n* well bob tro. Mae rhai'n teimlo'n *wag*, nid yn *well*. Trwy ddysgu ffyrdd o hybu lles, gallwn fod yn sicr ein bod yn lleihau straen ac yn teimlo'n well.

Mae **Pennod 3** yn mynd â hyn gam ymhellach. Gallwch ddefnyddio'r hyn rydych chi'n ei wybod am beth yw straen i ddysgu llawer mwy am eich straen *chi'ch hun* – i adnabod eich gelyn. Mae pawb yn teimlo straen yn wahanol, felly mae angen i ni weld pam eich bod chi yn dioddef ohono yn eich ffordd arbennig chi. Mae hyn yn cyflwyno'r rôl o 'ddod yn therapydd i chi'ch hun' wrth i chi ddechrau gweld eich patrymau eich hun. Bydd hyn wedyn yn eich helpu i ganfod y ffyrdd gorau o reoli'ch straen chi'ch hun. Hwyrach y byddwch am drafod y rhain gyda rhywun agos atoch rydych chi'n ymddiried yn ei farn. Efallai y bydd y person hwnnw'n gweld pethau rydych chi wedi'u methu. Os oes gwahaniaeth barn, ceisiwch weld y rheswm pam a dysgu ohono.

Mae'r hunanasesiad manwl hwn yn rhannu'n bum cam:

1 **Disgrifio'ch straen** Un ar ddeg cwestiwn yn edrych ar y gorffennol, y presennol a'r dyfodol. Mae hyn yn gosod y sail ar gyfer gweddill y camau.

2 **Canfod y patrymau** Naw cwestiwn i fynd â hyn gam ymhellach. Pam ydych chi'n teimlo dan straen weithiau ond nid ar adegau eraill? Pam mewn rhai mannau ond nid eraill? Dylech ddysgu llawer am eich straen fel hyn. Gall hyn ynddo'i hun ddechrau lleihau'r straen hwnnw.

3 **Creu 'rhestr bywyd'** Mae'r wyth maes canlynol yn edrych ar straen yn bennaf o'r rhan sy'n ymwneud â 'Bywyd' o'r model Meddwl, Corff, Bywyd: eich natur, eich swydd, eich iechyd, eich perthnasoedd, eich arian, eich cartref/cymdogaeth, eich ymddygiad a'ch cryfderau. Yn rhy aml, dim ond y pethau drwg – y gwendidau – rydyn ni'n eu gweld, felly mae'n hollbwysig eich bod yn edrych ar eich cryfderau (pethau, efallai, nad ydych chi'n talu fawr ddim sylw iddyn nhw). Bydd angen yr wybodaeth hon arnoch pan ddaw hi'n amser i chi hybu'ch lles ym Mhennod 10.

4 **Mesur eich straen a'ch lles** Mae tri o'r holiaduron straen

gorau i'w gweld yn yr adran hon. Gallwch gwblhau pob un ohonyn nhw, cael sgôr a gwneud synnwyr o'ch sgôr er mwyn gwybod ble rydych chi'n sefyll. Gallwch gyfeirio atyn nhw wrth i chi weithio'ch ffordd drwy'r llyfr hwn i weld pa gynnydd sy'n cael ei wneud.

- Mae'r GAD-7 yn mesur gorbryder.
- Mae'r PHQ-9 yn mesur iselder.
- Mae'r WEMWBS yn mesur lles.

5 **Nod Rheoli Straen** yw gwanhau'r cylch cythreulig sy'n cadw straen yn fyw ac anadlu bywyd i mewn i'r cylch cadarnhaol a fydd yn sicrhau eich bod chi'n gallu rheoli'r straen. Yn y cam hwn, eich tasg yw adeiladu'ch cylch cythreulig eich hun.

6 **Gosod eich nodau** Dylai'ch nodau fod yn seiliedig ar yr hyn rydych chi wedi'i ddysgu yn y pedair rhan arall. Rydyn ni'n edrych ar nodau da a drwg. Dylai'r nodau hyn eich arwain wrth i chi ddysgu'r sgiliau sydd yn y llyfr (ond peidiwch â bod ofn addasu'ch nodau wrth i chi ddysgu mwy).

Cam 2 Dechrau arni

A chithau nawr yn adnabod eich gelyn, mae **Pennod 4** yn eich helpu i gael eich hun yn y cyflwr gorau posib ac yna i ddewis arfau fel y gallwch chi ymladd yn ôl.

Weithiau, mae straen yn gallu'ch llethu cymaint nes eich bod chi'n teimlo nad oes dim modd i chi gael unrhyw reolaeth drosto. Felly, yng Ngham 2, rydyn ni'n dysgu sgiliau syml sy'n gallu gweithio'n dda yn y tymor byr. Mae hyn yn eich helpu i fagu hunanhyder wrth i chi fynd ymlaen i ddysgu'r sgiliau tymor hir yng Ngham 3. Bydd yn eich helpu i gael gwared ar y pethau a allai fod yn cadw straen yn fyw. Yna byddwn ni'n bwrw golwg ar rai o'r syniadau hunangymorth gwych y gallwch chi eu defnyddio i feithrin ymdeimlad o reolaeth. Mae'n rhannu'n dair rhan:

- Creu llechen lân – lle rydych chi'n cael gwared ar bethau a allai fod yn cadw straen yn fyw.
- Dod o hyd i broblemau cudd – gwiriad terfynol rhag ofn i chi fethu rhywbeth wrth lanhau'r llechen.
- Dau ddeg pum ffordd o ymdopi – ewch drwy'r rhain a dewis y rhai sy'n gweddu orau a rhoi cynnig arnyn nhw.

Cam 3 Ymladd yn ôl

Dyma lle byddwch chi'n dysgu'r sgiliau pwerus sy'n gallu'ch helpu i gadw'ch straen dan reolaeth.

Mae **Pennod 5** yn edrych ar sut mae'r corff yn ymateb fel y mae, ac yn esbonio pam. Bydd y technegau anadlu ac ymlacio sy'n cael eu disgrifio yn helpu'ch meddwl i ymlacio cymaint â'ch corff yn y model Meddwl, Corff, Bywyd.

Mae pum sgìl yn y bennod hon:

- Cyfyngu ar gaffein.
- Ymarfer corff.
- Anadlu o'r bol.
- Ymlacio cynyddol.
- Bwyta'n iach.

Ym **Mhennod 6**, gan adeiladu ar yr hyn ddysgon ni ym Mhennod 5, rydyn ni'n canolbwyntio ar y rhan hollbwysig o'r llyfr i lawer o bobl. Rydyn ni'n esbonio sut a pham mae ein meddyliau'n ymateb i straen. Rydyn ni'n edrych ar y llais synnwyr cyffredin yn erbyn y llais straen; yn edrych ar 'feddwl ceiliog rhedyn' a'r 'ffrwyn ddall' a, gyda'r wybodaeth hon, yn symud ymlaen at dri sgìl y bennod:

• Adeiladu'r sylfaen.

• Y 5 Her Fawr.

• Torri straen yn ddarnau llai.

Bydd llawer o bobl yn dechrau teimlo rhannau'r jig-so yn dod at ei gilydd ym **Mhennod 7** wrth iddyn nhw weld sut mae'r sgiliau Corff a Meddwl yn cyfuno â'r Sgiliau Gweithredu. Rydyn ni'n edrych ar sut mae ein gweithredoedd yn cael eu heffeithio gan straen ac yna'n eu rhannu'n *osgoi* ac *ymddygiad*. Rydyn ni'n dangos sut mae pob un yn bwydo straen a sut, drwy ddysgu'r sgiliau, y gallwn ni ddysgu llwgu'r straen. Dyma'r tri sgìl:

• Wynebu'ch ofnau.

• Mentro allan o'ch cylch cysurus.

• Datrys problemau.

Mae llawer o bobl yn cael pyliau o banig go iawn, ond mae bron pob un ohonon ni'n cael teimladau o banig. Mae **Pennod 8** yn edrych ar sgiliau i fynd i'r afael â'r ddau. Un o'r problemau mwyaf gyda phanig yw 'ofn ofn' lle mae gennych chi ofn y ffordd rydych chi wedi ymateb i ofn, a chithau felly'n ofni bod rhywbeth ofnadwy'n digwydd i chi oherwydd, er enghraifft, bod eich calon yn rasio neu'ch bod yn fyr o wynt. Bydd y bennod hon yn edrych ar wahanol fathau o deimladau o banig ac yn egluro sut mae ymdopi â nhw neu, yn well fyth, sut mae eu hatal. Byddwn yn edrych yn fanwl ar rôl anadlu. Mae pedwar prif sgìl:

• Rheoli'ch corff.

• Rheoli'ch meddyliau.

• Rheoli'ch gweithredoedd.

• Lleihau'r perygl o deimlo panig.

Mae straen yn aml yn arwain at gysgu'n wael; mae cysgu'n wael yn arwain at straen. Ym **Mhennod 9** rydyn ni'n edrych ar pam mae cael noson dda o gwsg ac adfywio yn hanfodol i reoli straen yn ystod y dydd. Byddwn ni'n edrych ar y 'cylch cysgu', pwysigrwydd trwmgwsg a chwsg symudiad llygaid cyflym (REM: *rapid eye movement*), gwahanol fathau o broblemau cysgu a'r rhesymau dros gysgu'n wael. Mae dau sgìl cysgu:

• Cyngor ar gysgu.
  - Eich anghenion cysgu.
  - Eich stafell wely.
  - Tawelu'ch corff.
  - Tawelu'ch meddwl.
  - Meithrin arferion da.

• Ailhyfforddi'ch cwsg.

Cam 4 Hybu'ch lles

Mae **Pennod 10** yn canolbwyntio ar bob agwedd ar y model Meddwl, Corff, Bywyd. Hyd yn hyn rydyn ni wedi gweithio ar gael gwared ar bethau drwg: meddyliau llawn straen, teimladau o banig, cysgu'n wael ac ati. Nawr rydyn ni'n troi at gryfhau pethau da, a thrwy wneud hynny, hybu'ch ymdeimlad o les.

Byddwn ni'n edrych ar pam mae lles yn hanfodol i reoli straen. Byddwn ni'n edrych ar y rhai sy'n 'ffynnu' a'r rhai sy'n 'nychu' a pham bod y rhai sy'n 'ffynnu' yn gwneud cystal mewn bywyd. Yna byddwn ni'n canolbwyntio ar eich helpu chi i 'ffynnu'. Mae tri cham:

• Pedwar cam tuag at les: cysylltu, cadw'n brysur, dal ati i ddysgu, rhoi.

• Ymwybyddiaeth ofalgar: talu sylw.

• Bod y fersiwn orau ohonoch chi'ch hun: tosturi a diolchgarwch.

Cam 5 Cadw'ch straen dan reolaeth

Ym **Mhennod 11** rydyn ni'n gwneud yn siŵr eich bod chi'n gallu gweld y darlun mawr ac yn dangos i chi sut mae defnyddio'ch sgiliau newydd i wynebu'r dyfodol yn hyderus. Byddwch yn dysgu am nodau arbennig fel ffordd ddefnyddiol o fynd i'r afael â phroblemau, a byddwn yn dod o hyd i gyngor ar ffyrdd o ymdopi.

Mae pob pennod yn un rhan o'r jig-so sydd, o'u rhoi at ei gilydd, yn eich galluogi i weld y darlun mawr sy'n arwain at reoli straen.

Nod y llyfr hwn yn y pen draw yw eich gwneud chi'n therapydd i chi'ch hun. Felly, gallwch chi osod y darn olaf, a'r un pwysicaf o'r jig-so yn ei le – chi. Credwch ynoch chi'ch hun. Oherwydd rydych chi yn bwysig.

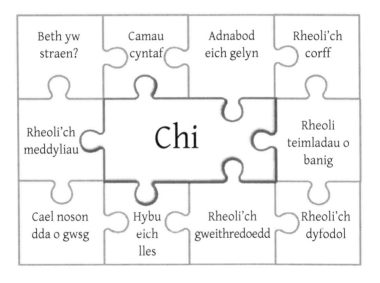

2

Beth yw straen?

Mae straen yn effeithio arnon ni mewn cymaint o wahanol ffyrdd ac mae pob un ohonon ni'n ymateb iddo'n wahanol. Y math mwyaf cyffredin o straen yw cymysgedd o *orbryder* (tensiwn, nerfau, poeni) ac *iselder* (teimlo'n ddigalon, yn drist). Bydd y rhan fwyaf ohonon ni'n teimlo gorbryder ac iselder ar ryw adeg yn ein bywydau.

Yn aml, mae straen yn gysylltiedig â phroblemau cysgu, colli hyder a/neu hunan-werth, teimladau o banig ac o ddicter neu o fod yn biwis. Efallai y byddwch chi'n goryfed neu'n dibynnu gormod ar feddyginiaeth er mwyn ymdopi. Efallai y byddwch yn teimlo bod eich natur wedi newid er gwaeth.

Straen

Gorbryder

Iselder

Dicter

Panig

Problemau cysgu

Diffyg hunanhyder a hunan-werth

Goryfed/defnyddio cyffuriau

Pe bai angen un gair arnoch chi i ddisgrifio orau beth mae straen yn ei wneud i chi, y gair hwnnw fyddai 'llethu' – y teimlad bod bywyd yn drech na chi. Os oes un ddelwedd yn disgrifio straen orau, y syniad bod gennych chi bwysau'r byd ar eich ysgwyddau fyddai honno. Cyfunwch hyn gyda'r teimlad nad oes unrhyw beth allwch chi ei wneud i'w reoli a bydd straen yn cael ei grafangau ynoch chi – ac ni fydd yn llacio'i afael.

Dydy straen ddim yn ddu a gwyn. Mae gan bob un ohonon ni straen yn ein bywydau, ac mae rhai adegau'n waeth na'i gilydd. Gallai hyn fod oherwydd yr hyn sy'n ein hwynebu ar y pryd: pwysau yn y gwaith, problemau ariannol, salwch, problemau teuluol ac ati. Ond eto, mae llawer o bobl yn ei chael hi'n anodd deall pam maen nhw'n teimlo dan straen; mae pobl heb unrhyw broblemau yn ôl pob golwg yn teimlo dan straen hefyd. Y gwir yw ein bod ni i gyd yn poeni, a'n bod ni i gyd yn teimlo'n isel o bryd i'w gilydd. Efallai na fyddwn ni'n gallu ymaflyd â'r holl bwysau sydd ar ein hysgwyddau ni ond, drwy ddysgu sut mae rheoli straen, gallwn ysgafnhau'r baich.

Mark

'Dylwn i fod yn teimlo'n wych. Does gen i ddim problemau go iawn yn fy mywyd. Ond eto dwi'n ddigalon a does gen i ddim egni o gwbl. Does gen i ddim amynedd; dwi'n methu canolbwyntio ar bethau a dwi'n gallu mynd yn flin gyda 'nghariad am ddim rheswm a dydw i ddim yn gwybod pam.'

Heulwen

'Mae wedi bod yn un peth ar ôl y llall eleni. Symud i'r tŷ newydd, yr holl newidiadau yn y gwaith, ac mae fy merch wedi cael sawl pwl o salwch dros y misoedd diwetha. Dwi wedi cyrraedd pen fy nhennyn a dwi ddim yn ymdopi'n dda o gwbl.'

Pryd mae straen yn dod yn broblem?

Mae tri arwydd clir bod eich lefelau straen yn codi'n rhy uchel:

Pan nad ydych chi'n gallu cael gwared ar y straen hyd yn oed pan wnewch chi'ch gorau glas i wneud hynny
Os ydych chi wedi cael diwrnod anodd, llawn straen yn y gwaith ond yn cyrraedd adref ac yn llwyddo i roi'r cyfan y tu

cefn i chi drwy ffonio ffrind, mynd â'r ci am dro, gwrando ar gerddoriaeth ac ati, yna mae gennych chi ffyrdd o reoli'ch straen. Fodd bynnag, os ydych chi'n ceisio lleihau'r straen dro ar ôl tro ond does dim yn tycio, mae'n bryd i chi ddysgu sgiliau i'w reoli.

Pan mae'n mynd a dod heb ddim rheswm Mae teimlo straen yn beth normal, e.e. adeg arholiadau, ar ôl dadlau gyda ffrind, pan fyddwch chi'n poeni am dalu bil. Ond os ydych chi'n teimlo dan straen ar adegau pan fyddwch chi'n gwybod y dylech chi allu ymlacio, fel pan fyddwch chi'n gorwedd yn y gwely, yn eistedd o flaen y teledu, yn ystod noson allan ac ati, yna mae'n bryd i chi ddysgu'r sgiliau hynny.

Pan mae'n dod yn ganolbwynt eich bywyd Os yw eich brawd yn ffonio ac yn awgrymu cwrdd am ddiod nos Wener a'ch bod chi'n dweud, 'Grêt, ond beth am i ni aros tan yn nes at yr amser er mwyn gweld sut dwi'n teimlo', yna mae straen yn dechrau'ch rheoli chi. Mae'n bryd dysgu ffyrdd o reoli'r straen.

Os ydych chi'n gallu'ch gweld eich hun yn yr enghreifftiau hyn, efallai y byddwch yn teimlo bod straen yn cymryd rheolaeth o'ch meddwl. Efallai eich bod yn teimlo'ch bod yn dechrau ei cholli hi hyd yn oed. Efallai y byddwch yn teimlo nad ydych chi'n gallu ymdopi â phethau y mae pobl eraill yn gallu ymdopi â nhw (neu bethau y gallech chi ymdopi â nhw yn y gorffennol). Os felly, rydych chi'n gwneud y peth iawn yn defnyddio'r llyfr hwn.

Dydy straen ddim yr un fath â 'phwl o'r felan' neu 'gael diwrnod gwael'. Fydd cic yn y pen-ôl ddim yn cael gwared ar straen. Mae'n fwy cymhleth o lawer na hynny. Mae straen yn dod yn broblem pan fyddwn ni'n teimlo na allwn ni ei *reoli*. Mae straen yn digwydd pan mae'r pwysau arnon ni'n drech na'n gallu i ymdopi, ac yn effeithio ar ein bywyd o ddydd i ddydd. Straen yw teimlo bod popeth yn *ein llethu*.

Bydd yna wastad bwysau a phroblemau yn eich bywyd, felly'r ffordd i reoli straen yw dysgu sgiliau ymdopi gwell. Mae hyn yn troi'r fantol o'ch plaid chi ac rydych chi'n fwy tebygol o allu rheoli'r straen.

Mae Cadi yn rheolwr swyddfa tri deg wyth oed, ac yn fam sengl i ddau o blant. Mae'n dweud bod poeni am bopeth yn rhan o'i natur hi, ond dros y tair blynedd diwethaf mae hi wedi troi'n 'fwndel o nerfau'.

'Dwi'n poeni am bethau dwl: am fod yn hwyr i'r gwaith; beth mae'r cymdogion yn ei feddwl ohona i; dwi'n poeni os yw'r plant bum munud yn hwyr yn dod adref o'r ysgol; popeth. Dwi'n well os dwi'n cadw'n brysur; felly, yn rhyfedd iawn, dwi'n llawer gwell yn y gwaith ond alla i ddim ymlacio o gwbl yn y tŷ. Alla i ddim eistedd yn llonydd am fwy na phum munud. Er 'mod i'n gallu mynd i gysgu'n ddidrafferth, dwi'n dihuno'n aml yn y nos ac yna'n methu mynd 'nôl i gysgu oherwydd dwi'n troi pethau drosodd a throsodd yn fy mhen.

'Dwi wastad ar bigau'r drain. Dwi'n arthio ar y plant o hyd am ddim rheswm. Dwi'n gallu cael pen tost drwg am ddiwrnodau – mae'n dechrau yn fy ngwar ac yn mynd yr holl ffordd o gwmpas i gorun fy mhen. Dwi ar bigau drwy'r adeg. Dwi'n teimlo dan fygythiad a dan y lach gan bobl, hyd yn oed pan dwi'n gwybod nad yw hyn yn wir go iawn. Dwi'n cael dadleuon gyda phobl yn fy mhen pan nad oes unrhyw angen am hynny. Dwi'n gallu gwylltio'n gandryll a dwi ddim yn gwybod sut mae ymlacio eto. Dwi'n gallu mynd drwy sgyrsiau gyda chrib fân i weld a ydw i wedi dweud neu wneud y peth anghywir. Dwi'n teimlo nad yw pethau dan reolaeth fel y dylen nhw fod. Dwi'n amau fy hun drwy'r amser, er bod fy rheolwr yn dweud fy mod i'n gwneud yn wych.'

Mae Irfon yn bedwar deg saith oed ac yn gweithio fel nyrs mewn uned dementia. Mae'n byw gyda'i wraig a'u tri o blant. Mae wedi ymdopi'n dda â hynt a helynt arferol bywyd am y rhan fwyaf o'i oes ac ni fyddai fel arfer yn ei ddisgrifio'i hun fel rhywun sy'n dioddef straen. Fodd bynnag, yn dilyn newidiadau yn y gwaith, mae'n teimlo nad yw'n gallu ymdopi cystal.

'Dwi'n gwybod ei bod hi'n anoddach byw gyda fi a dwi'n mynd i 'nghragen llawer mwy. Nid dyna'r math o berson ydw i, felly mae'n fy ngwneud i'n flin fy mod i'n ymddwyn mor annheg. Dwi'n ei chael hi'n anoddach o lawer anghofio am bethau ac ymlacio. Alla i ddim eistedd yn llonydd yn y tŷ a dwi'n gyrru'r teulu'n wallgo os mai fi sydd â'r teclyn teledu achos dwi'n newid o un sianel i'r llall, heb wylio unrhyw beth ar ei hyd. Dwi'n fwy encilgar nag o'r blaen – does gen i ddim amynedd gwneud y pethau dwi fel arfer yn eu mwynhau. Dwi wrth fy modd gyda chriced ond does gen i ddim diddordeb nawr. Dwi'n poeni am bethau dwl dwi'n gwybod na ddylwn i boeni amdanyn nhw. Ond alla i ddim peidio.

'Dwi'n llawer mwy ymwybodol o fy nghorff hefyd. Efallai bydd fy nghalon yn cyflymu rhyw ychydig, neu efallai bydd fy anadlu'n newid. Dwi wedi bod yn mynd at y meddyg yn llawer amlach, gan 'mod i'n poeni fy mod i'n sâl iawn. Weithiau, dwi'n gallu mynd i banig am hyn, ond mae rhan arall o fy meddwl yn dweud wrtha i am beidio â bod mor ddwl. Dwi wedi blino drwy'r amser, a does dim chwant bwyd arna i a dwi wedi colli tipyn o bwysau. Dydw i byth yn teimlo fy mod i wedi gorffwys yn iawn. Dydw i byth yn teimlo gant y cant. A bod yn onest, mae bywyd i'w weld yn ddiflas, yn wag ac yn waith caled, ond dwi'n teimlo'n euog am feddwl fel hyn oherwydd dwi'n gwybod bod gen i lawer iawn i fod yn ddiolchgar amdano.'

Arwyddion cyffredin straen

Er bod straen yn gallu effeithio arnon ni mewn sawl ffordd wahanol, mae yna rai arwyddion cyffredin.

Poeni

Yn aml, efallai y byddwch chi'n cael eich hun yn poeni am bethau rydych chi'n gwybod nad oes angen i chi boeni amdanyn nhw; neu, o leiaf, ddim i'r graddau rydych chi'n poeni amdanyn nhw. Ond does dim ots beth wnewch chi, allwch chi ddim peidio â phoeni. Arwydd sicr bod eich lefelau straen yn rhy uchel yw pan fyddwch chi'n dechrau poeni *am* y poeni, e.e. 'Pam dwi'n poeni fel hyn? Pam na alla i drechu hyn? Beth sy'n bod arna i?'

Diffyg egni

Yn syml, dydych chi byth yn teimlo gant y cant. Rydych chi'n teimlo eich bod chi'n llusgo'ch hun drwy'r diwrnod. Efallai'ch bod chi'n teimlo'n sâl neu'n teimlo bod rhywbeth yn bod arnoch chi.

Teimlo ar bigau/methu ymlacio

Efallai'ch bod chi'n cael trafferth ymlacio neu dawelu'ch meddwl. Efallai y byddwch chi'n neidio allan o'ch croen am ddim rheswm. Yn rhyfedd iawn, mae'n bosib y bydd hyn yn waeth ar adegau pan fyddwch chi'n meddwl y dylech chi fod wedi ymlacio, e.e. wrth eistedd o flaen y teledu, neu orwedd yn y gwely. Efallai y byddwch chi'n cadw'ch hun yn brysur fel ffordd o ymdopi.

Teimlo'n anobeithiol

Mae'r dyfodol yn edrych yn ddu ac allwch chi ddim gweld unrhyw ffordd o'i newid. Mae hyn yn golygu eich bod chi'n ei chael hi'n anodd sbarduno'ch hun i wneud pethau hyd yn oed pan fyddwch chi'n gwybod y dylech chi roi cynnig arni o leiaf: 'Beth yw'r pwynt? Does dim byd yn mynd i newid.'

Aros i'r gwaethaf ddigwydd

Y '*beth os*'. Rydych chi wastad yn ofni y bydd pethau'n mynd o chwith neu na fyddwch chi'n gallu ymdopi. Gall hyn achosi i chi osgoi gwneud pethau neu fynd i lefydd arbennig. Fe allech deimlo dan fygythiad gan bethau y mae'ch synnwyr cyffredin yn dweud wrthych nad ydyn nhw'n fygythiad go iawn. Mae'r ofn y cewch eich llethu yn gyffredin yma.

Hel meddyliau

Yr '*o na fyddai...*'. Efallai y byddwch chi'n meddwl am bethau annifyr sydd wedi digwydd i chi yn y gorffennol ac yna'n methu peidio â meddwl amdanyn nhw, er bod hyn yn eich ypsetio chi. Mae tristwch yn arwydd o hyn yn aml. Mae'r syniad o 'golled' yn gallu bod yn bwysig yma – y teimlad eich bod chi wedi colli rhywbeth pwysig yn eich bywyd. Gallai fod yn rhywun annwyl i chi yn marw; colli ffrind da, colli swydd, ac ati. Yn yr un modd â'r meddyliau 'beth os', mae'r rhain yn gallu troi a throsi yn eich pen am oriau di-ben-draw.

Cysgu'n wael

Efallai y byddwch chi'n cael trafferth mynd i gysgu, yn dihuno yn ystod y nos neu'n gynnar yn y bore gan wybod na fyddwch chi'n gallu mynd yn ôl i gysgu, felly dydych chi ddim yn

dadflino'n iawn. Efallai'ch bod chi'n cysgu gormod ond yn dal
i deimlo'ch bod heb orffwys yn iawn. Mae'r holl bethau hyn
yn lleihau'ch gallu i ymladd straen y diwrnod wedyn (ac felly
dydych chi ddim yn gallu cysgu eto'r noson wedyn, ac yn y
blaen). Byddwn yn edrych ar rôl cylchoedd cythreulig yn nes
ymlaen yn y bennod hon.

Teimlo'n biwis/yn flin

Rydych chi'n colli'ch tymer pan fyddwch chi'n gwybod
na ddylech chi. Mae hyn yn aml yn arwain at deimladau o
euogrwydd ac efallai y bydd hi'n anoddach byw/gweithio gyda
chi o ganlyniad. Felly mae perthnasoedd yn dioddef ac, fel y
gwelwn ni pan fyddwn ni'n edrych ar les ym Mhennod 10, mae
perthnasoedd cadarn yn help i'n diogelu ni rhag straen.

Yfed gormod

Efallai'ch bod chi'n yfed er mwyn lleddfu'ch straen, ond yn aml mae alcohol yn gwaethygu'r straen (ac yn amharu rhagor ar eich patrymau cysgu). Efallai'ch bod yn defnyddio cyffuriau/ meddyginiaethau yn yr un ffordd.

Osgoi gwneud pethau

Gallai hyn fod oherwydd y pethau 'beth os' – ofn na fyddwch chi'n gallu ymdopi â rhywbeth y mae'n rhaid i chi ei wneud neu rywle y mae'n rhaid i chi fynd iddo. Neu efallai y byddwch chi'n gadael i bethau fynd – gwaith tŷ, gwaith neu'ch bywyd cymdeithasol. Gallai hyn fod oherwydd diffyg egni neu deimladau 'does gen i ddim amynedd'. Fel y gwelwn ni ym Mhennod 7, osgoi pethau yw un o'r ffactorau pwysicaf sy'n cadw straen yn fyw.

Teimladau o banig

Teimlad sydyn bod rhywbeth *ofnadwy* ar fin digwydd i chi. Mae symptomau corfforol cryf yn aml yn cyd-fynd â'r teimlad hwn: y galon yn curo'n gyflym, anadlu'n gyflym, chwysu, teimlo'n benysgafn. Efallai fod arnoch chi ofn gwneud ffŵl ohonoch chi'ch hun neu, ar ei waethaf, efallai eich bod chi'n ofni y cewch chi drawiad ar y galon, y byddwch yn mynd o'ch co' neu'n marw.

Methu canolbwyntio

Rydych chi'n colli trywydd sgyrsiau, ffilmiau, llyfrau. Gallech deimlo bod straen yn effeithio ar eich cof hefyd. Efallai'ch bod yn ofni bod rhywbeth o'i le ar eich ymennydd.

Teimlo'n ddi-werth

Mae straen yn dinistrio'ch hunanhyder a'ch hunan-werth. Efallai y byddwch yn teimlo fel methiant a bod pawb arall yn well na chi. Mae'n bosib y byddwch chi'n llym iawn â chi'ch hun ac yn siarad â chi'ch hun mewn ffordd na fyddech chi byth yn siarad â neb arall. Byddwch chi'n osgoi heriau a fydd hyn, wrth reswm, ond yn gwaethygu pethau.

Dagreuol/emosiynol

Efallai y byddwch chi'n sylwi eich bod chi'n crio mwy o lawer. Mae pethau'n effeithio arnoch chi mewn ffyrdd na fydden nhw ddim wedi gwneud yn y gorffennol. Efallai'ch bod yn teimlo bod gennych chi lai o reolaeth. Mae'n bosib y byddwch chi'n osgoi pethau fel y newyddion ar y teledu oherwydd na allwch chi ymdopi â gwylio'r eitemau mwyaf dirdynnol.

Dim ond rhai o'r prif ffyrdd y mae straen yn effeithio arnon ni yw'r rhain. Mae llawer mwy, a byddwn ni'n edrych arnyn nhw yn yr adran nesaf. Ond os ydych chi'n gallu'ch gweld eich hun yn y disgrifiadau hyn, yna rydych chi'n gwneud y peth iawn – dysgu ffyrdd o reoli'r straen.

Pedair rhan straen

- **Beth ydych chi'n ei deimlo** Yr emosiynau cyffredin sy'n gysylltiedig â straen.

- **Beth ydych chi'n ei feddwl** Beth sy'n mynd trwy'ch meddwl pan fyddwch chi dan straen.

- **Beth ydych chi'n ei wneud** Sut rydych chi'n ymddwyn pan fyddwch chi dan straen.

- **Sut mae'ch corff yn ymateb** Symptomau corfforol pan fyddwch chi dan straen.

Mae'r rhain yn bwydo'i gilydd i gadw straen yn fyw. Gadewch i ni edrych ar bob un yn ei dro.

Gall straen effeithio ar eich teimladau

Efallai'ch bod chi'n teimlo'n biwis/orbryderus	Efallai'ch bod chi'n oriog neu'n emosiynol iawn
Efallai'ch bod chi'n teimlo'n ddiflas/isel	Efallai'ch bod chi'n cenfigennu'n hawdd
Efallai fod pethau'n gallu mynd yn drech na chi'n rhy hawdd	Efallai'ch bod chi'n teimlo anghysur corfforol neu emosiynol yn hawdd
Efallai'ch bod chi'n ypsetio'n hawdd	Efallai'ch bod chi'n teimlo'n ansicr ac yn fregus
Efallai'ch bod chi'n teimlo'n rhwystredig	Efallai'ch bod chi wedi colli'ch synnwyr digrifwch
Efallai'ch bod chi'n teimlo'n euog	Efallai'ch bod chi'n teimlo bod bywyd yn anobeithiol
Efallai'ch bod chi'n teimlo embaras yn hawdd	Efallai'ch bod chi'n teimlo'n ddagreuol
Efallai'ch bod chi'n teimlo'n isel am lawer o'r amser	Efallai'ch bod chi'n teimlo bod straen yn ennyn y gwaethaf ynoch chi

Efallai'ch bod chi'n teimlo'n llawn dicter neu chwerwder	Efallai'ch bod chi'n fwy cul eich meddwl, plentynnaidd a chwerw

Gall straen effeithio ar eich meddyliau

Efallai'ch bod chi'n poeni neu'n hel meddyliau am bethau rydych chi'n gwybod na ddylen nhw eich poeni chi	Efallai'ch bod chi'n ei chael hi'n anodd ymlacio'ch meddwl
Efallai y byddwch chi'n colli hunanhyder a hunan-werth	Efallai y byddwch chi'n teimlo na allwch chi reoli'ch byd
Efallai y byddwch chi'n teimlo bod eich cof yn wael	Efallai'ch bod chi wedi colli diddordeb mewn llawer o bethau
Efallai'ch bod chi'n teimlo'n hunanymwybodol iawn	Efallai'ch bod chi'n dychryn yn hawdd/yn teimlo ar bigau
Efallai fod gennych chi ofn mawr o gael eich gwrthod	Efallai nad ydych chi'n hoffi'ch hun
Efallai'ch bod chi'n teimlo ar wahân i bobl eraill	Efallai'ch bod chi'n aros (neu'n disgwyl) i'r gwaethaf ddigwydd
Efallai'ch bod chi'n teimlo eich bod wedi cyrraedd pen eich tennyn	Efallai'ch bod chi'n drysu'n hawdd
Efallai'ch bod chi'n ei chael hi'n anodd canolbwyntio, hyd yn oed am gyfnodau byr	Efallai fod gennych chi ofn mawr y byddwch yn methu

Gall straen effeithio ar eich gweithredoedd

Efallai'ch bod chi'n osgoi gwneud pethau neu fynd i lefydd oherwydd eich bod chi'n ofni na fyddwch chi'n gallu ymdopi â nhw	Efallai'ch bod chi'n yfed, smygu, cymryd rhagor o gyffuriau neu'n dibynnu ar feddyginiaeth yn fwy nag y dylech chi
Efallai'ch bod chi'n fwy byr eich tymer neu'n fwy blin	Efallai'ch bod chi'n bwyta llawer mwy neu lawer llai
Efallai'ch bod chi'n mynd i'ch cragen, e.e. yn gweld llai o'ch ffrindiau a'ch teulu	Efallai'ch bod chi'n fwy dagreuol
Efallai nad ydych chi'n gallu eistedd yn llonydd nac ymlacio	Efallai'ch bod chi'n fwy tueddol o adael i bobl eraill gymryd mantais arnoch chi
Efallai'ch bod chi'n gwneud mwy o gamgymeriadau yn y gwaith neu gartref	Efallai'ch bod chi'n fympwyol
Efallai'ch bod chi'n ceisio 'chwarae'n saff' yn fwy nag arfer	Efallai'ch bod chi'n ysgyrnygu/clensio'ch ceg
Efallai'ch bod chi'n ceisio osgoi cyfrifoldeb	Efallai fod gennych chi atal dweud

Gall straen effeithio ar eich corff

Efallai fod gennych chi lawer o wynegon a phoenau oherwydd tensiwn yn y cyhyrau	Efallai'ch bod chi'n teimlo'ch bod yn llusgo'ch hun drwy'r diwrnod
Efallai'ch bod chi'n fwy tueddol o gael annwyd a'r ffliw	Efallai fod tensiwn yn eich corff am y rhan fwyaf o'r diwrnod
Efallai'ch bod chi'n teimlo'n swrth	Efallai y byddwch chi'n sylwi bod eich corff yn ymateb yn hawdd iawn i straen, e.e. rydych chi'n cael mwy o bennau tost
Efallai'ch bod chi'n teimlo bod eich anadlu'n newid pan fyddwch chi ar bigau neu mewn panig	Efallai'ch bod chi'n cael trafferth mynd i gysgu; efallai'ch bod chi'n dihuno yn ystod y nos neu'n gynnar yn y bore
Efallai'ch bod chi'n colli neu'n magu pwysau	Efallai fod gennych chi boen bol
Efallai'ch bod chi'n cael llawer o bennau tost	Efallai fod eich croen yn dioddef
Efallai nad ydych chi byth yn teimlo gant y cant	Efallai'ch bod chi'n dioddef crychguriadau (*palpitations*)/ bod eich calon yn curo'n gyflymach

| Efallai'ch bod chi'n chwysu mwy | Efallai'ch bod chi'n teimlo'n benysgafn neu'n cael teimladau swreal |

Mae Marged yn saith deg pedwar oed. Mae'n teimlo ei bod hi wedi profi hynt a helynt bywyd dros y blynyddoedd, y da a'r drwg. Mae hi'n byw ar ei phen ei hun ers i'w chwaer farw ddwy flynedd yn ôl.

'Gallech chi ddweud 'mod i wedi cael bywyd eitha caled. Bu farw fy mam pan o'n i'n ifanc a ches fy magu gan fy nain, a oedd yn fenyw reit llym. Doedd dim llawer o gariad ar yr aelwyd. Roedd hi wastad yn gwneud i mi deimlo'n ddi-werth. Tyfais i fyny'n swil iawn ac roedd gen i ofn fy nghysgod fy hun. Fu gen i erioed lawer o hyder. Ond bues i'n ffodus iawn i briodi Deio, dyn da a darparwr da ar gyfer y teulu. Gollon ni Megan yn dri mis oed, a bu'n ergyd drom. Trodd Deio druan at y botel am ychydig flynyddoedd wedyn ond fe lwyddodd i drechu'r broblem a chawsom ein bendithio gan dri phlentyn arall. Collais Deio un mlynedd ar ddeg yn ôl ac, wrth gwrs, mae'r plantos i gyd wedi gadael – mae un ym Mryste, mae un yn gweithio ar y rigiau ac aeth ein mab ieuengaf i Seland Newydd bell flynyddoedd maith yn ôl i chwilio am waith.

'Symudais i fyw at fy chwaer ar ôl iddi hithau golli ei gŵr oherwydd bod arian yn brin i'r ddwy ohonon ni, ac roedden ni'n cyd-dynnu'n dda ac roedd hi'n gwmni da i mi. Ond bu farw hithau a dwi ar fy mhen fy hun am lawer

o'r amser nawr a dwi'n gweld eisiau cael rhywun yn y tŷ.
Mae'r diwrnod yn gallu bod yn hir ar eich pen eich hun.
Dwi'n gwneud fy ngorau i fynd allan a dwi wedi ymuno â
chlwb pensiynwyr sy'n cyfarfod ddwywaith yr wythnos, ac
weithiau mae rhai ohonon ni'n mynd allan ar nos Fawrth
am bryd o fwyd neu i'r sinema. Ond dwi ar bigau'r drain
pan dwi allan. Mae'n ddwl, dwi'n gwybod. Er bod pawb mor
glên, alla i ddim ymlacio. Mae 'nwylo i'n crynu – mae'n gas
gen i estyn fy llaw os oes rhywun yn dod â phaned i mi a
dwi'n siŵr y bydda i'n sarnu'r te wrth geisio'i yfed. Pe bawn
i'n gallu cael fy nerfau dan reolaeth, byddwn i'n teimlo
ganwaith gwell.'

Mae Ffion yn bedair ar bymtheg oed ac yn ddi-
waith ar hyn o bryd. Mae hi wedi cael pyliau o
banig am y ddwy flynedd ddiwethaf. Cafodd y
pwl cyntaf yn y coleg; roedd y stafell yn fach,
yn boeth ac yn llawn pobl. Roedd hi'n teimlo
nad oedd digon o aer yn y stafell.

'Daeth y panig o nunlle. Roedd yn teimlo fel ton oer yn
disgyn ar fy mhen. Un funud roeddwn i'n boeth iawn ac
yna roeddwn i'n oer iawn. Roedd fy nghalon yn rasio ac
roeddwn i'n chwys diferu. Roeddwn i'n teimlo fel petawn
i yno ond eto nad oeddwn i ddim, os ydych chi'n fy neall i.
Roeddwn i'n siŵr fy mod i ar fin llewygu. Wedyn, roeddwn
i'n siŵr bod rhywbeth o'i le ar fy nghalon i. Hyd yn oed ar ôl
i'r profion i gyd ddod yn ôl yn glir, roeddwn i'n dal i deimlo
'mod i'n marw adeg pwl o banig. Ond eto pan dwi'n pwyllo,
dwi'n gwybod yn iawn na fydd pwl o banig yn fy lladd i nac

yn fy ngyrru i'n wallgo ac y bydd yn dod i ben. Ond mae'r synnwyr cyffredin hwn yn diflannu cyn gynted ag y bydda i'n teimlo'r panig.

'Dwi'n torri 'mol eisiau swydd, ac nid dim ond am fod angen arian arna i. Dwi'n gweld fy mod i'n ymdopi'n well pan mae gen i rwtîn da. Ond dwi'n dal i fod ar bigau'r drain am y rhan fwyaf o'r diwrnod. Dwi wastad yn ymwybodol o guriad fy nghalon.

'Dwi'n ei chael hi'n anodd credu o hyd bod panig yn gallu cael effaith mor wael arna i. Dwi'n gofyn drwy'r amser i'r bobl dwi'n rhannu fflat gyda nhw roi sicrwydd i mi am fy symptomau ac mae hyn yn dechrau codi eu gwrychyn. Yn ogystal â'r panig, dwi'n fwy isel a llawn tensiwn. Dwi'n amau fy mod i'n yfed ychydig gormod hefyd, a dydy hynny ddim yn helpu.'

Ydy straen yn broblem gyffredin?

Ar unrhyw adeg benodol, mae gan un ym mhob pump ohonon ni broblem straen. Nid pwl o'r felan, nid cyfnod gwael, ond problem go iawn sy'n ein digalonni ac yn cael effaith andwyol ar ein bywyd bob dydd (a bywyd y rhai sy'n agos aton ni hefyd, efallai). Mae'r ystadegyn hwn – un ym mhob pump – yn wir ym mhedwar ban byd. Bydd bron ein hanner ni'n cael problem gyda straen rywbryd yn ein bywydau. Mae hynny'n golygu mai straen yw un o'r problemau mwyaf sy'n ein hwynebu ni heddiw. Mae'n ymddangos bod straen yn broblem sy'n tyfu yn fyd-eang hefyd.

Straen yw un o'r problemau mwyaf cyffredin y mae meddygon yn eu trin. Rydyn ni hefyd yn gwybod nad yw tua hanner y bobl sy'n dioddef straen yn mynd at eu meddyg teulu o gwbl, am bob math o resymau gwahanol. Efallai nad ydyn nhw'n sylweddoli eu bod nhw dan straen. Efallai eu bod nhw'n teimlo nad oes neb yn gallu eu helpu. Efallai eu bod nhw'n teimlo gormod o gywilydd i ddweud wrth rywun. Ond mae hyd yn oed siarad am straen yn gallu helpu oherwydd mae'n gwneud i'r dioddefwr feddwl am ffyrdd o'i helpu ei hun.

Ydy straen yn broblem 'go iawn'?

I rai, mae stigma yn perthyn i straen o hyd. Ar y cyfan, mae pobl yn gyndyn o gyfaddef neu dderbyn mai straen sydd arnyn nhw. Mae llawer yn mynd at eu meddyg teulu i gael help ar gyfer symptom corfforol: pen tost, poen bol, y galon yn rasio, ac ati. Mae rhai'n teimlo'n eithaf blin os oes rhywun yn dweud mai straen sydd arnyn nhw.

Meirion

'Fe wnes i ddweud wrth fy mòs fy mod i'n teimlo dan straen. Bron iddi ddisgyn oddi ar ei sedd. Roedd hi'n meddwl mai fi oedd y person mwyaf hamddenol yno. Ond y tu mewn, dwi'n teimlo fel petawn i'n chwalu'n ddarnau.'

Elliw

'Ychydig wythnosau yn ôl, gofynnodd Gerry, fy nghymydog, i mi beth oedd yn bod, gan ddweud nad oeddwn i yn fi fy hun,

31

fy mod i'n ymddangos yn isel. Dyma fi'n dechrau llefain y glaw. Dydw i byth yn gwneud hynny, ond roedd e fel petai rhywun wedi agor y llifddorau a llifodd y cwbl allan.'

Byddai'n well gan y rhan fwyaf o bobl gael problem 'go iawn' fel torri coes. O leiaf rydych chi'n gwybod beth sydd wedi ei achosi, rydych chi'n gwybod sut mae ei wella ac rydych chi'n gwybod y byddwch chi'n iawn eto mewn ychydig fisoedd. Dydy hyn ddim yn wir am straen. Yn aml, mae'n anodd dweud pam eich bod chi'n teimlo dan straen. Efallai nad ydych chi'n gwybod beth i'w wneud i helpu, a dydych chi ddim yn gwybod sut byddwch chi'n teimlo mewn ychydig fisoedd.

Mae straen mor real ag unrhyw broblem feddygol. Mae achosion straen a'r pethau sy'n gwneud iddo bara yn gymhleth. Fydd rhoi tipyn o ysgydwad i chi'ch hun yn gwneud dim i drechu'r straen ond bydd dysgu sgiliau i ymladd yn ôl yn gweithio.

Pwy sy'n dioddef straen?

Pawb. Does dim byd 'arbennig' am y bobl sy'n dioddef straen: wedi'r cyfan, mae llawer ohonyn nhw. Y drafferth yw bod gormod o bobl yn teimlo mai dim ond nhw sydd â'r broblem, ac felly maen nhw'n teimlo'n 'wahanol'. Rydyn ni'n dda iawn am wisgo mwgwd i'w guddio. Ond yna mae arnon ni ofn y bydd y mwgwd yn cwympo, ac mae hyn yn ychwanegu at y straen. Felly mae llawer o bobl yn ymddangos yn iawn ar y tu allan ond yn teimlo'n llanast y tu mewn.

Rhowch gynnig ar y cwestiynau hyn. Mae'r tri cyntaf yn ymwneud â gorbryder, a'r ddau olaf ag iselder:

Gorbryder

Dros y pythefnos diwethaf, ydych chi wedi:

Teimlo'n nerfus, yn orbryderus neu ar
bigau?   YDW   NAC YDW

Ei chael hi'n anodd atal neu reoli'r
poeni?   YDW   NAC YDW

Osgoi llefydd neu weithgareddau, ac
a wnaeth hyn achosi problemau i chi?   YDW NAC YDW

Os ydych chi wedi ateb 'ydw' i ddau o'r tri chwestiwn, efallai
fod *gorbryder* yn rhan o'r darlun.

Iselder

Dros y pythefnos diwethaf, ydych chi:

Wedi cael eich poeni yn aml gan
deimladau o iselder neu anobaith?   YDW   NAC YDW

Wedi cael eich poeni yn aml gan ddiffyg
diddordeb neu bleser mewn gwneud pethau? YDW NAC YDW

Os ydych chi wedi ateb 'ydw' i'r ddau gwestiwn, efallai fod
iselder yn rhan o'r darlun.

Ydy hyn yn canu cloch? Neu ydych chi'n teimlo eich bod chi'n
dechrau dangos arwyddion? Os felly, rydych chi'n gwneud y
peth iawn yn darllen y llyfr hwn.

Rhai o achosion straen

Mae llawer o bethau'n gallu achosi straen, ac mae Pennod 3 yn cymryd golwg fanylach ar y gwahanol ffactorau. Fodd bynnag, yn aml mae'n waith caled deall pam rydych chi dan straen. Mae'n aml yn cael ei achosi gan fwy nag un peth, fel y gallwch weld drwy edrych ar y model **Meddwl, Corff, Bywyd**.

Rydyn ni wedi ein gwneud o dair prif ran:

• **Meddwl** Ein hagweddau, y ffordd rydyn ni'n meddwl, yr hyn rydyn ni'n ei gredu, emosiynau, gweithredoedd, atgofion, sgiliau ymdopi ac ati.

• **Corff** Gellir rhannu'r rhan hon yn ddwy: yn gyntaf, yr hyn rydyn ni wedi cael ein geni ag ef, e.e. genynnau a systemau ymladd/ffoi, ac yn ail, sut mae ein cyrff yn cael eu heffeithio gan salwch, meddyginiaethau, ffitrwydd, bwyta, yfed, smygu ac ati.

• **Bywyd** Y byd ehangach a sut mae'n effeithio arnon ni: teulu, perthnasoedd, cyfoeth/tlodi, swyddi, diweithdra, bywyd cymdeithasol, addysg a'r gymdeithas rydyn ni'n byw ynddi.

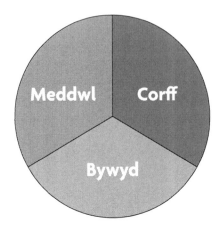

Y ffordd orau o ddeall rhywun yw edrych ar sut mae'r tair agwedd hyn yn gallu effeithio arno ef neu arni hi (a sut maen nhw'n effeithio ar ei gilydd). Po fwyaf o broblemau sydd ym mhob elfen, mwyaf tebygol ydyn ni o fod dan straen. Y nod yw deall y pethau rydych chi'n gallu eu rheoli, ac adnabod a derbyn yr hyn na allwch chi ei newid.

Meddwl Rydyn ni'n gwybod bod ymlyniadau gwael (er enghraifft, i'n mam) yn ystod bore oes neu ddigwyddiadau trallodus mewn bywyd yn gallu ein gwneud ni'n fwy tueddol o ddioddef straen. Allwn ni ddim newid y ffeithiau hyn, ond fe allwn ni ddysgu herio'r ffordd rydyn ni'n meddwl amdanyn nhw; gallwn ni ddysgu ffyrdd o newid ein hymddygiad a sgiliau i wella ein strategaethau ymdopi. Mae hyn yn sicrhau bod ein meddwl yn gweithio ar ei orau ac felly'n lleihau straen ac yn hybu lles.

Corff Mae rhai ohonon ni'n fwy tueddol o boeni am bethau; mae rhai yn fwy tueddol o ddioddef iselder. Ond y gair pwysig yma yw *tueddol*. Does dim byd yn ddigyfnewid. Mae ein hymennydd ni'n gallu newid mwy nag yr oedden ni'n ei feddwl ar un adeg – mae'n gallu dysgu, i ryw raddau, i fod yn llai tueddol o ddioddef straen yn y dyfodol.

Gallwn ni geisio gofalu amdanon ni'n hunain drwy sicrhau bod ein corff mor iach â phosib. Mae bwyta'n dda, ymarfer, lleihau caffein, peidio ag yfed gormod na chymryd gormod o gyffuriau i gyd yn helpu i leihau straen a hybu lles. Mae hyn yn cyd-fynd yn dda â'r syniad o 'gorff iach, meddwl iach'.

Bywyd Rydyn ni'n gwybod bod swyddi diflas, perthnasoedd gwael, gofid ariannol a diffyg cefnogaeth yn ein gwneud ni'n fwy tueddol o ddioddef straen. Mae yna rai pethau mewn bywyd na allwn ni ddim eu newid ond mae yna bethau eraill, gobeithio, y gallwn ni eu newid. Yr hyn allwn ni ei wneud yw cryfhau ein cysylltiadau â phobl eraill. Yn rhy aml o lawer, mae pobl yn teimlo bod straen yn eu gwahanu oddi wrth bobl eraill. Mae hyn yn bwydo straen. Bydd teimlo'n rhan o rywbeth mwy wastad yn help i leihau straen a hybu lles.

Bydd y llyfr hwn yn edrych ar wella'r Corff a'r Bywyd. Ond bydd y rhan fwyaf o'r gwaith yn canolbwyntio ar y Meddwl. Meddyliwch am y tair elfen hyn fel cocs mewn peiriant. Os byddwn ni'n gwneud i un gocsen symud, mae'r lleill yn symud hefyd. Mae'r tudalennau nesaf yn edrych ar rai o'r ffactorau pwysicaf.

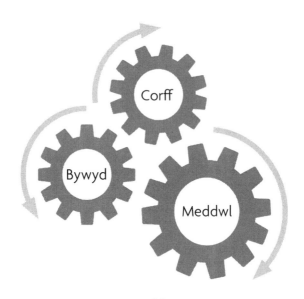

Eich natur: plentyndod

Mae'r bobl hynny oedd yn ofnus iawn yn ystod eu plentyndod
(yn nwy flynedd gyntaf eu bywyd yn aml) – yn ofni'r
tywyllwch, pobl ddieithr, bod ar eu pennau eu hunain – fel
petaen nhw'n fwy tueddol o ddioddef straen fel oedolion. Mae
plant a brofodd ddigwyddiadau trawmatig yn eu blynyddoedd
cynnar yn fwy tueddol o ddioddef straen fel oedolion. Mae
plant a gymerodd fwy o amser i setlo yn yr ysgol, a oedd yn
achwyn am boenau yn aml, yn biwis, yn swil ac yn ei chael
hi'n anodd ymdopi â sefyllfaoedd newydd, yn gallu bod yn fwy
tueddol o ddioddef straen yn nes ymlaen yn eu bywydau.

Dyma ffactorau eraill o'ch plentyndod sy'n eich gwneud chi'n
fwy tueddol o ddioddef straen fel oedolyn:

• Eich bod heb gael magwraeth sefydlog a sicr yn llawn cariad.

• Rhieni gorwarchodol.

• Ymdopi â straen drwy osgoi wynebu problemau.

• Unrhyw fath o ddigwyddiad trallodus: camdriniaeth
  emosiynol, gorfforol neu rywiol; esgeulustod emosiynol neu
  gorfforol; cael eich bychanu.

• Os oedd rhywun yn y teulu â phroblemau alcohol; wedi
  bod yn y carchar, neu'n dioddef problemau iechyd meddwl
  difrifol.

• Cael llawer o newidiadau yn eich bywyd: symud tŷ, newid
  ysgol, salwch wnaeth effeithio arnoch chi neu'ch anwyliaid,
  rhieni'n gwahanu, ac ati.

Eich natur: fel oedolyn

Os yw hi yn eich natur chi i ypsetio'n hawdd, teimlo ar bigau'r drain yn aml, bod yn dueddol o deimlo'n isel neu ofidio, teimlo'n anfodlon gyda chi'ch hun ac eraill yn aml, neu os ydych chi'n teimlo euogrwydd i'r byw, yna efallai'ch bod chi'n fwy tueddol o ddioddef straen.

Ffactorau eraill sy'n eich gwneud chi'n dueddol o ddioddef straen fel oedolyn yw *digwyddiadau bywyd* – po fwyaf o newidiadau sy'n digwydd mewn bywyd, mwyaf tebygol yw'r rhan fwyaf ohonon ni o ddioddef straen. Mae digwyddiadau hapus (genedigaeth, cael swydd, symud i ardal ddymunol) yn ogystal â digwyddiadau trist (marwolaeth rhiant, colli swydd, cael eich mygio) yn gallu sbarduno straen. Mae hyn o ganlyniad i orfod addasu i newid. Mae gormod o newid mewn cyfnod rhy fyr yn gallu arwain at straen.

Trafferthion

Mae gan lawer o bobl sy'n dioddef straen lawer o *drafferthion* neu 'hasls' yn eu bywyd. Problem sydd yno o un diwrnod i'r llall yw trafferth o'r math yma. Gall fod yn eithaf bach, ac mae'n bosib ei bod hi'n anodd gwneud rhywbeth yn ei gylch. Efallai nad yw'n eich cynhyrfu rhyw lawer ond yn raddol bach mae'n eich bwyta'n fyw. Gallai fod yn broblem yn y gwaith, gartref, gyda'r cymdogion, gyda dyled, neu wrth ymdopi â salwch. Mae'r trafferthion hyn yn eich llethu'n araf bach ac mae'r straen yn cynyddu gan bwyll.

Sioned

'Mae 'di bod yn un peth ar ôl y llall. Rydyn ni
wedi cael llawer o drafferth gyda phobl ifanc
yn eu harddegau yn sefyllian tu allan. Dwi'n
cael fy hun yn edrych allan drwy'r ffenest os
clywa i'r mymryn lleiaf o sŵn ar y stryd tu
allan. Mae fy mam yn yr ysbyty eto ac mae sôn
am ddileu swyddi yn y gwaith. Mae llawer o
ansicrwydd ar hyn o bryd a dydw i ddim yn
hoffi hynny.'

Ydy menywod yn fwy tueddol o ddioddef straen na dynion?

Bydd y rhan fwyaf o lyfrau'n dweud wrthych fod menywod
ddwywaith yn fwy tebygol o ddioddef straen na dynion (ac
mae therapyddion yn tueddu i weld llawer mwy o fenywod na
dynion). Wedi dweud hynny, dwi'n credu eu bod nhw'n delio
â straen mewn ffyrdd gwahanol. Oherwydd balchder dynion
a stigma, gall dynion fod yn fwy tebygol o guddio straen a
cheisio delio ag ef ar eu pennau eu hunain. Mae menywod
yn fwy tebygol o ofyn am gymorth gan rywun fel eu meddyg
teulu. Gall dynion hefyd yfed fel ffordd o ymdopi â straen, ac
maen nhw'n fwy tebygol o gael problem yfed na menywod.
Felly hwyrach fod dynion yn dechrau gyda phroblem straen,
yn yfed i geisio ei rheoli ac yna'n datblygu problem yfed sydd
mewn gwirionedd yn cuddio'r straen.

Mae Rhiain yn chwe deg un oed. Mae'n byw ar
ei phen ei hun ac yn gweithio fel gofalwraig.
Mae hi wedi cael cyfnodau o deimlo'n isel ers

cyfnod ei harddegau. Er ei bod hi'n sylwi pan mae ei hwyliau'n dechrau mynd yn isel, mae'n poeni nad ydy hi'n gallu gwneud unrhyw beth ynghylch hynny.

'Dwi'n mynd o fod yn berson eithaf positif i deimlo bod gen i holl bwysau'r byd ar fy ysgwyddau. Dwi'n gwybod fy mod i'n waith caled pan fydda i fel yna. Fel arfer, dwi'n ceisio bod yn gymwynasgar a hynaws gyda fy nghyd-weithwyr a dwi'n gwybod eu bod nhw'n fy hoffi i. Ond pan dwi'n isel, er fy mod i'n ceisio celu fy nheimladau, dwi'n siŵr fy mod i'n ymddangos yn biwis a blin ac yn gwneud môr a mynydd o bethau dibwys – pethau na fydden nhw ddim yn fy nghorddi i fel rheol. Mae fy ffrindiau wedi bod yn wych, ond maen nhw wedi cael llond bol oherwydd dydw i byth yn eu ffonio nac yn mynd allan rhagor. Dwi'n gwybod eu bod nhw eisiau helpu ond dwi'n eu cadw nhw hyd braich.

'Alla i ddim cofio'r tro diwetha i mi deimlo fel chwerthin. Dwi wedi blino llawer mwy nag arfer, a phan fydda i'n cyrraedd adref o'r gwaith, dwi'n tueddu i ddiogi o flaen y teledu. Dwi'n ddiegni ac eisiau cysgu drwy'r amser. Roeddwn i'n arfer dwlu darllen ond alla i ddim canolbwyntio nawr. Dwi'n teimlo mor euog am beidio â styrio, ac yn meddwl tybed a fydda i'n teimlo fel yr hen fi byth eto.

'Pan dwi'n isel, mae'r dagrau'n dod yn haws – dwi hyd yn oed yn osgoi darllen y papur oherwydd mae wastad rywbeth trist fydd yn fy nghynhyrfu. Mae fy nghwsg bob siâp yn y byd. Dydw i ddim eisiau bwyta – gallwn i wneud y tro â cholli pwysau, ond nid fel hyn. Er bod rhai diwrnodau'n well na'i gilydd, dwi'n mynd yn flin nad oes gen i unrhyw ffordd o reoli fy nheimladau.'

 Mae Dyfan yn chwech ar hugain. Mae'n gweithio mewn canolfan alwadau ac yn byw gyda'i dad. Mae Dyfan yn ymdopi'n dda â'i swydd ond mae'n ei chael hi'n anodd ymdopi amser paned.

'Os ydw i'n eistedd wrth y bwrdd gyda'r bobl dwi'n gweithio gyda nhw, dwi'n iawn. Os nad ydw i'n adnabod llawer ohonyn nhw, dwi'n mynd i 'nghragen a ddim yn dweud gair. Dwi'n ei chael hi'n anodd edrych ym myw llygaid pobl. Dwi'n siŵr eu bod nhw'n meddwl fy mod i'n od neu'n ddiflas neu'n dwp. Dwi'n cael fy hun yn cynllunio beth dwi'n mynd i'w ddweud o flaen llaw ond, wrth gwrs, dydy hynny byth yn gweithio. Alla i ddim siarad yn fyrfyfyr. Dwi'n meddwl y bydda i'n dweud y peth anghywir. Mae'n gas gen i lofnodi fy enw o flaen pawb oherwydd mae fy llaw i'n crynu os dwi'n meddwl eu bod nhw'n fy ngwylio i. Mae arna i ofn y byddan nhw'n dweud rhywbeth am hynny.

'Os dwi allan gyda fy ffrind, dwi'n tueddu i yfed gormod i fagu ychydig o hyder. Dwi'n gwybod nad yw hynny'n beth doeth. Dwi'n hoff iawn o un o'r merched yn y gwaith a dwi eisiau gofyn iddi fynd ar ddêt, a dywedodd un o'i ffrindiau hi wrth fy ffrind i ei bod hi'n hoff ohona i. Dwi'n ceisio magu digon o blwc, ond dwi byth yn llwyddo oherwydd dwi'n gwybod y bydda i'n cochi a bydd hi'n meddwl fy mod i'n ffŵl. Mae fy hyder i'n deilchion. Does dim ots ble fydda i, dwi'n teimlo fel pysgodyn allan o ddŵr. Dwi'n edrych ar y bois eraill i gyd yn ymddwyn yn normal ond dwi'n teimlo fel methiant. Pam na alla i ymdopi fel nhw?'

Ffactorau bywyd

Mae yna gysylltiad clir rhwng straen a'r hyn sy'n dod i'ch rhan mewn bywyd. Mae pobl sy'n byw yn ardaloedd tlotaf ein dinasoedd ddwywaith yn fwy tebygol o ddioddef straen na'r rheini yn yr ardaloedd mwyaf llewyrchus (ond, wrth gwrs, mae hyd yn oed y bobl fwyaf cefnog yn gallu dioddef straen ofnadwy). Gall ffactorau eraill mewn bywyd wneud pobl yn fwy tueddol o ddioddef straen:

• Problemau ariannol.	'Mae'r tŷ yn rhy fach i ni ond allwn ni ddim symud. Mae'n rhaid i fy mhartner weithio'r holl oramser mae'n gallu ei gael i gadw'n pennau ni uwchben y dŵr, felly dydw i
• Bod yn rhiant sengl.	ddim yn gweld rhyw lawer ohono. Dwi'n teimlo fy mod i'n goroesi o un wythnos i'r llall. Dydy e'n fawr o fywyd.'
• Diffyg rheolaeth dros eich bywyd.	'Dwi'n byw yn y fflatiau. Mae yna bobl od iawn yma, felly alla i ddim gadael i'r plant ddefnyddio'r lifftiau ar eu pennau eu hunain. Felly maen nhw dan draed drwy'r dydd. Does gen i ddim arian i fynd â nhw allan
• Diffyg addysg dda.	ryw lawer. Maen nhw'n gallu fy ngyrru i'n wallgof. Mae gwyliau'r

• Afiechyd.

ysgol yn erchyll. Mae fy nheulu yn delio â'u problemau eu hunain, felly dydw i ddim eisiau gofyn iddyn nhw am help. Dwi'n poeni am sut dwi'n mynd i ymdopi.'

• Diffyg cefnogaeth.

'Mae gen i swydd dda a ffrindiau da, ond dwi ar fy mhen fy hun ac yn teimlo'n unig yn aml. Mae'n rhaid i mi ofalu am fy nhad, sydd ddim yn yr iechyd gorau. Felly dwi'n gorfod gwneud yn siŵr ei fod e'n iawn – wedi cymryd ei dabledi, wedi cael pryd poeth, heb gwympo ac ati. Dwi'n poeni amdano drwy'r amser a dwi'n gyndyn o drafod pethau personol, felly does gen i neb i rannu fy ngofidiau gyda nhw.'

• Cymdogion gwael.

Mae synnwyr cyffredin yn dweud wrthym ni y byddai unrhyw un o'r ffactorau hyn yn gwneud unrhyw berson normal yn fwy tueddol o ddioddef straen. Ond nid dyma'r darlun cyfan. Mae llawer iawn o bobl sydd heb yr un o'r problemau hyn yn dioddef cryn straen. Ar yr un pryd, mae gan lawer o bobl sydd â nifer o broblemau yn eu bywyd lefelau isel o straen.

Un peth sy'n taro deuddeg gyda rhai pobl yw'r syniad o '*bŵer isel, gofynion gormodol*'. Mewn geiriau eraill:

• Faint o bŵer sydd gennych chi i reoli neu newid eich bywyd?

• Faint o ofynion sydd arnoch chi?

Po leiaf o bŵer sydd gennych chi a pho fwyaf yw'r gofynion, mwyaf tueddol y gallech chi fod o ddioddef straen. Po fwyaf o bŵer sydd gennych chi, gorau oll y dylech chi allu rheoli'ch straen.

Rydyn ni'n gwybod hefyd fod y math o gymdeithas rydyn ni'n byw ynddi yn cael effaith enfawr ar lefelau straen. Mae gan bobl sy'n byw mewn gwledydd â'r bwlch mwyaf rhwng y cyfoethog a'r tlawd lefelau llawer uwch o straen. Ac mae hyn yn effeithio ar bawb – boed gyfoethog neu dlawd (er ei fod yn effeithio mwy ar bobl dlawd). A'r newyddion drwg? Prydain yw un o'r cymdeithasau mwyaf anghyfartal yn y byd. Allwn ni ddim gwneud llawer am hyn (heblaw symud i Ddenmarc – un o'r cymdeithasau mwyaf cyfartal yn y byd). Ond, fel y gwelir o'r dystiolaeth uchod, dydy hi ddim mor hawdd â beio'ch hun am ddioddef straen – mae straen yn effeithio arnon ni am nifer o resymau cymhleth. Allwn ni ddim eu newid nhw i gyd, ond fe allwn ganolbwyntio ar y pethau y gallwn ni eu newid.

Beth sy'n gwneud i straen barhau?

Pan fydd straen yn cael gafael arnoch chi, fyddech chi'n cytuno â'r gosodiadau canlynol?

• Rydych chi'n colli hunanhyder.

• Rydych chi'n colli hunan-werth.

• Rydych chi'n teimlo dan fygythiad o bob cyfeiriad.

• Rydych chi'n amau'ch gallu i ymdopi.

• Allwch chi ddim atal eich meddwl rhag rasio.

- Rydych chi'n dechrau osgoi llefydd neu bethau yn amlach.
- Mae'ch corff yn ymateb yn haws i straen ychwanegol.
- Efallai nad ydych chi'n gwybod pa ffordd i droi.
- Efallai'ch bod chi'n teimlo bod straen yn ennyn y gwaethaf ynoch chi.
- Rydych chi'n teimlo eich bod chi'n colli – neu wedi colli – rheolaeth dros eich bywyd...
- ... ac mae pwysau'r byd ar eich ysgwyddau yn eich llethu.

Peidiwch â phoeni os nad ydych chi'n gallu gweld beth ddechreuodd eich straen oherwydd efallai nad yw'r pethau sy'n *achosi* straen mor bwysig â'r pethau sy'n gwneud iddo *barhau*. Ar ôl i straen gael gafael arnom, mae'n gallu ein newid ym mhob math o ffyrdd. Yna mae'r newidiadau hyn yn aml yn bwydo'r straen ac yn ei gadw'n fyw.

Byddwch yn myfyrio ar y newidiadau hyn ac yn teimlo'ch hun yn cael eich tynnu i lawr ganddyn nhw. Mae'r teimlad o reolaeth yn eich bywyd yn gwanhau: yn hytrach na nofio dros y tonnau, mae'r tonnau'n torri ar eich pen a'r cyfan allwch chi ei weld yw tonnau mwy ar y gorwel. Mae'n bosib y byddwch chi'n teimlo mai'r cyfan allwch chi ei wneud yw cadw'ch pen uwchben y dŵr.

Unwaith y bydd yr holl bethau hyn yn dechrau dal eu gafael arnoch chi, mae synnwyr cyffredin yn dweud y byddan nhw'n achosi i'ch straen ffynnu. Felly, wrth i achosion eich straen bylu, bydd y newidiadau hyn yn bwydo'r straen ac yn ei gadw'n fyw. Yn syml, pan fydd straen yn cael ei grafangau ynoch, fydd e ddim yn gollwng ei afael. Nod y llyfr hwn yw eich dysgu sut mae ei lwgu fel mai chi sy'n rheoli'r straen yn hytrach na bod y straen yn eich rheoli chi.

Y cylch cythreulig

Mae straen yn effeithio ar gymaint o agweddau ar ein bywydau: ein cyrff, ein meddyliau, ein gweithredoedd ac ati. Mae'r rhain yn ffurfio cylch cythreulig sy'n cadw straen yn fyw. Mae'ch meddyliau llawn straen yn bwydo'ch gweithredoedd llawn straen. Mae'ch gweithredoedd llawn straen yn bwydo'ch corff llawn straen. Mae'ch corff llawn straen yn bwydo'ch meddyliau llawn straen. Ac yn y blaen ac yn y blaen (gweler y cylch cythreulig isod). Ym Mhennod 3, byddwch chi'n tynnu llun o'ch cylch cythreulig eich hun. Yna, yn y penodau nesaf, byddwch chi'n dysgu'r sgiliau i lwgu'r cylch cythreulig hwn, ac, yn ei le, bydd cylch cadarnhaol yn tyfu.

Beth yw straen?

Corff

Meddyliau

Gweithredoedd

Teimladau o banig

Cysgu'n wael

Lles gwael

Rheoli'ch corff

Rheoli'ch meddyliau

Rheoli Straen

Rheoli'ch gweithredoedd

Rheoli'ch teimladau o banig

Cael noson dda o gwsg

Hybu'ch lles

Crynodeb

• Mae straen yn broblem gyffredin iawn. Mae pawb ohonon ni'n teimlo straen. Mae gennych chi ormod o emosiwn normal – meddyliwch amdano fel pwysedd gwaed. Pan fydd e'n rhy uchel, dylen ni wneud rhywbeth yn ei gylch. Ddylech chi ddim ceisio 'gwella' straen ond yn hytrach ei reoli.

• Mae straen fel arfer yn cynnwys gorbryder, iselder, dicter, teimladau o banig neu o fod yn biwis, colli hyder neu hunan-werth a chysgu'n wael. Mae yfed gormod, defnyddio gormod o gyffuriau a dibynnu gormod ar feddyginiaeth yn gyffredin hefyd.

• Yr arwyddion mwyaf cyffredin yw: poeni, diffyg egni, teimlo ar bigau'r drain/methu ymlacio, yfed gormod, teimlo'n anobeithiol, disgwyl i'r gwaethaf ddigwydd, hel meddyliau, cysgu'n wael, teimlo'n biwis neu'n flin, osgoi gwneud pethau, teimladau o banig, methu canolbwyntio, teimlo'n ddi-werth, teimlo'n ddagreuol/emosiynol.

• Mae un o bob pump ohonon ni'n cael problemau gyda straen ar hyn o bryd. Bydd bron ein hanner ni yn cael problem gyda straen rywbryd yn ein bywydau.

• Gall straen gael ei achosi gan bob math o bethau, o brofiadau yn ystod plentyndod, digwyddiadau bywyd a thrafferthion bob dydd i sut mae ein cymdeithasau'n gweithio. Yn aml, fodd bynnag, mae'n anodd iawn gweld pam mae straen wedi dod yn gymaint o broblem ym mywyd rhywun.

- Pan fydd straen yn cael gafael arnoch chi, bydd yn bwydo'i hun trwy greu cylch cythreulig.

- Mae cael straen dan reolaeth gryn dipyn yn fwy cymhleth na dim ond rhoi ysgydwad go iawn i chi'ch hun. Mae angen i chi ddysgu sgiliau newydd i lwgu'r cylch cythreulig ac, yn ei le, adeiladu cylch cadarnhaol newydd. Rydyn ni'n gwneud hyn drwy gyfuno sgiliau lleihau straen gyda sgiliau lles i wasgu'r straen o'r ddwy ochr. Mae'r llyfr hwn yn rhoi'r arfau i chi wneud hyn.

- Does dim ateb gwyrthiol, felly ceisiwch fod yn amyneddgar. Bydd angen i chi weithio'n galed. Credwch ynoch chi'ch hun – mae rheoli straen yn cymryd amser.

Gair i gloi

Nod Pennod 2 yw eich helpu i weld beth yw straen a sut mae'n effeithio ar bobl. Os ydych chi'n gallu'ch gweld eich hun yn y tudalennau hyn, rydych chi ar y trywydd iawn.

Eich tasg nesaf yw 'adnabod eich gelyn'. Mae Pennod 3 yn cynnwys eich tasg fawr gyntaf – asesu pob agwedd ar eich straen a deall sut mae straen yn effeithio arnoch chi. Bydd hyn yn eich helpu i ddeall sut beth yw eich cylch cythreulig chi a, gan ddefnyddio'r wybodaeth hon, gwybod sut mae ei lwgu.

3

Adnabod eich gelyn

Cyn i chi dargedu'r straen, mae angen i chi ddod i'w adnabod yn drylwyr. Mwya i gyd y byddwch chi'n ei wybod am eich gelyn, gorau i gyd y gallwch chi ei ymladd.

Rydyn ni eisoes wedi edrych ar y syniad o 'ddod yn therapydd i chi'ch hun'. Mae'r bennod hon yn dechrau'r broses, a'ch cam nesaf yw gweithio'ch ffordd drwy'r pwyntiau canlynol. Rhowch eich sylw llawn i bob un ohonyn nhw (byddai'n syniad da cymryd hoe rhwng pob cam).

Mae chwe cham:

Cam 1 Disgrifio'ch straen.

Cam 2 Gweld y patrymau.

Cam 3 Creu rhestr bywyd.

Cam 4 Mesur eich straen a'ch lles.

Cam 5 Tynnu llun o'ch cylch cythreulig.

Cam 6 Gosod eich nodau.

Cam 1 Disgrifio'ch straen

Eich tasg nawr yw mynd 'o dan groen' eich straen a dysgu

sut mae'n effeithio arnoch chi. Bydd y cwestiynau canlynol – am eich gorffennol, y presennol a'r dyfodol – yn eich helpu. Peidiwch â rhuthro drwyddyn nhw. Gallai fod yn syniad da i chi ysgrifennu'ch atebion.

Ar ôl i chi wneud hyn, gofynnwch i'ch anwyliaid am eu barn nhw. Ydyn nhw'n cytuno? Ydyn nhw'n gweld pethau rydych chi wedi'u colli? Wrth i chi ddarllen drwy'r llyfr, meddyliwch am droi'n ôl at y cwestiynau hyn wrth i chi ddysgu mwy amdanoch chi'ch hun.

Y gorffennol

- Am faint mae straen wedi bod yn broblem i chi? Ydy e wedi aros yr un fath? Ydy e wedi mynd a dod? Pam felly?
- Ydych chi'n gwybod beth achosodd y straen i ddechrau? Problemau teuluol? Newidiadau bywyd? Ydych chi'n 'ofidus wrth reddf'?
- Ydy straen yn rhedeg yn y teulu? Os 'ydy', pam felly, dybiwch chi?
- Beth ydych chi wedi rhoi cynnig arno yn y gorffennol i helpu? Wnaeth e helpu? Fyddai e'n helpu nawr?

Y presennol

- Sut byddech chi'n disgrifio'ch straen nawr?
- Sut byddai pobl eraill yn disgrifio'ch straen? Os oes gwahaniaeth barn, pam felly?
- Oes pethau'n digwydd yn eich bywyd nawr sy'n bwydo'ch straen?
- Beth sydd wedi gwneud i chi benderfynu mynd i'r afael â'ch straen nawr?

- Ydych chi'n rhoi cynnig ar unrhyw beth i helpu nawr?
  Ydy e'n gweithio?

Y dyfodol

- Os oes angen, a fyddwch chi'n gallu gwneud newidiadau yn
  eich bywyd a fydd yn helpu'ch dyfodol?
- Sut byddai'ch bywyd yn cael ei wella pe bai gennych chi well
  rheolaeth dros eich straen?

Cam 2 Gweld y patrymau

Y cam nesaf yw gweld a allwch chi ddod o hyd i gysylltiad
rhwng lefel eich straen a'r hyn sy'n digwydd yn eich bywyd ar
hyn o bryd. Meddyliwch yn ddwys am y cwestiynau hyn ac, os
byddai o gymorth i chi, nodwch eich atebion. Beth maen nhw'n
ei ddweud wrthych chi?

Oes patrwm i'ch straen? Ydy e'n mynd a dod yn ystod y
dydd? Yn ystod yr wythnos? Yn ystod y mis? Pam felly?

Pa bethau sy'n gwaethygu'r straen? Bod allan o'r tŷ? Bod ar
eich pen eich hun? Ydy e'n gwaethygu ar ôl yfed? Pam felly?

Beth sy'n ei wella? Bod gyda'r teulu? Cadw'n brysur? Bwrw'ch
bol? Pam felly?

Beth sy'n digwydd i'ch corff pan fyddwch chi dan straen?
Y galon yn rasio? Pennau tost? Dim egni? Sut mae hyn yn
gwneud i chi deimlo?

**Pa fathau o bethau ydych chi'n poeni neu'n hel meddyliau
amdanyn nhw pan fyddwch chi dan straen?** Eich swydd?

Eich iechyd? Ydych chi'n teimlo'ch bod chi'n gwneud ffŵl ohonoch chi'ch hun? Pam felly?

Sut rydych chi'n ymddwyn pan fyddwch chi dan straen?
Ydych chi'n osgoi pethau? Yn ceisio celu'ch straen? Yn gweiddi ar eraill? Pam felly?

Sut mae pobl eraill yn gwybod pan fyddwch chi dan straen? Holwch nhw.

Pa rannau o'ch bywyd sy'n cael eu heffeithio fwyaf gan straen? Bywyd teuluol? Gwaith? Pam felly?

Pa rannau o'ch bywyd sy'n cael eu heffeithio leiaf gan straen? Pam felly?

Cam 3 Creu rhestr bywyd

Mae'r trydydd cam hwn yn cymryd golwg ehangach ar yr hyn sy'n digwydd yn eich bywyd. Gall y darlun ehangach hwn eich helpu i wneud mwy o synnwyr o'r straen. Fel cynt, gofynnwch i eraill am eu barn.

Bydd yna ryw elfen o straen mewn sawl rhan o fywyd. Felly yn hytrach na chwestiynau ac atebion YDW/NAC YDW syml, gofynnir i chi roi sgôr rhwng 0 a 10 i lefel y straen ym mhob rhan o'ch bywyd. Mae'r enghraifft isod yn edrych ar ba mor fodlon ydych chi gyda bywyd:

|-----|-----|-**✗**-|-----|-----|-----|-----|-----|-----|

Ddim yn fodlon o gwbl   Bodlon iawn

Nodwch ble mae'r groes. Mae'r person yn dweud nad yw'n fodlon iawn gyda'i fywyd ar y cyfan.

Gweithiwch eich ffordd drwy'r wyth elfen ganlynol drwy roi croes yn y man sy'n disgrifio orau sut rydych chi'n teimlo. Anwybyddwch yr elfennau amherthnasol. Gall straen *effeithio* ar bob un neu'r rhan fwyaf o'r elfennau hyn; ond mae angen i chi benderfynu a yw'r straen dan reolaeth neu a yw'n ychwanegu at eich problemau. Os yw e, ceisiwch feddwl am ffyrdd o'i reoli.

Mwya'n byd i'r dde fydd eich croes, mwya'n byd o broblem yw e i chi.

Elfen 1 Eich natur

Ydych chi'n berson sy'n llawn tyndra?

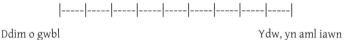

Ddim o gwbl   Ydw, yn aml iawn

Ydych chi'n teimlo'n isel am lawer o'r amser?

Ddim o gwbl   Ydw, yn aml iawn

Ydych chi'n aml yn teimlo'n anfodlon gyda chi'ch hun ac eraill?

Ddim o gwbl   Ydw, yn aml iawn

Ydych chi'n ypsetio'n hawdd?

|-----|-----|-----|-----|-----|-----|-----|-----|-----|

Ddim o gwbl   Ydw, yn hawdd iawn

Ydych chi'n teimlo'n euog yn hawdd?

|-----|-----|-----|-----|-----|-----|-----|-----|-----|

Ddim o gwbl   Ydw, yn hawdd iawn

Ydych chi'n berson sy'n poeni am bethau?

|-----|-----|-----|-----|-----|-----|-----|-----|-----|

Ddim o gwbl   Ydw, yn fawr iawn

Os yw'r rhan fwyaf o'ch croesau yn tueddu i fod tuag at ochr dde'r llinell, yna rydych chi'n credu bod eich natur sylfaenol yn eich gwneud chi'n dueddol o ddioddef straen.

Elfen 2 Eich swydd

Faint o straen sydd yn eich swydd?

|-----|-----|-----|-----|-----|-----|-----|-----|-----|

Dim straen o gwbl   Llawer iawn o straen

Os oes straen yn y swydd, atebwch y cwestiynau hyn i weld a allwch chi ddod o hyd i ffynhonnell y straen. Holwch eich hun 'Pam?' bob tro:

Llwyth gwaith?

|-----|-----|-----|-----|-----|-----|-----|-----|-----|

Ddim yn broblem   Problem fawr

Natur y swydd (e.e. budr, diflas)?

|-----|-----|-----|-----|-----|-----|-----|-----|-----|

Ddim yn broblem   Problem fawr

Heb eich hyfforddi'n dda?

|-----|-----|-----|-----|-----|-----|-----|-----|-----|

Ddim yn broblem   Problem fawr

Rheolwyr?

|-----|-----|-----|-----|-----|-----|-----|-----|-----|

Ddim yn broblem   Problem fawr

Ffrindiau gwaith/cyd-weithwyr?

|-----|-----|-----|-----|-----|-----|-----|-----|-----|

Ddim yn broblem   Problem fawr

Lefel cyflog?

|-----|-----|-----|-----|-----|-----|-----|-----|-----|

Ddim yn broblem   Problem fawr

Amgylchedd gwaith (e.e. rhy boeth, gormod o bobl)?

|-----|-----|-----|-----|-----|-----|-----|-----|-----|

Ddim yn broblem   Problem fawr

'Diwylliant' gwaith gwael (e.e. 'diwylliant bwrw bai', bwlio)?

|-----|-----|-----|-----|-----|-----|-----|-----|-----|

Ddim yn broblem   Problem fawr

Shifftiau/oriau?

|-----|-----|-----|-----|-----|-----|-----|-----|-----|

Ddim yn broblem   Problem fawr

Ansicrwydd swydd?

|-----|-----|-----|-----|-----|-----|-----|-----|-----|

Ddim yn broblem   Problem fawr

Teithio yn ôl ac ymlaen i'r gwaith?

|-----|-----|-----|-----|-----|-----|-----|-----|-----|

Ddim yn broblem   Problem fawr

Diffyg parch?

|-----|-----|-----|-----|-----|-----|-----|-----|-----|

Ddim yn broblem   Problem fawr

Oes unrhyw broblemau eraill gyda'r swydd?

Edrychwch ar eich atebion. Allwch chi weld unrhyw ffordd o fynd i'r afael â'r ffynonellau straen rydych chi wedi'u nodi? Neu, os nad oes modd eu newid, allwch chi weld ffordd well o ymdopi â nhw? Nodwch unrhyw beth sy'n dod i'ch meddwl.

Elfen 3 Eich iechyd

Sut mae'ch iechyd?

|-----|-----|-----|-----|-----|-----|-----|-----|-----|

Ddim yn broblem   Problem fawr

Pam felly?

Faint o effaith mae'ch iechyd yn ei chael ar eich straen?

|-----|-----|-----|-----|-----|-----|-----|-----|-----|

Dim effaith o gwbl   Effaith fawr iawn

Pam felly?

Faint o effaith mae'ch straen yn ei chael ar eich iechyd?

|-----|-----|-----|-----|-----|-----|-----|-----|-----|

Dim effaith o gwbl   Effaith fawr iawn

Pam felly?

Oes unrhyw beth arall allwch chi ei wneud i wella'ch iechyd? Oes gan unrhyw un o'ch anwyliaid broblemau iechyd? Ydych chi'n helpu i ofalu amdanyn nhw? Pa mor dda ydych chi'n ymdopi â hyn?

Elfen 4 Eich perthnasoedd

Ydych chi'n anhapus gyda'ch bywyd cartref?

|-----|-----|-----|-----|-----|-----|-----|-----|-----|

Ddim o gwbl   Anhapus iawn

Pam?

Ydych chi'n anhapus gyda'ch prif berthynas/berthnasoedd?

|-----|-----|-----|-----|-----|-----|-----|-----|-----|

Ddim o gwbl   Anhapus iawn

Pam?

Ydych chi'n teimlo nad ydych chi'n cael digon o gymorth (e.e. i helpu gyda'r plant)?

|-----|-----|-----|-----|-----|-----|-----|-----|-----|

Ddim o gwbl   Yn fawr iawn

Pam?

Ydych chi'n cael trafferth ymddiried yn y bobl agosaf atoch?

|-----|-----|-----|-----|-----|-----|-----|-----|-----|

Ddim o gwbl   Yn fawr iawn

Pam?

Ydy'r bobl sy'n agos atoch yn cael trafferth ymddiried ynoch chi?

|-----|-----|-----|-----|-----|-----|-----|-----|-----|

Ddim o gwbl   Yn fawr iawn

Pam?

Ydych chi'n teimlo dan fygythiad gan unrhyw un?

|-----|-----|-----|-----|-----|-----|-----|-----|-----|

Ddim o gwbl   Yn fawr iawn

Pam?

Oes unrhyw un yn teimlo dan fygythiad gennych chi?

|-----|-----|-----|-----|-----|-----|-----|-----|-----|

Ddim o gwbl   Yn fawr iawn

Pam?

Ydych chi'n teimlo bod yna bobl sy'n agos atoch sy'n ychwanegu at eich straen?

|-----|-----|-----|-----|-----|-----|-----|-----|-----|

Ddim o gwbl   Yn fawr iawn

Pam?

Ydych chi'n teimlo bod yna bobl sy'n agos atoch sydd dan straen hefyd?

|-----|-----|-----|-----|-----|-----|-----|-----|-----|

Ddim o gwbl   Yn fawr iawn

Pam?

Ydych chi'n anhapus gyda'ch ffrindiau/bywyd cymdeithasol?

|-----|-----|-----|-----|-----|-----|-----|-----|-----|

Ddim o gwbl   Anhapus iawn

Pam?

Ydy'ch plant yn achosi problemau i chi?

|-----|-----|-----|-----|-----|-----|-----|-----|-----|

Ddim o gwbl   Problemau mawr

Pam?

Ydych chi'n teimlo'n unig?

|-----|-----|-----|-----|-----|-----|-----|-----|-----|

Ddim o gwbl   Unig iawn

Pam?

Ydych chi'n teimlo nad oes unrhyw un yno i chi pan fyddwch chi angen rhywun?

|-----|-----|-----|-----|-----|-----|-----|-----|-----|

Ddim o gwbl   Yn fawr iawn

Pam?

Elfen 5 Eich arian

Allwch chi weld ffordd o fynd i'r afael ag unrhyw un o'r problemau hyn?

Ydy prinder arian yn broblem i chi?

|-----|-----|-----|-----|-----|-----|-----|-----|-----|

Ddim o gwbl   Problem fawr

Oes gennych chi broblemau gyda dyled?

|-----|-----|-----|-----|-----|-----|-----|-----|-----|

Ddim o gwbl   Problemau mawr

Ydych chi'n credu eich bod yn gwario mwy nag rydych chi'n ei ennill?

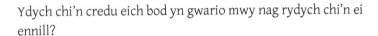

Ddim o gwbl   Yn fawr iawn

Ydych chi'n credu mai gwario gan rywun arall sy'n gyfrifol am eich problemau ariannol?

Ddim o gwbl   Yn fawr iawn

Sut mae hyn yn effeithio ar eich bywyd o ddydd i ddydd?

Allwch chi weld unrhyw ffordd o weithio ar y problemau hyn?

Elfen 6 Eich cartref/cymdogaeth

Ydych chi'n cael trafferth gyda'ch cymdogion?

Ddim o gwbl   Trafferth fawr

Pam?

Ydy'ch cymdogaeth yn gwneud i chi deimlo dan straen?

Ddim o gwbl   Yn fawr iawn

Pam?

Ydy'ch amodau byw yn ychwanegu at eich straen (e.e. dim digon o le, angen trwsio'r tŷ, morgais/rhent yn rhy uchel)?

|----|----|----|----|----|----|----|----|----|

Ddim o gwbl   Yn fawr iawn

Allwch chi weld unrhyw ffordd o fynd i'r afael â'r materion hyn?

Elfen 7 Eich ymddygiad

Ydy'ch ymddygiad yn destun pryder i eraill?

|----|----|----|----|----|----|----|----|----|

Ddim o gwbl   Testun pryder mawr

Pam?

Ydych chi wedi diflasu ar eich bywyd?

|----|----|----|----|----|----|----|----|----|

Ddim o gwbl   Yn fawr iawn

Pam?

Ydych chi'n credu bod gennych chi broblemau yfed, cyffuriau, gamblo, smygu, bwyta? (nodwch pa rai)

|----|----|----|----|----|----|----|----|----|

Ddim o gwbl   Yn fawr iawn

Sut mae hyn yn effeithio ar eich bywyd o ddydd i ddydd? Allwch chi weld unrhyw ffordd o fynd i'r afael â'r materion hyn?

Elfen 8 Eich cryfderau

Nodwch, yn yr elfen hon, mwya'n byd i'r *dde* fydd eich croes, *mwya'n* byd fydd eich cryfderau.

Ydych chi'n credu y byddai'r rhai sy'n eich adnabod orau yn dweud eich bod chi'n berson da?

|-----|-----|-----|-----|-----|-----|-----|-----|-----|

Ddim o gwbl   Yn fawr iawn

Ydych chi'n credu eich bod yn berson gonest?

|-----|-----|-----|-----|-----|-----|-----|-----|-----|

Ddim o gwbl   Yn fawr iawn

Ar y cyfan, ydych chi'n credu eich bod yn arddel y safonau rydych chi'n eu gosod ar eich cyfer chi'ch hun?

|-----|-----|-----|-----|-----|-----|-----|-----|-----|

Ddim o gwbl   Yn fawr iawn

Ydych chi'n credu eich bod yn aelod da o'r teulu?

|-----|-----|-----|-----|-----|-----|-----|-----|-----|

Ddim o gwbl   Yn fawr iawn

Ydych chi'n credu eich bod yn berson caredig?

|-----|-----|-----|-----|-----|-----|-----|-----|-----|

Ddim o gwbl   Yn fawr iawn

Ydych chi'n credu eich bod yn ffrind da?

|-----|-----|-----|-----|-----|-----|-----|-----|-----|

Ddim o gwbl   Yn fawr iawn

Ydych chi'n credu eich bod yn rhywun sy'n parchu pobl eraill?

|-----|-----|-----|-----|-----|-----|-----|-----|-----|

Ddim o gwbl   Yn fawr iawn

Os oes angen, allwch chi weld ffordd o wella'ch cryfderau?

Cam 4 Mesur eich straen a'ch lles

Mae graddfa GAD-7 yn mesur gorbryder. Mae'r PHQ-9 yn
mesur iselder. Mae'r WEMWBS yn mesur lles. Po uchaf yw'r
sgôr ar y ddwy gyntaf, mwyaf oll yw'r broblem. Po isaf yw'r
sgôr ar y drydedd, gwaethaf oll yw eich lles. Ar gyfer pob un
ohonyn nhw, rhowch gylch o amgylch y rhif sy'n disgrifio orau
sut rydych chi'n teimlo ac adiwch eich sgôr. Gallwch weld sut i
nodi'r sgôr o dan bob graddfa. Dylech droi'n ôl at y graddfeydd
hyn wrth i chi weithio drwy'r llyfr i weld sut hwyl rydych chi'n
ei gael arni.

*Anhwylder Gorbryder Cyffredinol (GAD-7)**

Dros y pythefnos diwethaf, pa mor aml mae'r problemau canlynol wedi eich poeni?

	Ddim o gwbl	Sawl diwrnod	Mwy na hanner y diwrnodau	Bron bob dydd
Teimlo'n nerfus, yn orbryderus neu ar bigau'r drain	0	1	2	3
Ddim yn gallu atal neu reoli'ch poeni	0	1	2	3
Poeni gormod am bethau gwahanol	0	1	2	3
Cael trafferth ymlacio	0	1	2	3
Bod mor aflonydd fel ei bod hi'n anodd eistedd yn dawel	0	1	2	3
Digio neu deimlo'n biwis yn hawdd	0	1	2	3
Teimlo ofn fel petai rhywbeth ofnadwy ar fin digwydd	0	1	2	3

* Datblygwyd gan y Doctoriaid Robert L. Spitzer, Janet B. W. Williams, Kurt Kroenke a'u cyd-weithwyr, gyda grant addysgol gan Pfizer Inc. Nid oes angen caniatâd i'w atgynhyrchu, ei gyfieithu, ei arddangos na'i ddosbarthu.

0–4   Dim gorbryder

5–9   Gorbryder ysgafn

10–14 Gorbryder cymedrol

15–21 Gorbryder difrifol

*Holiadur Iechyd Cleifion (PHQ-9)**

Dros y pythefnos diwethaf, pa mor aml mae'r problemau canlynol wedi eich poeni?

	Ddim o gwbl	Sawl diwrnod	Mwy na hanner y diwrnodau	Bron bob dydd
Fawr ddim diddordeb na phleser mewn gwneud pethau	0	1	2	3
Teimlo'n ddigalon, yn isel, neu'n anobeithiol	0	1	2	3
Cael trafferth mynd i gysgu neu aros ynghwsg, neu gysgu gormod	0	1	2	3
Teimlo'n flinedig neu fod gennych ddiffyg egni	0	1	2	3
Dim awydd bwyd neu orfwyta	0	1	2	3
Teimlo'n wael amdanoch chi'ch hun, neu'ch bod yn fethiant neu'ch bod wedi'ch siomi eich hun neu'ch teulu	0	1	2	3
Cael trafferth canolbwyntio ar bethau, fel darllen y papur newydd neu wylio'r teledu	0	1	2	3

Symud neu siarad mor araf fel y gallai pobl eraill fod wedi sylwi. Neu'r gwrthwyneb: gwingo cymaint neu fod mor aflonydd fel eich bod chi'n symud o gwmpas llawer mwy nag arfer	0	1	2	3
Meddwl y byddai'n well pe baech chi wedi marw neu niweidio'ch hun mewn rhyw ffordd.	0	1	2	3

* Hawlfraint PHQ-9 © Pfizer. Atgynhyrchwyd gyda chaniatâd Pfizer Limited.

0–4 Dim iselder

5–9 Iselder ysgafn

10–14 Iselder cymedrol

15–19 Iselder gweddol ddifrifol

20–27 Iselder difrifol

Cofiwch fod sgoriau'n gallu amrywio o ddydd i ddydd. Fodd bynnag, os cawsoch chi sgôr uchel yn y cwestiwn olaf neu os ydych chi'n ofni y byddwch chi'n ceisio lladd eich hunan, dywedwch wrth rywun sut rydych chi'n teimlo a gofynnwch i'r person hwnnw aros gyda chi os yw'n bosib tra'ch bod chi'n ceisio cael cymorth proffesiynol. Bydd eich meddyg teulu yn helpu; y tu allan i oriau'r feddygfa, ewch yn syth i'ch adran damweiniau ac achosion brys.

Graddfa Lles Meddyliol Warwick-Caeredin (WEMWBS)

Mae Graddfa Lles Meddyliol Warwick-Caeredin yn rhywbeth sy'n cael ei ddefnyddio'n eang i fesur lles. Yn yr adran sgorio, rydyn ni'n defnyddio'r termau 'nychu' (lles gwael) a 'ffynnu' (lles da). Byddwn yn edrych ar y rhain yn fanwl ym Mhennod 10.

Isod ceir datganiadau am deimladau a meddyliau. Ticiwch y blwch sy'n disgrifio orau eich profiad o bob un ohonyn nhw dros y pythefnos diwethaf.

	Ddim o gwbl	Bron byth	O dro i dro	Yn aml	Drwy'r amser
Dwi wedi bod yn teimlo'n obeithiol am y dyfodol	1	2	3	4	5
Dwi wedi bod yn teimlo'n ddefnyddiol	1	2	3	4	5
Dwi wedi gallu ymlacio	1	2	3	4	5
Dwi wedi bod yn teimlo diddordeb mewn pobl eraill	1	2	3	4	5
Roedd gen i egni dros ben	1	2	3	4	5
Dwi wedi bod yn ymdrin â phroblemau'n dda	1	2	3	4	5
Dwi wedi bod yn meddwl yn glir					

Dwi wedi bod yn teimlo'n dda amdanaf fy hun				
Dwi wedi bod yn teimlo'n agos at bobl eraill				
Dwi wedi bod yn teimlo'n hyderus				
Dwi wedi gallu gwneud fy mhenderfyniadau fy hun am bethau				
Dwi wedi bod yn teimlo bod pobl eraill yn fy ngharu i				
Dwi wedi dangos diddordeb mewn pethau newydd				
Dwi wedi bod yn teimlo'n hapus				

© NHS Health Scotland, Prifysgol Warwick a Phrifysgol Caeredin, 2006, cedwir pob hawl. Atgynhyrchwyd gyda chaniatâd.

Adiwch eich sgôr. Bydd cyfanswm eich sgôr rhwng 14 a 70.

Nychu

14–32 pwynt Mae'ch sgôr lles yn isel iawn.

33–40 pwynt Mae'ch sgôr lles yn is na'r cyfartaledd.

Mae sgôr o 40 neu lai yn golygu eich bod chi'n tueddu fwy at fod yn nychlyd. Felly gweithiwch yn galed ar eich lles a'r sgiliau eraill rydych chi'n eu dysgu wrth i chi weithio drwy'r llyfr hwn. Cymerwch y prawf mewn rhyw fis i weld a ydych chi'n symud i'r cyfeiriad cywir.

Canolig

41–59 pwynt Mae'ch sgôr lles o gwmpas y cyfartaledd.

Mae sgôr o 41 i 59 yn eich rhoi chi yn y grŵp canolig. Mae hynny'n iawn, ond mae'n werth chweil rhoi hwb pellach i hyn a symud i'r garfan sy'n ffynnu.

Ffynnu

60–70 pwynt Mae'ch sgôr lles yn uwch na'r cyfartaledd.

Cofiwch, dydy hyn ddim yn ddigyfnewid – po fwyaf y byddwch chi'n ymarfer eich sgiliau rheoli straen, mwyaf oll y bydd eich lles yn gwella.

Cam 5 Tynnu llun o'ch cylch cythreulig

Ym Mhennod 2 fe edrychon ni ar gylch cythreulig straen. Gan ddefnyddio'r atebion rydych chi wedi'u rhoi hyd yma, gallwch ddechrau meddwl sut beth yw eich cylch cythreulig chi. Wrth wneud hyn, meddyliwch beth allech chi ei wneud i wanhau'r cylch a dechrau creu eich cylch cadarnhaol eich hun.

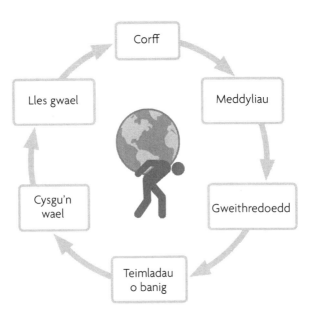

Felly, gan ddechrau gyda'ch corff, ysgrifennwch sut mae'n cael ei effeithio gan straen ac yna gofynnwch i chi'ch hun a allwch chi feddwl am unrhyw ffordd o fynd i'r afael â hyn. Gwnewch yr un fath ar gyfer meddyliau ac ati nes eich bod chi wedi cwblhau'r cylch.

Trowch yn ôl at y dudalen hon o bryd i'w gilydd ac, os oes angen, newidiwch eich atebion wrth i chi ddysgu mwy am sut mae straen yn effeithio arnoch chi.

Cam 6 Gosod eich nodau

A chithau nawr wedi gweld sut mae straen yn effeithio arnoch chi ac wedi tynnu llun o'ch cylch cythreulig chi, gallwch osod eich nodau. Dylai'r rhain fod yn *glir* ac yn *realistig*.

Nodau da, fel y rhai isod, yw'r rhai y gallwch chi fesur yn glir a ydych chi wedi'u cyflawni ai peidio. Dydy nodau gwael ddim yn gadael i chi wneud hyn.

Nodau gwael	Nodau da
Ceisio ymlacio mwy	Neilltuo 30 munud bob nos i mi ymlacio
Treulio mwy o amser gyda'r plant	Cael ein prydau wrth y bwrdd gyda'r teulu a gofyn iddyn nhw am eu diwrnod
Ceisio peidio ag yfed cymaint	Cyfyngu alcohol i ddwy noson yr wythnos; dim mwy na phedwar peint bob nos
Ceisio mynd allan mwy	Ymuno â'r dosbarth ioga yn y Ganolfan
Ceisio bod yn berson mwy dymunol	Eistedd gyda fy mhartner i geisio datrys y problemau yn ein priodas

A chithau nawr yn adnabod eich gelyn, edrychwch i weld a allwch chi osod nodau clir (nodwch nhw ar bapur) y gallwch chi eu cadw mewn cof wrth i chi fynd ati i ddysgu sgiliau i reoli'ch straen. Bydd y nodau arbennig ym Mhennod 11 yn eich helpu i gynllunio sut i'w cyflawni.

Gair i gloi

Nod y bennod hon yw eich helpu i 'adnabod eich gelyn' a defnyddio'r wybodaeth honno i fynd i'r afael â'ch straen. Mae'n eich rhoi chi ar ben ffordd i 'ddod yn therapydd i chi'ch hun'. Wrth i chi gyflawni'ch nodau, daliwch ati i osod rhai newydd. Cofiwch longyfarch eich hun pan fyddwch chi'n llwyddo. Os byddwch chi'n methu, peidiwch â beirniadu'ch hun; cymerwch gam yn ôl a gweld a oes ffordd well o'u cyflawni. Defnyddiwch y sgiliau y byddwch chi'n eu dysgu yn y llyfr hwn i'ch helpu chi.

Mae Pennod 4 yn darparu syniadau hunangymorth gwych i'ch galluogi i ddechrau mynd i'r afael â'ch straen.

4

Camau cyntaf

Nod y bennod hon yw eich cael chi yn y cyflwr gorau cyn mynd ati i ddysgu'r sgiliau pwysig i frwydro yn erbyn straen. Bydd yn eich helpu i gael gwared ar y pethau yn eich bywyd a allai fod yn bwydo straen, ac yna bydd yn edrych ar ambell syniad hunangymorth gwych fel y gallwch feithrin ymdeimlad o reolaeth. Mae'r bennod wedi'i rhannu'n dair rhan:

• Cael llechen lân.
• Canfod problemau cudd.
• Pum ffordd ar hugain o ymdopi.

Dechrau gyda llechen lân

Meddyliwch am ffyrdd o gael gwared ar bethau a allai fod yn gwaethygu'ch straen. Gallan nhw gynnwys:

Alcohol/cyffuriau

Mae llawer o bobl sydd â phroblem yfed yn dechrau ar y llwybr hwnnw drwy ddefnyddio alcohol i dawelu eu nerfau. Does dim byd o'i le ar gael diod, ond os ydych chi'n yfed i ymdopi â straen, efallai y byddwch chi'n dechrau dibynnu arno. Os na allwch chi fynd i lefydd penodol neu wneud pethau penodol heb gael diod yn gyntaf, rydych chi'n creu trafferth i chi'ch hun.

Efallai y byddwch chi'n gweld eich bod chi angen yfed mwy a mwy o ddiod gydag amser, neu ddefnyddio cyffuriau cyfreithlon neu anghyfreithlon. Mae rhai'n defnyddio canabis i ymlacio, er enghraifft, ond cofiwch fod gorddefnyddio alcohol neu ganabis yn gallu arwain at deimladau o iselder, paranoia, gorbryder, cysgu'n wael, dicter a dryswch. Mae symptomau corfforol fel cyfog, chwysu, crynu a cholli archwaeth yn gallu cael eu hachosi gan ddiod neu gyffuriau yn hytrach na straen. Felly edrychwch am ffyrdd gwell o reoli'ch straen.

Y 'gwellhad gwyrthiol'

Dydy e ddim yn bodoli. Mae straen yn aml yn cymryd amser hir i gronni, felly dyw e ddim yn mynd i wella dros nos. Mae cael y gorau ar straen yn gofyn am lawer o waith caled gennych *chi*. Felly mae'r ateb ynoch chi. Bydd y llyfr hwn yn eich rhoi chi ar ben ffordd, ond yn y pen draw dim ond chi, drwy'ch gwaith caled, all reoli eich straen.

Er eu bod nhw'n gallu'ch helpu chi i ymlacio ar y pryd, does dim tystiolaeth dda i dangos bod therapïau amgen fel hypnosis, *reiki*, aciwbigo, aromatherapi neu homeopathi yn fuddiol yn y tymor hir. Defnyddiwch y rhain ar bob cyfrif oherwydd maen nhw'n gallu helpu yn y tymor byr, ond peidiwch â disgwyl iddyn nhw ddatrys eich straen. Rhaid i chi ddysgu rheoli'r straen eich hun.

Ceisio sicrwydd

Gall hyn fod yn beth braf yn y tymor byr, ond gallwch ddod i ddibynnu arno. Os ydych chi'n gofyn am sicrwydd gan bobl gartref neu yn y gwaith o hyd, efallai y byddan nhw'n cael llond bol (ac yn dechrau rhoi sicrwydd i chi dim ond i gau'ch ceg!). Gall hyn arwain at wrthdaro ac, felly, at fwy o straen. Mae'n rhaid i chi deimlo'n ddigon cryf i roi'r atebion i chi'ch hun.

Hunanfeirniadaeth

Os ydy pobl dan straen yn rhagori yn rhywbeth, dyma fe. Ond dyw bod yn llym â chi'ch hun ddim yn helpu. Os yw pethau'n mynd o le, derbyniwch nhw; dysgwch o'ch camgymeriadau a symudwch ymlaen. Cofiwch longyfarch eich hun bob tro y byddwch chi'n ceisio ymladd eich straen. Bydd hyn yn hwb i'ch hunanhyder. Byddwch yn garedig â chi'ch hun.

Osgoi

Os yw gwneud rhywbeth penodol yn ein rhoi ni dan straen, mae synnwyr cyffredin yn dweud y dylen ni ei osgoi. **Mae synnwyr cyffredin yn anghywir.** Gall osgoi helpu yn y tymor byr, ond yn y tymor hir, rydych chi'n creu mwy o drafferth i chi'ch hun. Rydyn ni i gyd yn gwybod beth ddylen ni ei wneud os ydyn ni'n cwympo o gefn ceffyl... Mae'n rhaid i chi wynebu'r problemau yn eich bywyd. Bydd wynebu straen yn anodd yn y tymor byr ond, yn y tymor hir, bydd yn eich helpu i'w reoli (gweler Pennod 7). Y neges fawr yw: Wynebwch eich Ofnau.

Canfod problemau cudd

Cyn i chi geisio rheoli'ch straen, edrychwch i weld a yw'n ceisio dweud wrthych chi fod rhywbeth o'i le yn eich bywyd sydd angen i chi ei ddatrys. Gallai'r problemau hyn gynnwys:

- Unigrwydd.
- Gamblo.
- Plant.
- Rhieni.
- Ffrindiau.
- Gwaith.
- Arian.
- Styfnigrwydd.
- Anaeddfedrwydd.
- Bod yn orddibynnol.

Does gan y rhan fwyaf o bobl sy'n dioddef straen ddim problemau cudd, ond edrychwch eto ar eich sefyllfa chi cyn symud ymlaen. Dyma rai enghreifftiau posib:

- Mae gan rywun agos atoch broblemau sy'n effeithio arnoch chi.

- Mae rhywun sy'n agos atoch yn eich trin chi'n wael.
- Mae yna broblemau yn y gwaith y mae angen i chi eu hwynebu.
- Rydych chi'n gorwario.
- Mae yna broblemau teuluol sydd angen mynd i'r afael â nhw.

Efallai nad oes ateb hawdd i broblemau cudd, ond os nad ydych chi'n eu hwynebu ac yn mynd i'r afael â nhw, byddan nhw'n cadw'ch straen yn fyw.

Pum ffordd ar hugain o ymdopi

Gall y sgiliau syml canlynol helpu wrth i chi ddysgu sut mae cael y gorau ar straen. Darllenwch drwy'r holl syniadau hyn a dewis y sgiliau sy'n diwallu eich anghenion chi orau.

1 Ceisio cadw'ch bywyd mor normal â phosib Efallai y byddwch chi'n gweld bod straen yn treiddio i sawl rhan o'ch bywyd. Ceisiwch gadw at eich rwtîn arferol hyd yn oed os nad ydych chi'n teimlo fel gwneud hynny. Os ydych chi'n mynd i wylio'r pêl-droed ar y penwythnos, *daliwch ati*; os ydych chi'n mynd i weld eich mam yn ystod yr wythnos, *daliwch ati*; os ydych chi'n mynd i ddosbarth ffitrwydd ddwywaith yr wythnos, *daliwch ati*. Gan fod gwaith yn rhan bwysig o'n rwtîn, ceisiwch ddal ati i fynd os gallwch chi. Gofalwch eich bod chi'n bwyta prydau sydd wedi'u paratoi'n iawn ar yr adegau iawn. Bydd sicrhau strwythur i'ch diwrnod yn helpu i gadw'r problemau dan reolaeth.

2 Mynd i'r afael â phroblemau yn y fan a'r lle Peidiwch â cheisio rhoi caead ar eich teimladau. Byddan nhw'n tyfu ac yn tyfu y tu mewn i chi ac yn y pen draw yn ffrwydro. Bydd hyn yn gwanhau eich ymdeimlad o reolaeth. Felly os oes problemau yn y gwaith, er enghraifft, gofalwch eich bod chi'n mynd i'r afael â nhw yn y fan a'r lle.

3 Perthnasoedd cryf, ymddiriedus Yn aml mae straen yn ein gwneud ni'n bobl anoddach byw gyda ni, a gall hyn gael effaith negyddol ar berthnasoedd. Ond rydyn ni'n gwybod bod perthnasoedd cryf yn gallu helpu i ymladd yn erbyn straen. Felly os oes gennych chi berthynas wan a'ch bod chi'n teimlo ei bod hi'n werth ei chadw, gweithiwch yn galed ar ei thrwsio.

4 Arafu Peidiwch â mynd ati fel cath i gythraul. Ewch ati i fwyta, cerdded a gyrru'n arafach. Os nad ydych chi'n llwyddo i gyflawni cymaint ag y byddech chi wedi ei ddymuno, does dim ots. Pwyllwch a chofiwch mai dim ond pedair awr ar hugain sydd mewn diwrnod. A daw diwrnod arall yn ddigon buan.

5 Rhannu problemau'n ddarnau llai Os ydych chi'n wynebu problem enfawr ac yn methu gweld ffordd o ymdopi â hi, edrychwch i weld a allwch chi rannu'r broblem yn ddarnau llai. Yna gallwch fynd i'r afael â nhw un ar y tro (gweler Pennod 7).

6 Ceisio ymddangos a swnio'n hamddenol Bydd pobl eraill yn synhwyro sut rydych chi'n teimlo drwy iaith eich corff. Felly ceisiwch ymddangos fel petaech wedi ymlacio: peidiwch ag eistedd ar ymyl eich sedd, siaradwch yn arafach, ymlaciwch eich ysgwyddau, byddwch yn llonydd. Gofynnwch i'ch anwyliaid sut rydych chi'n ymddwyn pan fyddwch chi ar bigau'r drain, fel eich bod yn gwybod pa newidiadau mae angen i chi eu gwneud. Byddwch yn teimlo'n well os ydych chi'n gwybod eich bod, ar y tu allan o leiaf, yn ymddangos yn ddigynnwrf (gweler rhif 14 isod).

7 Canolbwyntio ar y foment Pan fyddwch chi'n teimlo'ch lefelau straen yn codi, canolbwyntiwch ar yr hyn sy'n digwydd bryd hynny. Dewiswch rywbeth i ganolbwyntio arno: os ydych chi'r tu allan, sŵn yr adar, deilen unigol; os ydych chi'r tu mewn, edrychwch ar lun mor fanwl â phosib. Gadewch i feddyliau eraill sy'n dod i mewn i'ch meddwl bylu'n ddim.

8 'Rhaid i fi' a 'dylwn i' *'Rhaid* i fi weld fy mam heddiw'; *'Dylwn* i gynnig rhedeg y tîm pêl-droed eleni'. Ceisiwch benderfynu beth sy'n rhesymol i chi ei gyflawni a byddwch yn fodlon â'ch penderfyniad: 'Os ydw i'n dod i ben â phopeth dwi eisiau ei wneud gartref, wna i bicio i weld fy mam'; 'Dwi ddim yn cael cyfle i ymlacio fel mae hi, felly byddai'n wirion derbyn mwy o gyfrifoldeb – gall rhywun arall gymryd yr awenau.'

9 Ymdopi â bod mewn rhigol Os ydych chi'n teimlo bod eich bywyd mewn rhigol – yr un hen beth bob dydd – yna meddyliwch am newid. Cynlluniwch eich penwythnosau a gwnewch rywbeth gwahanol: ewch allan yn y car, ymweld â ffrindiau, mynd am dro hir. Rhowch gynnig ar hobi newydd. Edrychwch am heriau. Os gallwch chi fforddio gwneud, cynlluniwch ambell benwythnos i ffwrdd, oherwydd gall bod yn rhywle gwahanol helpu.

10 Mantra Eisteddwch ar eich pen eich hun mewn stafell dywyll, dawel. Ceisiwch glirio'ch meddwl cymaint â phosib. Meddyliwch am air neu frawddeg, fel 'Dwi'n dawel fy meddwl' neu 'Ymlacia' neu 'Mae popeth dan reolaeth'. Caewch eich llygaid ac ailadrodd y gair neu'r frawddeg yn araf yn eich meddwl drosodd a throsodd. Gwnewch hyn am ddeg munud y dydd, neu pan fyddwch chi'n teimlo dan straen. Os bydd meddyliau digroeso yn dod i'ch meddwl, ceisiwch eu hanwybyddu a gadael iddyn nhw bylu (gweler rhif 7 uchod).

11 Gwneud ymlacio'n rhan o'ch bywyd Does dim ots pa mor brysur ydych chi, neilltuwch ychydig o amser bob dydd dim ond i chi. Gallech fynd am dro, ffonio ffrind, gweithio yn yr ardd, darllen llyfr, gwylio'r teledu, gwrando ar gerddoriaeth.

12 Profiad blaenorol Os ydych chi mewn sefyllfa anodd, gofynnwch i chi'ch hun a ydych chi wedi bod mewn anhawster tebyg o'r blaen. Sut gwnaethoch chi ddelio â'r sefyllfa? Os llwyddodd hynny y tro diwethaf, rhowch gynnig arall arno. Os na, dysgwch o'ch camgymeriadau.

13 Peidio â derbyn targedau pobl eraill Ydy pobl yn disgwyl gormod gennych chi? Os ydych chi'n teimlo eu bod nhw, *ewch i'r afael* â'r peth. Trafodwch hyn yn dawel a cheisio datrys y sefyllfa. Os na allwch chi gytuno, dywedwch 'Na'.

14 Anadlu'n bwyllog Anadlwch i mewn yn araf drwy'ch trwyn am dair neu bedair eiliad. Daliwch eich anadl am dair i bedair eiliad arall, ac yna anadlwch allan drwy'ch ceg am chwech i wyth eiliad. Gwnewch hyn deirgwaith, bob awr.

15 Smygu Mae rhai pobl yn canfod bod smygu'n eu helpu nhw i ymlacio ond mae'n rhyddhau llif o nicotin i'r corff. Mae nicotin yn symbylydd ac mae'n gallu cynyddu teimladau o straen. Ceisiwch roi'r gorau iddi. Gofynnwch i'ch meddyg teulu am help.

16 Sefyllfaoedd sydd y tu hwnt i'ch rheolaeth Mae yna rai pethau yn eich bywyd na allwch chi mo'u newid – efallai na allwch chi fforddio symud tŷ, efallai fod rhywun annwyl i chi yn sâl, efallai na allwch chi newid eich swydd. Os ydych chi'n derbyn na allwch chi wneud unrhyw beth i newid rhai pethau er gwell, gallai hyn helpu i leihau'r straen sy'n weddill.

17 'Amser poeni' Neilltuwch bymtheg munud gyda'r nos. Dyma'ch amser i boeni am bethau sydd wedi bod yn ddraenen yn eich ystlys yn ystod y dydd. Felly os ydych chi'n dechrau poeni am rywbeth yn y bore, stopiwch a dywedwch wrthych chi'ch hunan am ei roi i'r naill ochr tan eich 'amser poeni' y noson honno. Ar ddechrau'ch 'amser poeni' meddyliwch am yr hyn roeddech chi'n mynd i boeni amdano ac yna ceisiwch wneud hynny. Efallai na fyddwch chi'n cofio beth oedd yn eich poeni cynt hyd yn oed. Os byddwch chi'n cofio, efallai y byddwch chi'n teimlo nad yw'n werth poeni amdano, neu ei bod yn anodd cael gafael arno.

18 Un peth ar y tro Meddyliwch am rywun yn y gwaith yn dal y ffôn rhwng ei ysgwydd a'i glust. Mae'n teipio gydag un llaw, ac mae'r llall yn chwilio trwy bentwr o bapurau. Ar yr un pryd, mae'n ceisio cael rhywbeth i'w fwyta. Mae'n gorlwytho'r system. Os ydych chi'n gwneud galwad ffôn, gwnewch yr alwad a dim byd arall. Y neges yw: peidiwch â chadw gormod o beli yn yr awyr ar yr un pryd.

19 Esgidiau pobl eraill Meddyliwch am broblem sydd gennych chi. Dychmygwch sut byddech chi'n ymateb pe bai ffrind yn dod atoch chi gyda'r un broblem. Pa gyngor fyddech chi'n ei roi? Fyddai'r cyngor hwnnw'n gweithio i chi?

20 Gwneud y peth gwaethaf gyntaf Os oes gennych chi restr o bethau i'w gwneud, gwnewch yr un rydych chi leiaf awyddus i'w wneud yn gyntaf. Os byddwch chi'n cael hwnnw allan o'r ffordd, bydd hi'n haws i chi ymdopi â'r tasgau sy'n weddill. Os byddwch chi'n dal i'w osgoi, bydd yn pwyso ar eich meddwl a gall ymddangos yn waeth nag yw e mewn gwirionedd. Cysylltwch hyn â'ch rhestr o flaenoriaethau (gweler rhif 23).

21 Peidio â cheisio bod yn archarwr neu'n archarwres Ydych chi'n ceisio gwneud popeth? Ceisio llwyddo ym mhob maes? Eisiau bod y gorau? Pam? Cofiwch, bydd y tŷ neu'ch swydd yno ymhell ar ôl eich dyddiau chi. Cadwch at eich pwyntiau da a dysgwch fyw gyda'ch beiau. Derbyniwch nad ydych chi'n berffaith. Does neb ohonon ni'n berffaith.

22 Ymddiried mewn eraill Os oes pobl o'ch cwmpas y gallwch chi ymddiried ynddyn nhw, dywedwch wrthyn nhw sut rydych chi'n teimlo. Efallai y gallan nhw gynnig cyngor da sydd heb groesi'ch meddwl. Beth bynnag, mae bwrw'ch bol yn gallu helpu. Gall hefyd helpu i leihau'r teimladau o fod ar eich pen eich hun sydd mor gyffredin yn achos straen. Weithiau mae dim ond cael clust i wrando yn gallu helpu i godi'ch ysbryd.

23 Blaenoriaethu Os yw bywyd yn brysur i chi, penderfynwch ar eich blaenoriaethau. Penderfynwch beth sydd angen ei wneud nawr a beth all aros. Rhowch y tasgau hyn yn nhrefn blaenoriaeth. 'Rhaid gwneud rhif 1 ben bore, rhif 2 erbyn 12 o'r gloch... rhif 10 erbyn diwedd y mis.' Adolygwch eich rhestr yn gyson.

24 Ymarfer corff Mae tri deg munud o ymarfer corff, bum diwrnod yr wythnos, yn gallu helpu'n fawr. Mae ymarfer *cymedrol* cystal ag ymarfer *dwys*. Ymarfer 'cymedrol' yw pan fyddwch chi'n cynyddu'ch curiad calon ond yn dal i allu siarad heb bwffian. Mae mynd am dro sionc yn berffaith. Bydd mwy am hyn ym Mhennod 5.

25 Un nod y dydd Rhowch gynnig ar hyn os ydych chi'n teimlo nad oes gennych chi fawr o drefn i'ch dydd neu os nad ydych chi'n llwyddo i wneud pethau. Bob nos, gosodwch nod ar gyfer drannoeth: rhywbeth dydych chi *ddim* yn ei wneud ond y *dylech* chi fod yn ei wneud. Er enghraifft:

- Mynd i'r gampfa.
- Torri'r borfa.
- Glanhau'r stafell fyw.
- Cwrdd â ffrind.
- Agor a darllen cyfriflen gan y banc.

Mewn geiriau eraill, y pethau bob dydd fyddech chi'n eu gwneud pe baech chi'n teimlo eich bod yn ymdopi â phethau.

Ceisiwch osod nodau manwl – 'torri'r borfa' *nid* 'gweithio yn yr ardd'. Mae hyn yn eich helpu i weld a ydych chi wedi cyflawni'r hyn roeddech chi eisiau ei gyflawni. Os bydd y borfa wedi'i thorri neu'ch bod wedi mynd i'r gampfa, rydych chi wedi cyflawni'ch nod a dylech longyfarch eich hun.

Y bwriad yw i chi fynd i'r gwely bob nos yn gallu dweud eich bod wedi cymryd o leiaf un cam ymlaen. Bydd hyn yn eich paratoi ar gyfer eich nod nesaf.

Gair i gloi

Nod Pennod 4 yw eich helpu i gymryd eich camau cyntaf wrth frwydro yn erbyn straen. O hyn allan, byddwch yn dysgu sgiliau mwy pwerus i ymladd yn erbyn straen. Ym Mhennod 5, byddwch yn dysgu'r sgìl pwysig cyntaf – rheoli'ch corff. Yn y cyfamser, daliwch ati i ymladd yn erbyn y straen gan ddefnyddio'r sgiliau newydd hyn.

5

Rheoli'ch corff

Mae straen yn effeithio ar eich corff. Ac mae'r ffordd mae'ch corff yn ymateb yn effeithio ar straen. Mae hyn yn helpu i gadw straen yn fyw. Felly mae rheoli'ch corff yn eich helpu i reoli'ch straen. Yn y bennod hon, byddwch yn dysgu'r sgiliau fydd yn eich helpu i wneud hyn.

Rhan 1 Gwybodaeth

Mae'r rhan fwyaf o bobl sy'n dioddef straen yn mynd at eu meddyg teulu yn gyntaf i ofyn am help gyda rhyw symptom corfforol neu'i gilydd. Dydy hyn ddim yn syndod oherwydd mae'r corff yn ymateb i straen mewn sawl ffordd wahanol. Efallai y gwelwch chi eich bod yn fwy tueddol o gael rhai arwyddion ond byth yn cael rhai eraill. Gallech sylwi bod eich arwyddion straen yn newid dros amser.

Maen nhw fel arfer yn annifyr ac efallai y byddwch chi'n eu hofni. 'Ofn ofn' yw'r enw ar hyn: rydych chi'n dechrau poeni amdanyn nhw, a gallech osgoi gwneud pethau er mwyn ceisio'u hatal. Felly os ydych chi'n ofni teimlo'ch calon yn rasio, efallai na fyddwch chi'n rhedeg i ddal y bws oherwydd eich bod yn gwybod y bydd hyn yn codi cyfradd curiad eich calon. Wrth gwrs, mae'r ffaith eich bod chi'n poeni yn aml yn golygu bod yr arwyddion yn gwaethygu o ganlyniad.

Efallai y byddwch chi'n gweld bod yr arwyddion yn ymddangos o nunlle pan na fyddwch chi'n eu disgwyl o gwbl. Weithiau mae'n ymddangos fel petai'r peth lleiaf yn gallu eu tanio a gallan nhw ymddangos mewn chwinciad. I wneud mwy o synnwyr o'r ffordd mae straen yn effeithio ar y corff, gadewch i ni edrych ar *orbryder* yn gyntaf.

Mae gorbryder yn effeithio ar y corff mewn dwy brif ffordd:

Mae'r cyhyrau'n tynhau, gan arwain at:

• Tyndra yn y frest.
• Poen yn y gwar.
• Poenau a gwynegon.

Mae'r System Nerfol Awtonomig (ANS: *autonomic nervous system*) **yn cyflymu**, gan arwain at:

• Y galon yn rasio.
• Teimlo'n fyr o wynt.
• Chwysu.

Mae rhestr o rai o'r arwyddion mwyaf cyffredin isod. Ond dydy'r rhestr ddim yn cynnwys pob un arwydd, felly peidiwch â phoeni os ydych chi'n cael arwyddion sydd ddim i'w gweld yma. Mae 'ymladd/ffoi' – y system gynhenid sydd gan bawb i'n cadw'n ddiogel rhag perygl – yn cael dylanwad cryf ar orbryder drwy ein llenwi ag egni fel ein bod yn gallu ymladd yn erbyn y perygl neu redeg i ffwrdd. Pan fydd straen yn gafael ynoch, gall y system ymladd/ffoi gael ei thanio sawl gwaith y dydd. Meddyliwch am larwm car sydd mor sensitif nes ei fod yn canu nid yn unig pan fydd rhywun yn torri ffenest ond pan fydd rhywun yn lled-gyffwrdd â'r drws wrth gerdded heibio – rhywbeth tebyg iawn yw ymladd/ffoi mewn cyfnodau o straen.

Arwyddion corfforol cyffredin o orbryder

Crychguriadau	Curiad calon cyflym	Colli archwaeth
Calon yn colli curiadau	Pendro	Awchu am fwyd
Teimlo'n benysgafn	Pennau tost	Teimlo'n boeth/oer
Teimlo'n ddiymadferth	Poen/tyndra yn y frest	Cyfog
Byr o anadl	Poen yn y stumog	Golwg niwlog
Teimlad o dagu	Poen/gwynegon yn y cyhyrau	Cryndod yn y llais
'Corddi' tu mewn	Blinder	'Rhewi'
Teimlo'n sigledig	Chwysu	Pinnau bach
Problemau cysgu	Problemau llyncu	Teimlo'n afreal
'Coesau jeli'	Cryndod	Ceg sych
Pledren wan	Dolur rhydd	Dwylo chwyslyd

Nawr gadewch i ni edrych ar rai o arwyddion cyffredin *iselder*.

Mae llawer o arwyddion corfforol iselder yr un fath â rhai gorbryder. Ond mae ymateb eithafol yn fwy cyffredin, e.e. gydag archwaeth. Efallai na fyddwch chi eisiau bwyta. Efallai'ch bod chi eisiau bwyta llawer mwy (bwyta er mwyn cysur?). Gall hyn arwain at golli neu fagu pwysau. Mae cwsg yr un fath – weithiau efallai na fyddwch chi'n gallu mynd (yn ôl) i gysgu, neu efallai y byddwch chi eisiau cysgu gormod o lawer.

Mae iselder yn tueddu i wneud i ni deimlo poen gorfforol yn waeth – poen yn y cymalau neu'r cefn, neu boenau yn y frest, er enghraifft (ewch at eich meddyg teulu os ydych chi'n poeni am hyn).

Mae pobl ag iselder yn aml yn dweud wrtha i nad ydyn nhw byth yn teimlo'n dda neu gant y cant. Efallai y byddwch yn teimlo bod eich corff, fel eich meddwl, wedi colli ei fin. Efallai y byddwch chi'n teimlo'n flinedig drwy'r amser, neu wedi ymlâdd ar ôl ychydig o ymdrech. Efallai'ch bod yn teimlo bod rhaid i chi lusgo'ch hun drwy'r diwrnod. Dydych chi ddim yn teimlo'n flinedig oherwydd yr hyn rydych chi wedi'i wneud; efallai'ch bod yn teimlo'n flinedig yn meddwl am yr hyn sydd gennych chi i'w wneud.

Arwyddion corfforol cyffredin iselder

Bwyta llai o lawer	Magu pwysau	Byth yn teimlo gant y cant
Bwyta mwy o lawer	Colli pwysau	Teimlo'n swrth
Poen cefn	Poen yn y cymalau	Cyfog
Poen cronig sy'n gwaethygu	Newid yn y cylch misol	Poenau yn y stumog
Poenau yn y frest	Symud/siarad yn arafach	Dolur rhydd
Problemau rhywiol	Colli libido	Meigryn
Pennau tost	Diffyg egni	Cysgu llawer mwy nag arfer

Poenau a gwynegon	Blino'n hawdd	Methu cysgu
Rhwymedd	Teimlo wedi ymlâdd drwy'r amser	Deffro yn y nos
Ar bigau'r drain	Dim teimlad yn y corff	Deffro'n gynnar yn y bore

Ym Mhennod 2 fe siaradon ni am gylchoedd cythreulig. Gadewch i ni edrych ar sut gall y rhain dyfu.

Yn y cam cynnar hwn, mae ein cylch cythreulig yn cael ei fwydo o hyd, felly mae'n dal i fod yn bwerus. Ond wrth i ni ddysgu sgiliau rheoli'r corff, rydyn ni'n dechrau cael effaith arno (a gweld sut nad yw'r corff yn bwydo'r cylch mwyach).

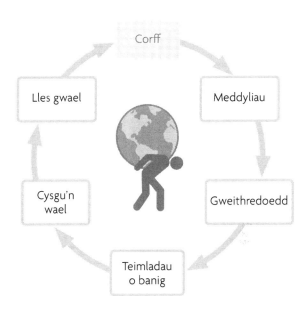

Wrth i ni ddysgu sgiliau i reoli ein corff, mae'r cylch cadarnhaol, er ei fod yn wan iawn o hyd, yn dechrau tyfu:

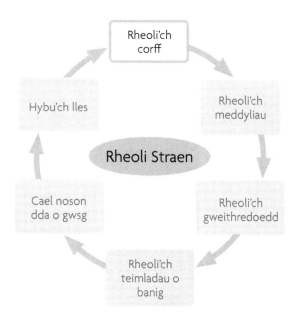

Rhan 2 Sgiliau rheoli'ch corff

Mae pum sgìl mae angen i chi eu dysgu i reoli'ch corff:

- Cyfyngu ar gaffein.
- Ymarfer corff.
- Ailddysgu anadlu.
- Ymlacio'r cyhyrau'n gynyddol.
- Bwyta'n iach.

Sgìl 1 Cyfyngu ar gaffein

Mae caffein yn gallu'ch helpu i deimlo'n effro. Mae'n gallu'ch helpu i ganolbwyntio. Mae'n gallu gwella'ch amser adweithio. Mae'n gallu'ch helpu i ddal ati pan fyddwch chi angen hynny. Ond mae effaith gormod o gaffein yn gallu bod yr un fath â rhai gorbryder. Mae'n symbylydd sy'n effeithio ar yr ymennydd a'r brif system nerfol. Mae caffein mewn:

- **Diodydd** Coffi, te a diodydd pefriog fel Coke neu Pepsi. Mae fersiynau deiet yn cynnwys llawer o gaffein hefyd.
- **Poenladdwyr** Rhai mathau o foddion annwyd a thabledi pen tost.
- **Tabledi a diodydd egni** Pro-Plus, Red Bull a Monster, ac ati.
- **Atchwanegion ymarfer corff** Gall y rhain gynnwys llawer iawn o gaffein.
- **Siocled** Yn enwedig siocled tywyll.
- Mae llawer o gynhyrchion eraill yn cynnwys caffein, felly darllenwch yr wybodaeth ar y pecyn yn ofalus.

Mae effeithiau gormod o gaffein yn cynnwys teimlo'n nerfus, yn bigog, yn aflonydd, yn gynhyrfus, yn sigledig, pen tost, cyhyrau'n gwingo, wyneb coch, poen bol, y galon yn curo'n gynt, anadlu'n fwy cyflym a phasio dŵr yn amlach nag arfer.

Bydd cymryd 150mg o gaffein cyn mynd i'r gwely yn ei gwneud hi'n anoddach mynd i gysgu a bydd yn effeithio ar ansawdd eich cwsg (gweler y siart isod sy'n dangos faint o gaffein sydd mewn gwahanol gynhyrchion).

Faint yw gormod?

Gall rhai gymryd cryn dipyn o gaffein heb fod ddim gwaeth o ganlyniad. Yn fras, mae mwy na 600mg y dydd yn gallu achosi problemau, ond gall pobl sy'n orbryderus neu'n dueddol o fynd i banig ymateb i *lawer* llai na hyn. Felly mae'n syniad da edrych ar faint o gaffein rydych chi'n ei gael bob dydd. Bydd y rhestr isod yn eich helpu i gyfrifo hyn (gweler www.caffeineinformer. com am fwy o fanylion). Os ydych chi'n meddwl bod caffein yn cyfrannu at eich straen, dylech leihau'ch cymeriant dyddiol gymaint ag y gallwch chi.

Diodydd poeth	Ym mhob mŵg (miligramau)
Caffe Latte Venti (mawr) Starbucks	150
Coffi brag Starbucks	445
Coffi parod	100
Coffi digaffein	6
Te	85–110

Diodydd pefriog	Ym mhob can
Coke	36
Diet Coke	46
Pepsi	38
Diet Pepsi	43
Dr Pepper	41

Siocled	
Llaeth	22mg ym mhob 100g
Tywyll	72mg ym mhob 100g

Tabledi	
Panadol Extra	65
Anadin Extra	45

Tabledi a diodydd egni	
Tabled egni Pro-Plus	50
Diod egni Red Bull (250ml)	80
Diod egni Monster (473ml)	160

Os ydych chi'n teimlo'ch bod chi'n cymryd gormod o gaffein, mae'n bwysig eich bod chi'n ei leihau yn raddol. Mae'ch corff yn gallu dod i arfer cymaint â chaffein fel bod ei hepgor yn gyfan gwbl yn gallu achosi effeithiau diddyfnu sy'n gallu para am hyd at wythnos:

• Pen tost ofnadwy.

• Syrthni/blinder.

• Gorbryder.

• Iselder.

• Cyfog.

Os ydych chi eisiau lleihau'ch caffein, dylech:

- Eich amddifadu'ch hun ohono'n raddol. Bydd hyn yn osgoi effeithiau diddyfnu.
- Newid i de a choffi *digaffein* yn raddol.
- Newid yn raddol o ddiodydd pefriog i ddiodydd heb gaffein neu sudd ffrwythau pur.
- Osgoi diodydd a thabledi egni.
- Cymryd cyn lleied o boenladdwyr ag y gallwch chi (gofynnwch i'ch meddyg teulu am gyngor) neu newid i frandiau sy'n cynnwys llai o gaffein.

Sgìl 2 Ymarfer corff

Mae pawb yn gwybod bod ymarfer corff yn dda i'ch iechyd. Mae'r manteision yn cynnwys rheoli pwysau, lleihau pwysedd gwaed, helpu i gadw esgyrn, cyhyrau a chymalau'n iach, gwella siâp y corff, atal rhai mathau o ddementia o bosib a lleihau'r perygl o glefyd y galon, diabetes a rhai mathau o ganser.

Felly mae ymarfer corff yn gwneud synnwyr os ydych chi eisiau aros yn ffit. Ac rydyn ni'n gwybod bod ymarfer corff yn gallu helpu i ymladd yn erbyn straen hefyd (mae hyn yn cyd-fynd â'r model 'corff iach, meddwl iach' ym Mhennod 1). Efallai'ch bod chi wedi sylweddoli eich bod chi'n teimlo'n well ar ôl ymarfer corff. Mae hyn yn dda, ond er mwyn cael budd hirdymor, mae angen i chi wneud ymarfer corff yn rheolaidd. Does dim angen iddo gostio'n ddrud: mae mynd am dro sionc, rhedeg neu nofio yn gyfleus i bawb (ac yn rhatach na mynd i'r gampfa neu ymuno â chlwb golff).

Gofalwch eich bod chi'n dewis rhywbeth rydych chi'n ei fwynhau. Gallech wneud sawl peth gwahanol er mwyn cael ychydig bach o amrywiaeth. Cofiwch, os byddwch chi'n mynd i'r gampfa, byddwch chi'n mynd allan o'r tŷ ac yn dod i gysylltiad â phobl eraill. Gall hyn ynddo'i hun fod yn help.

Pam mae ymarfer corff yn helpu straen?

Rydyn ni'n gwybod ei fod yn helpu, ond dydyn ni ddim yn siŵr sut. Dyma ambell ddamcaniaeth:

- Mae'n cynyddu serotonin yn yr ymennydd ac mae hyn yn lleihau trallod.
- Mae'n cynyddu endorffinau (hormonau 'teimlo'n dda') ac mae'r rhain yn hybu ein hymdeimlad o les.
- Mae'n helpu i hybu ein hunan-werth drwy roi nodau newydd i ni ac ymdeimlad newydd o bwrpas i'n bywyd.

Faint o amser ddylwn i ei dreulio? Dylech geisio gwneud o leiaf dri deg munud bob dydd o'r wythnos neu bron bob dydd.

Oes rhaid gwneud y cyfan yr un pryd? Na. Gallwch ei rannu. Gallech ei rannu ar draws y dydd drwy wneud pymtheg munud yn y bore a phymtheg munud yn nes ymlaen. Os nad ydych chi'n cysgu'n dda, ceisiwch osgoi ymarfer yn y tair awr cyn mynd i'r gwely oherwydd gall hyn ei gwneud hi'n anoddach i chi fynd i gysgu.

Pa mor galed ddylai'r ymarfer corff fod? Yn ôl y canllawiau, mae ymarfer cymedrol lawn cystal i chi ag ymarfer mwy dwys.

Beth yw ystyr hynny? Mae'n golygu dau beth:

• Dylech fod yn ymwybodol o'ch curiad calon yn cyflymu...

• ... ond ddylech chi ddim bod mor fyr eich anadl fel na allech chi siarad yn rhwydd (neu ganu cân).

Mae mynd am dro sionc yn cyfrif fel ymarfer cymedrol, felly mae'n llawn mor llesol ag unrhyw fath arall o ymarfer corff.

Oes angen i mi fod yn ffit i ddechrau arni? Nac oes. Ond dylech weld eich meddyg teulu os nad ydych chi'n siŵr. Y peth gorau yw dechrau gan bwyll a chynyddu'n raddol, felly gallech ddechrau drwy fynd am dro byr bob dydd.

Oes rhaid i chi fod yn ifanc i ddechrau hyn? Nac oes. Gall hyn helpu pob un ohonon ni. Os nad oes gan eich meddyg teulu unrhyw bryderon a'ch bod yn dechrau ar y lefel gywir, dydy oedran ddim yn ffactor.

Un peth arall I gyd-fynd â'r ymarfer, gofalwch eich bod chi'n symud bob ugain munud yn ystod y dydd. Felly os ydych chi'n eistedd o flaen y teledu, codwch ac ymestyn yn ystod yr hysbysebion.

Deuparth gwaith yw ei ddechrau. Ar ôl i chi ddod i arfer, dylech weld eich bod yn edrych ymlaen at ymarfer corff. Ond dechrau arni yw'r her fawr yn aml. Felly gofynnwch y cwestiynau hyn i chi'ch hun:

• Sut gallai ymarfer corff fy helpu i?

• Beth yw'r prif bethau sy'n fy atal, a sut galla i eu goresgyn?

Beth am ddechrau drwy fynd i gerdded am bymtheg munud, ddwywaith y dydd? Gofalwch fod eich calon yn curo'n gyflymach a dyna chi.

Sgìl 3 Anadlu o'r bol

Mae anadlu o'r bol yn ffordd dda o ymlacio'ch corff, ac mae'n arbennig o dda ar gyfer rheoli teimladau o banig. Dylech ymarfer sawl gwaith y dydd. Gallech wrando ar ganllaw sain am ddim ar fy ngwefan – stresscontrolaudio.com.

Prif fantais y dechneg hon yw eich bod yn dysgu sut mae anadlu o'r diaffram:

• Rhowch un llaw ar eich brest a'r llall ar eich bogel.
• Wrth i chi anadlu i mewn, dylai'r llaw ar eich stumog gael ei gwthio allan a ddylai'r llaw ar eich brest ddim symud.
• Wrth i chi anadlu allan, dylai'ch stumog dynnu i mewn. Ddylai'ch brest ddim symud.

I helpu, anadlwch i mewn drwy'r trwyn, crychwch eich gwefusau ac yna anadlwch allan yn araf drwy'ch ceg. Os ydych chi'n anadlu o'r frest, efallai y bydd hyn yn anodd i chi i ddechrau. Gorweddwch ar eich cefn ar y llawr gan ei fod yn haws fel hyn.

Rhowch y ddau ymarfer hyn gyda'i gilydd a'u gwneud ddwywaith y dydd. Unwaith y byddwch chi'n hen law arni, gallwch ymarfer yn y gwaith, ar y bws, wrth wylio'r teledu, ac ati. Fydd neb yn sylwi beth rydych chi'n ei wneud.

Dyma grynodeb o'r dechneg.

Anadlwch i mewn a meddwl '*1*'.
Anadlwch allan a meddwl '*ymlacia*'.
Anadlwch i mewn a meddwl '*2*'.
Anadlwch allan a meddwl '*ymlacia*'.
Ailadroddwch hyn hyd at *10* ac yna'n ôl i *1*.
Canolbwyntiwch ar yr anadlu ac ar y rhif a'r gair '*ymlacia*' a dim byd arall.
Anadlwch yn araf fel arfer (10–12 anadl y funud). Anadlwch i mewn drwy'ch trwyn. Crychwch eich gwefusau ac anadlwch allan yn araf drwy'ch ceg.
Defnyddiwch y diaffram – wrth i chi anadlu i mewn, dylai'ch stumog wthio allan a ddylai'ch brest ddim symud.
Wrth i chi anadlu allan, dylai'ch stumog dynnu i mewn. Ddylai'ch brest ddim symud pan fyddwch chi'n anadlu allan.
Dylech ymarfer ddwywaith y dydd mewn llefydd gwahanol.

Sgìl 4 Ymlacio'r Cyhyrau yn Gynyddol (PMR: *progressive muscular relaxation*)

Yn gynharach yn y bennod hon fe welson ni fod gorbryder yn effeithio ar y corff mewn dwy ffordd: mae'n tynhau cyhyrau ac yn cyflymu'r ANS. Mae PMR yn sgìl da i'w gael oherwydd:

• Mae'n eich dysgu chi sut mae ymlacio'r cyhyrau.

• Trwy reoli'ch anadlu, mae'n arafu'r system nerfol awtonomig.

Bydd y ddau sgìl hyn yn eich dysgu sut mae rheoli'ch corff. Mae clipiau sain o ymarferion ymlacio dwfn a chyflym ar gael am ddim, gyda llais yr awdur, yn stresscontrolaudio.com. Mae cyfarwyddiadau ysgrifenedig yn Atodiad 1.

Mae PMR yn rhannu'n dair rhan:

• Ymlacio dwfn.

• Ymlacio cyflym.

• Atal.

Rhan 1 Ymlacio dwfn

Ymlacio dwfn yw'r ffurf mae arbenigwyr yn ei ffafrio ar gyfer rheoli straen. Gair o rybudd: os oes gennych chi unrhyw broblemau fel anaf i'r cefn a'ch bod yn poeni y gallai PMR ei waethygu, gofynnwch i'ch meddyg teulu am gyngor.

Beth yw e? Mae PMR yn eich dysgu sut i ymlacio eich corff a'ch meddwl. Yn gyntaf, rydych chi'n dod yn ymwybodol o sut mae straen yn effeithio ar eich corff ('*Do'n i ddim yn sylweddoli bod fy ysgwyddau i fyny at fy nghlustiau drwy'r dydd*'), ac yna rydych chi'n defnyddio'r trac sain i gael gwared arno. Pan fyddwch chi'n hen law arni, byddwch chi'n gallu synhwyro straen yn sleifio i mewn i'ch corff yn gynt o lawer. Felly byddwch yn gallu ei ladd cyn iddo fwrw'i wreiddiau.

Fel pob sgìl, mae'n cymryd ychydig o amser i feistroli PMR; efallai y bydd angen ychydig wythnosau dim ond i ddechrau ymlacio. Cofiwch eich bod chi'n dysgu rhywbeth rydych chi wedi'i golli neu rywbeth nad oedd gennych chi yn y lle cyntaf. Felly byddwch yn amyneddgar.

Ble ddylwn i ddefnyddio'r dechneg? Defnyddiwch y dechneg mewn stafell lle gallwch chi gael llonydd a lle gallwch chi fod yn gynnes ac yn gyfforddus. Rhowch gynnig ar stafelloedd gwahanol i weld pa un sydd orau i chi. *Peidiwch* â chwarae'r trac sain wrth yrru'r car, am resymau amlwg.

Ddylech chi eistedd neu orwedd? Gwnewch fel y mynnoch chi. Mae'n bosib mai'r gwely neu'r soffa sydd orau, ond efallai y bydd yn well gennych chi'r llawr. Os oes gennych chi gadair gyfforddus (mae cadeiriau gorwedd yn dda iawn), gallech ddefnyddio honno.

Pryd ddylech chi ddefnyddio'r dechneg hon? Bob dydd. Mae llawer o bobl dan straen yn ei chael hi'n anodd gwneud amser ar gyfer PMR ond rhaid i chi ddyfalbarhau. Penderfynwch pa amser o'r dydd sydd orau i chi a chadwch ato.

Beth fydd yn digwydd pan fydda i'n chwarae'r clip sain? Os byddwch chi'n defnyddio'r clip ar fy ngwefan, byddwch chi'n clywed fy llais. Byddwch chi'n tynhau ac yn ymlacio gwahanol gyhyrau. Y syniad yw eich bod yn dod yn fwy ymwybodol o'r gwahaniaeth rhwng tensiwn ac ymlacio yn eich cyhyrau. Yna byddaf yn eich helpu i arafu eich anadlu i gyfradd sefydlog.

Tuag at ddiwedd y trac sain, byddwch yn symud ymlaen at ffyrdd o ymlacio'ch meddwl. Ar ôl i mi orffen siarad, gallech aros yno'n mwynhau'r teimlad o fod wedi ymlacio. Byddwch chi'n cyfrif yn ôl o bedwar i un i orffen.

Nodwch nad trac sain hypnotig yw hwn, felly peidiwch â phoeni am fynd i berlewyg. Bydd gennych reolaeth lwyr drwy'r amser.

Deg gair o gyngor i'ch helpu i ymlacio

1 Ceisiwch fod mor gyfforddus â phosib cyn cychwyn. Tynnwch eich esgidiau a gwisgwch ddillad llac.

2 Gofalwch fod y stafell yn gynnes. Diffoddwch eich ffôn.

3 Gofalwch nad oes unrhyw un yn y tŷ yn dod i mewn i'r stafell pan fyddwch chi'n gwrando ar y trac sain. Os oes rhywun eisiau ymuno o'r cychwyn, mae hynny'n iawn.

4 I ddechrau, dylech wneud yr ymarfer hwn pan na fyddwch chi'n teimlo dan ormod o straen. Fel mae hi'n haws o lawer nofio mewn dyfroedd tawel, mae'n haws ymlacio pan nad ydych yn llawn straen. Byddwch chi'n gallu canolbwyntio'n well. Fel hyn, byddwch yn gallu dysgu'r sgìl yn gyflymach.

5 Pan fyddwch yn dechrau'r ymarfer, mae'n bosib y byddwch chi'n meddwl am yr holl bethau eraill ddylech chi fod yn eu gwneud yn ei le. Mae hon yn broblem gyffredin gyda straen.

Peidiwch â cholli ffocws. Rhaid i chi neilltuo amser i ymlacio.

6 Fel sy'n wir wrth ddysgu unrhyw sgìl, dyfal donc a dyr y garreg. Felly gwnewch yr ymarfer bob dydd. Ceisiwch ei wneud yr un amser bob dydd.

7 Peidiwch â phoeni pa mor dda neu ddrwg rydych chi'n ei wneud. Mae'r rhan fwyaf o bobl yn gweld nad ydyn nhw'n gallu canolbwyntio'n llwyr yn ystod yr wythnosau cyntaf. Mae hyn yn gyffredin; wrth i chi gyfarwyddo â'r ymarfer, bydd eich gallu i ganolbwyntio'n gwella. Gadewch i chi'ch hun ymlacio'n naturiol; peidiwch â cheisio rhuthro pethau. Pan ddaw'r teimlad, mwynhewch e.

8 Defnyddiwch eich sgiliau ailhyfforddi sut i anadlu i'ch helpu i ymlacio. Rhowch gynnig ar ymarfer arafu i ryw ddeg i ddeuddeg anadl y funud ar wahanol adegau o'r dydd (defnyddiwch fys eiliadau'ch oriawr). Bydd hyn yn helpu i gadw'ch corff wedi ymlacio drwy gydol y dydd.

9 Gall PMR eich gadael yn teimlo'n gysglyd braf. Mae rhai pobl yn mynd i gysgu. Os ydych chi'n un ohonyn nhw, peidiwch â phoeni, ond cofiwch mai dysgu sgìl yr ydych chi ac y byddwch chi wastad yn elwa mwy os gallwch chi aros yn effro. Os oes angen i chi fod yn gwbl effro ar ôl yr ymarfer, e.e. er mwyn gyrru, gofalwch eich bod chi o gwmpas eich pethau cyn gwneud hynny.

10 Hwyrach y byddwch chi'n gweld eich bod chi'n dal eich anadl wrth dynhau'ch cyhyrau. Peidiwch â phoeni; mae bron pawb yn gwneud hyn i ddechrau. Ceisiwch ddal ati i

dynhau'r cyhyrau a rheoli'r anadl ar wahân.

Os ydych chi eisiau gweld a ydych chi'n gwneud cynnydd, cadwch ddyddiadur. Llenwch e bob tro y byddwch chi'n gwneud ymarfer ymlacio. Nodwch eich lefelau straen cyn ac ar ôl ymarfer ar raddfa o 1 i 10, lle mae '10' yn golygu na allai'ch straen fod yn waeth. Daliwch afael ar y sgoriau hyn i weld ydy pethau'n gwella po amlaf y byddwch chi'n defnyddio'r ymarfer ymlacio.

Daliwch ati gyda'r ymarfer nes eich bod chi'n gallu ymlacio'n dda. Yna gallwch chi newid i'r ymarfer ymlacio cyflym.

Rhan 2 Ymlacio cyflym

Mae hyn yn gadael i chi fireinio'ch sgiliau newydd. Yr un yw'r syniad, ond nawr gallwch chi ddysgu ymlacio'n gyflymach. Yn syml, mae'n fersiwn gyflym o'r hyn rydych chi newydd ei ddysgu. Yr un yw'r rheolau – gwnewch yr ymarfer yr un amser bob dydd. Fel cynt, peidiwch â disgwyl gallu meistroli'r grefft ar unwaith. Peidiwch â digalonni os nad yw'n gweithio'r tro cyntaf. Gweler yr Atodiad am ddisgrifiad manwl o'r dechneg.

Os ydych chi eisiau gwneud y ddau ymarfer bob dydd, ewch amdani: does dim y fath beth ag ymlacio gormod. Ond prif nod PMR, wrth gwrs, yw dysgu ffordd i chi reoli'ch straen. Dylech geisio rhoi'r gorau i'r ymarferion hyn yn raddol bach (mae'n bosib y byddwch chi wedi diflasu arnyn nhw ta beth). Felly'ch tasg olaf yw atal.

Rhan 3 Atal

Ar ôl i chi ddysgu sut mae ymlacio, ceisiwch wneud hynny heb ddefnyddio'r ymarferion na'r clipiau sain, h.y. gwnewch le i'r sgìl yn eich ymennydd ac cwch i'w nôl bob tro fyddwch chi ei angen. Gyda chymorth eich sgìl newydd, gallwch wynebu sefyllfaoedd llawn straen gydag arf newydd. Nawr mae gennych chi ffordd o aros mewn rheolaeth. A chithau'n gallu synhwyro'n well fod straen yn cronni, gallwch fynd i'r afael ag ef cyn iddo fwrw'i wreiddiau a chael cyfle i ddal gafael arnoch chi.

Does dim rhaid i chi fynd trwy bob rhan o'r ymarferion. Cadwch at y rhannau sy'n gweithio orau i chi, e.e. rheoli anadlu, ymlacio'r ysgwyddau, ac ati. Os oes gennych chi gwmni, gwnewch yr ymarferion na fydd neb yn sylwi arnyn nhw.

Yn gryno, dylech:

Ddechrau gydag ymlacio dwfn/cadw dyddiadur.
Gwneud yr ymarfer bob dydd nes i chi ddysgu ymlacio.
Symud at ymlacio cyflym.
Gwneud yr ymarfer bob dydd nes eich bod chi'n gallu ymlacio'n gyflym.
Dechrau gwneud yr ymarfer eich hun.

Y nod yw lladd y straen cyn iddo fwrw'i wreiddiau drwy ymlacio pan ddaw'r arwydd cyntaf bod straen yn cronni yn eich corff.

Sgìl 5 Bwyta'n iach

Rydyn ni wedi edrych ar bwysigrwydd ymarfer corff, peidio ag yfed llawer o alcohol neu gymryd llawer o gyffuriau a lleihau eich lefelau caffein. Felly, i gloi'r adran ar gorff iach/meddwl iach, byddwn yn edrych ar fanteision deiet iach*.

Gall bwyta'n dda helpu i atal salwch difrifol fel clefyd y galon, diabetes neu sawl math o ganser, pwysedd gwaed uchel ac ati. Er nad ydy deiet gwael ynddo'i hun yn achosi straen, mae'n gallu ychwanegu ato. Felly fel rhan o'r amrywiaeth o sgiliau newydd rydych chi wedi'u dysgu drwy ddarllen y llyfr hwn, dylech feddwl am yr hyn rydych chi'n ei fwyta hefyd.

Dyma dair prif elfen bwyd:

Braster

Mae braster yn storio egni; mae'n ein cadw ni'n gynnes. Gall helpu i leihau lefelau straen hefyd.

Dewiswch ddeiet sy'n llawn:

• **Braster annirlawn (*unsaturated fats*)** Hadau, cnau, afocados, olew llysiau fel olewydd a blodau'r haul.

---

*Byddaf yn cynnig cyngor cyffredinol ond, wrth reswm, mae gan bob unigolyn ei anghenion ei hun. Gyda rhai mathau o salwch a chyflyrau, e.e. os ydych chi'n feichiog neu'n bwydo ar y fron, bydd angen dilyn argymhellion penodol, felly dylech bob amser gael gair gyda'ch meddyg neu ddeietegydd i gael cyngor penodol.

- **Asidau brasterog omega-3** Hadau llin, cnau Ffrengig a physgod olewog (e.e. macrell, eog, brithyll).

Ceisiwch fwyta llai o:

- **Fraster dirlawn (*saturated fats*)** Llaeth cyflawn, menyn, hufen, caws, hufen iâ, pasteiod.

- **Cynhyrchion sy'n aml yn cynnwys trawsfrasterau (*trans-fats*)** Margarîn a sbrediau, cymysgedd cacennau, bisgedi, sglodion, cawl parod a sawsiau parod.

Carbohydradau

Mae carbohydradau'n gweithio fel tanwydd i'r corff, yn enwedig yr ymennydd a'r cyhyrau.

Ceisiwch osgoi:

- **Carbohydradau syml** Siwgr bwrdd, siwgr brown, mêl, diodydd ffrwythau, diodydd pefriog, rhai diodydd chwaraeon, losin, jam. Gall y rhain roi hwb sydyn o egni i chi ond dydy e ddim yn para'n hir.

Ewch am ddeiet sy'n llawn:

- **Carbohydradau cymhleth** Llysiau gwyrdd, grawn cyflawn, e.e. blawd ceirch, pasta, reis brown neu basmati, bara grawn cyflawn, tatws, tatws melys, ŷd, *couscous*, ffa, ffacbys, pys. Mae'r bwydydd hyn sy'n llawn 'carbohydradau da' yn tueddu i gynnwys llawer o ffibr ac yn rhoi egni hirdymor i'r corff.

Protein

Mae protein yn gweithio fel blociau adeiladu'r corff ac mae'n cyfrannu at bron bob un o swyddogaethau'n cyrff.

Dewiswch ddeiet sy'n llawn:

• Grawn cyflawn, ffacbys, pys, ffa, pysgod, cig difraster, cyw iâr, wyau, cnau, llaeth sgim neu hanner sgim.

Atchwanegion (supplements)

Y cyngor y dyddiau hyn, oni bai bod eich deiet yn wael iawn, neu fod eich meddyg wedi'ch cynghori i'w cymryd, yw nad ydych chi'n debygol o gael budd o gymryd atchwanegion. Dylai deiet cytbwys roi popeth sydd ei angen ar eich corff. Er bod amrywiaeth eang o atchwanegion yn cael eu hawgrymu ar gyfer straen, digon gwan yw'r dystiolaeth eu bod yn fuddiol, os oes budd iddyn nhw o gwbl. Gall cymryd gormod o atchwanegion wneud niwed i chi.

Deiet cytbwys

Mae Asiantaeth Safonau Bwyd y Deyrnas Unedig yn awgrymu mai'r deiet iachaf yw un lle rydych chi'n sicrhau'r cydbwysedd cywir. Mae'n argymell y canlynol:

• Bwydydd startshlyd yn sail i'ch deiet (tatws, bara, grawnfwydydd, *couscous*, reis brown a phasta).

• Yfed llaeth yn gymedrol.

• Pysgod ddwywaith yr wythnos (dylai o leiaf un fod yn bysgodyn olewog fel macrell neu eog).

- Pum dogn o ffrwythau a llysiau bob dydd (ffres, wedi rhewi, mewn tun neu ffrwythau sych).
- Bwyta llai o halen, braster dirlawn a siwgr.
- Osgoi bwydydd wedi'u prosesu gymaint â phosib.
- Dylai dynion yfed tua 2 litr (3.5 peint) o hylif y dydd. Dylai menywod geisio yfed 1.6 litr (bron 3 pheint) y dydd. Yfwch fwy ar ddiwrnodau poeth neu os ydych chi'n gwneud mwy o ymarfer corff. Mae pob hylif yn cyfrif, yn cynnwys te a choffi, ond dŵr, llaeth a sudd ffrwythau sydd orau.

Gair i gloi

Nod Pennod 5 yw rheoli'r corff; dechrau llwgu'r cylch cythreulig a bwydo'r cylch cadarnhaol. Nawr bydd Pennod 6 yn ychwanegu at y sgiliau rydych chi wedi'u dysgu drwy eich dysgu sut mae rheoli'ch meddyliau.

6

Rheoli'ch meddyliau

Mae straen yn effeithio ar y ffordd rydyn ni'n meddwl. Ac mae'r ffordd rydyn ni'n meddwl yn effeithio ar straen. Mae hyn yn helpu i gadw straen yn fyw. Felly mae rheoli'ch meddyliau yn eich helpu i reoli'ch straen. Bydd y bennod hon yn rhoi'r sgiliau sydd eu hangen arnoch i wneud hyn.

Rhan 1 Gwybodaeth

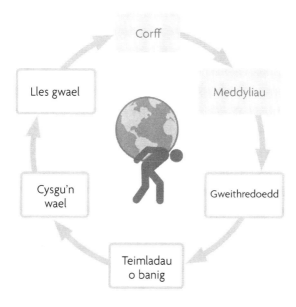

Wrth i ni ddysgu sgiliau i reoli'n meddyliau a'u cyfuno â'r sgiliau 'rheoli'ch corff', mae'r cylch cythreulig yn gwanhau ymhellach.

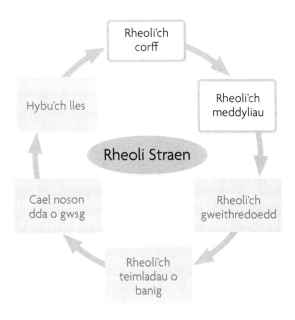

Drwy gyfuno sgiliau 'rheoli'ch corff' a 'rheoli'ch meddyliau', gallwn ddechrau llwgu'r cylch cythreulig drwy gryfhau'r cylch cadarnhaol yn araf.

Meddwl llawn straen

'Dwi'n teimlo mor wag y tu mewn. Dwi'n teimlo mor ddi-werth. Dwi am i bobl fy hoffi ond does dim llawer yno i'w hoffi. Dwi yn y ffordd yn y gwaith. Dwi'n siomi'r tîm. Rhaid eu bod nhw wedi cael llond bol arna i.'

'Yr eiliad dwi'n cerdded i mewn i'r coleg bob bore, mae fy meddwl i'n dechrau rasio. Beth os bydd hyn yn digwydd? Beth os bydd hynny'n digwydd? Dwi'n cymryd yn ganiataol y bydd y peth gwaethaf yn digwydd bob tro. Dwi'n gwybod fy mod i bob amser yn edrych yn hapus, ond pe baen nhw ond yn gallu gweld beth sy'n digwydd y tu mewn i 'mhen i drwy'r dydd.'

Dychmygwch feddwl fel y ddau berson yma ddydd ar ôl dydd. Meddyliwch am yr effaith y byddai'n ei chael ar eich hunanhyder, eich hunan-werth, eich corff a'ch gweithredoedd. Mae meddyliau'n chwarae rhan hanfodol wrth gadw straen yn fyw. Mae rheoli'ch meddyliau yn rhan hanfodol o adfer rheolaeth.

Mae'r meddyliau llawn straen mwyaf cyffredin yn cael eu rhestru yn y siart isod.

Meddyliau llawn straen cyffredin		
Colli hunanhyder	Ofn heriau	Beirniadu'ch hun
Teimlo'n anobeithiol	Colli diddordeb mewn rhyw	Y meddwl yn mynd yn wag
Poeni gormod	Teimlo tyndra	Tristwch
Teimlo'n biwis	Diffyg canolbwyntio	Ofn salwch/afiechyd
Colli diddordeb	Drysu'n hawdd	Teimlo bod bywyd yn frwydr
Ofn wynebu'r dydd	Teimlo'n ddi-werth	Hunangasineb
Teimlo nad oes neb yn eich deall	Ofn gwneud ffŵl ohonoch chi'ch hun	Poeni gormod am wirio neu lanhau
Teimlo ar bigau'r drain	Teimlo ar wahân i weddill y byd	Meddwl am farwolaeth
Y meddwl yn mynd yn wag	Hel meddyliau	Colli synnwyr digrifwch
Teimlo'n hunanymwybodol	Colli diddordeb	Anghofus
Ofn colli rheolaeth	Teimlo'n hynod o euog	Diffyg hunan-werth
Hunllefau	Diffyg bodlonrwydd	Teimlo'n wael ynghylch y byd
Ofn bod ar ben eich hun	Anghofus	Teimlo bod y dyfodol yn dywyll
Ofn cyfarfod â phobl	Teimlo'n fflat	Ofn cael eich beirniadu
Teimlo'n biwis	Methu profi pleser	Ofn cael eich gwrthod
Dychryn yn hawdd/ar bigau'r drain	Drysu'n hawdd/mynd yn ffwndrus	Ofn marwolaeth

Methu ymlacio	Colli hunanhyder	Teimlo embaras yn hawdd
Hunanfeirniadaeth	Ofn gwneud camgymeriadau	Ofn gwallgofrwydd
Ofn y dyfodol	Methu bod yn bendant	Teimlad o och a gwae ar y gorwel

Mae straen yn effeithio ar bob rhan o'n meddwl. Pan fyddwn ni dan straen, rydyn ni'n tueddu i boeni am yr un pethau â phawb arall: ein hiechyd, iechyd ein hanwyliaid, ein swyddi, arian a'n bywyd cymdeithasol. Ond rydyn ni'n poeni *llawer* mwy ac yn teimlo na allwn ni roi'r gorau i boeni hyd yn oed pan fyddwn ni'n ceisio gwneud hynny. Ac rydyn ni'n aml yn *poeni am boeni* – 'Pam ydw i'n poeni am hyn? Beth sydd o'i le arna i?'

'Beth os' ac 'O na fyddai'

Pan fyddwn ni'n teimlo'n wael ein hwyliau neu'n isel ein hysbryd, rydyn ni'n aml yn tueddu i hel meddyliau am y gorffennol (yr 'o na fyddai'), a phan fyddwn ni'n orbryderus, rydyn ni'n aml yn poeni am y dyfodol (y 'beth os').

Weithiau, mae'r **o na fyddai** yn ymwneud â cholli rhywbeth pwysig, e.e.:

• 'O na fyddai fy mam heb farw pan wnaeth hi.'
• 'O na fyddwn i wedi cael y swydd yna.'
• 'O na fydden ni heb symud yma.'
• 'O na fyddai fy mhartner i heb fy ngadael.'

Efallai y byddwch chi'n treulio oriau'n hel meddyliau am y digwyddiadau hyn.

Mae'r **beth os** yn ymwneud â cheisio rhagweld y dyfodol, ond mae straen yn tueddu i wneud i ni *oramcanu* y siawns y bydd pethau drwg yn digwydd a *thanamcanu* ein gallu i ymdopi.

- 'Beth os na alla i ymdopi?'
- 'Beth os nad ydw i'n gwybod beth i'w ddweud?'
- 'Beth os bydda i'n colli fy swydd?'
- 'Beth os oes rhywbeth o'i le ar fy nghalon?'

Llais synnwyr cyffredin yn erbyn llais straen

Pan fyddwn ni dan straen, gall ymddangos fel pe bai brwydr ddi-baid yn digwydd y tu mewn i'n pennau rhwng llais swnllyd a chras straen a llais tawel synnwyr cyffredin. Pan fyddwn ni'n dawel ein meddyliau, gallwn wrando ar ein llais synnwyr cyffredin, ond pan fyddwn ni dan straen, mae llais swnllyd straen yn ei foddi.

'Mae hyn yn ofnadwy, alla i ddim ymdopi â hyn. Dwi'n gwneud ffŵl ohonof fy hun. Maen nhw i gyd yn meddwl fy mod i'n dwp.'

'Callia. Dwi wedi ymdopi â hyn yn y gorffennol. Dwi'n gwneud yn iawn. Rhaid i mi beidio â gwneud môr a mynydd o bethau. Dwi'n gallu delio â hyn.'

Pan fydd ein lefelau straen yn uchel, mae'n anodd anwybyddu'r llais straen swnllyd hwnnw. Ac er ein bod ni'n dal i allu clywed ein llais synnwyr cyffredin, mae e mor dawel ac aneglur fel na allwn ni wir ddal gafael arno: mae'r llais straen yn mynnu cael gwrandawiad. Mae rheoli'ch meddyliau yn ymwneud â newid y cydbwysedd hwn. Byddwn yn edrych ar sut i dawelu sŵn y llais straen hwn a dysgu gwrando ar ein llais synnwyr cyffredin nes ein bod yn gwybod, ym mêr ein hesgyrn, y gallwn ei gredu. Bydd hyn yn cynnig ffordd rymus i ni reoli straen.

Gwyliadwriaeth, dehongli, meddwl ceiliog rhedyn a 'ffrwyn ddall'

Pan fyddwn ni'n teimlo dan straen, rydyn ni fel arfer yn gwybod ein bod ni'n gwneud môr a mynydd o bethau, yn gweld pethau'n waeth nag ydyn nhw neu'n poeni am rywbeth rydyn ni'n gwybod mewn gwirionedd nad yw e'n mynd i fod cynddrwg ag rydyn ni'n ei ofni. Er mwyn dechrau delio â hyn, mae angen i ni ddeall beth sy'n digwydd pan fydd ein meddyliau dan straen.

Gwyliadwriaeth

Ym Mhennod 5, buom yn edrych ar rôl ymladd/ffoi – pan fydd ein cyrff a'n meddyliau'n effro i ganfod a delio â bygythiadau. Mae un o'r newidiadau'n ymwneud â gwyliadwriaeth. Gadewch i ni edrych ar sut mae hyn yn gweithio'n ymarferol.

Dychmygwch long yn hwylio drwy ddyfroedd yr Arctig – mae radar y llong yn sganio'r moroedd am fynyddoedd iâ (bygythiad). Pan fydd y radar yn canfod mynydd iâ, mae'r capten yn llywio'r llong i ddyfroedd diogel. Anaml y bydd y radar yn gweld bygythiad lle nad oes un yn bodoli. Mae gennym ni hefyd 'radar' sy'n sganio am fygythiadau. Mae hyn yn ddefnyddiol iawn pan fydd bygythiadau go iawn yn bodoli, ond unwaith y bydd straen yn cael gafael arnon ni, mae ein radar yn mynd yn llawer rhy sensitif ac yn canfod bygythiad pan nad oes un yn bodoli. Os ydych chi dan straen, mae'n ddigon posib y byddwch chi'n 'gweld' mynyddoedd iâ ym mhobman.

Mae hyn hefyd yn golygu eich bod yn ddall i'r dyfroedd diogel rhwng y mynyddoedd iâ ac na allwch chi weld lle diogel i lywio tuag ato. O ganlyniad, rydych chi'n teimlo eich bod wedi'ch amgylchynu gan broblemau. Mae hyn yn eich arwain i deimlo wedi'ch llethu'n hawdd ac fel pe na bai gennych lawer o reolaeth.

Dehongli

Dydy bywyd fel arfer ddim mor amlwg ag enghraifft y mynydd iâ ar lwybr llong. Mae hynny'n ddu a gwyn – dydy mynyddoedd iâ a llongau ddim yn gyfuniad da – ond mae bywyd yn llawn arlliwiau llwyd amrywiol. Mae'n rhaid *dehongli* y rhan fwyaf o bethau sy'n digwydd i ni:

- Beth oedd fy rheolwr yn ei olygu pan ddywedodd hi hynny wrtha i?
- Pam mae curiad fy nghalon yn cyflymu?
- Pam nad oedd Arwel eisiau dod am goffi gyda mi?

Rydyn ni'n llawer mwy tebygol o ddehongli digwyddiadau fel

rhai bygythiol pan fyddwn ni dan straen. Efallai fod ffordd well, fwy rhesymol, o ddehongli pethau sy'n digwydd i ni. Y gwir amdani yw bod yna ffordd well – ac er mwyn dechrau arni, mae angen i ni edrych ar y canlynol:

Meddwl ceiliog rhedyn

Mae gan geiliogod rhedyn un ddawn anhygoel – y gallu i lamu dros bellter enfawr. Pan fyddwn ni dan straen, rydyn ni'n ymddwyn fel ceiliogod rhedyn, yn yr ystyr ein bod ni'n gwneud sawl naid enfawr hefyd, ond yn feddyliol. Mae pob naid yn fwy na'r un flaenorol, a gall lefelau straen godi i'r entrychion yn gyflym iawn:

Mae fy mhyls braidd yn gyflym.

O na, beth os oes rhywbeth yn bod ar fy nghalon?

Beth os bydda i'n marw?

Sut bydd fy mhlant yn ymdopi heb eu mam?

Tair 'naid' gynyddol fawr. Dychmygwch pa mor ofidus y gallech chi fynd mewn chwinciad wrth gael meddyliau ceiliog rhedyn o'r fath. Meddyliwch hefyd sut mae hyn yn bwydo'i hun:

- **Oherwydd** eich bod dan straen, mae'r ysfa ymladd/ffoi yn cael ei sbarduno.
- **Oherwydd** bod yr ysfa ymladd/ffoi yn cael ei sbarduno, mae'ch calon yn cyflymu ac rydych chi'n dod yn fwy gwyliadwrus.
- **Oherwydd** eich bod chi'n fwy gwyliadwrus, rydych chi'n canolbwyntio mwy ar eich calon.
- **Oherwydd** eich bod chi'n canolbwyntio ar eich calon, mae'n cyflymu'n fwy nag erioed.
- **Oherwydd** bod eich calon yn cyflymu, mae lefel eich straen yn codi ac rydych chi'n poeni mwy bod rhywbeth mawr o'i le.
- **Oherwydd** bod lefel eich straen yn codi... ac ati ac ati.

Felly mae'r ffordd rydych chi'n meddwl yn effeithio ar eich corff ac yn bwydo'r cylch cythreulig a welson ni ym Mhennod 2. Fodd bynnag, wrth i ni ddysgu sgiliau i reoli'n meddyliau a'u cyfuno â sgiliau rheoli'ch corff, mae'r cylch cythreulig yn gwanhau.

Ffrwyn ddall

Meddyliwch am ras geffylau – mae'r hyfforddwr eisiau i'r ceffyl ganolbwyntio ar y trac o'i flaen, a dim byd arall, hyd at y llinell derfyn. Felly mae'n rhoi ffrwyn ddall am y ceffyl fel nad yw'r ceffylau eraill, y bobl yn gweiddi yn yr eisteddleoedd ac ati, yn tynnu ei sylw. Nawr, mae'r ceffyl yn *gwybod* bod ceffylau eraill yno, ac yn *gwybod* bod pobl yn yr eisteddleoedd, ond mae'r ffrwyn ddall yn ei atal rhag sylwi arnyn nhw.

Dyma sut mae straen yn effeithio arnon ni. Dyma pam mae deall y llais straen a'r llais synnwyr cyffredin mor bwysig.

Pan fyddwn ni'n ddigynnwrf, rydyn ni'n gallu gwrando ar ein llais synnwyr cyffredin ac anwybyddu'r llais straen.

Ond pan fyddwn ni dan straen a'r ffrwyn ddall ar waith, mae'n anoddach o lawer rhoi sylw i'n llais synnwyr cyffredin gan ei fod bellach ar 'ochr anghywir' y ffrwyn ddall. Mae'n hawdd iddo gael ei foddi gan ein llais straen swnllyd iawn, sy'n bloeddio yn ein hwyneb. Rydyn ni'n *gwybod* bod y synnwyr cyffredin yno, ond mae cael gafael arno'n anodd iawn.

Pwysigrwydd dehongli

Mae cymydog yn cerdded heibio i chi ar y stryd heb ddweud helô. Meddyliwch sut byddai'r ddau *ddehongliad* hyn yn effeithio arnoch chi:

• 'Fe wnaeth hi fy anwybyddu i'n fwriadol.'
• 'Rhaid ei bod hi ar frys; wnaeth hi ddim hyd yn oed fy ngweld i.'

Os ydych chi dan straen, rydych yn fwy tebygol o ddehongli'r hyn a ddigwyddodd fel rhywbeth bygythiol: 'Fe wnaeth hi fy anwybyddu i'n fwriadol.' Pe baech chi'n dawel eich meddwl, byddech yn fwy tebygol o ddehongli'r digwyddiad fel un nad oedd yn fygythiol: 'Rhaid ei bod hi ar frys; wnaeth hi ddim hyd yn oed fy ngweld i.'

Mae'r dehongliad cyntaf hwnnw'n ysgogi pryderon ac yn bwydo'ch straen. Does yr un ohonon ni'n hoffi cael ein hanwybyddu, felly mae'n ddealladwy y gallech chi deimlo'n ofidus. Nid y ffordd rydych chi'n ymateb i'r meddwl sy'n anghywir, felly, ond cywirdeb eich meddwl yn y lle cyntaf. A wnaethoch chi ddehongli'r digwyddiad mewn ffordd gywir?

Unwaith y bydd straen yn cael gafael, byddwch yn aml yn

derbyn y dehongliad heb ei gwestiynu ymhellach. Oherwydd y ffrwyn ddall, dydych chi ddim yn ei herio, ac os na fyddwch yn ei herio, bydd yn bwydo'ch straen. Byddai hefyd yn eich arwain i chwilio am reswm pam ei bod hi wedi'ch anwybyddu chi. Byddai hynny wedyn yn sbarduno'r straen ac yn gwaethygu pethau ymhellach.

Byddai mwy o feddyliau yn dilyn wrth i'r ceiliog rhedyn ddechrau llamu ymhellach ac wrth i lefel y bygythiad dyfu. Erbyn hyn mae cylch cythreulig wedi ffurfio, gyda meddyliau'n bwydo straen, straen yn bwydo meddyliau ac yn y blaen. Oherwydd nad ydyn nhw'n cael eu herio, mae pob meddwl yn gadael i'r ceiliog rhedyn lamu i feddwl arall sy'n cynnwys mwy o straen. Mae hyn yn gadael i'r llais dan straen weiddi'n uwch ac yn uwch. Edrychwch ar sut mae hyn yn gweithio:

Digwyddiad: Cymydog yn cerdded heibio i mi

1

> Fe wnaeth hi fy anwybyddu i yn fwriadol.

> Straen yn cynyddu

2

> Dydy hi ddim yn fy hoffi i. Mae hi'n meddwl fy mod i'n od.

> Straen yn cynyddu eto

123

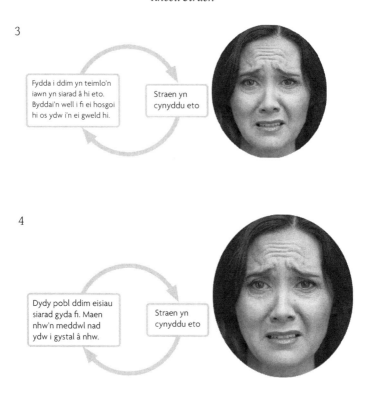

3

Fydda i ddim yn teimlo'n iawn yn siarad â hi eto. Byddai'n well i fi ei hosgoi hi os ydw i'n ei gweld hi.

Straen yn cynyddu eto

4

Dydy pobl ddim eisiau siarad gyda fi. Maen nhw'n meddwl nad ydw i gystal â nhw.

Straen yn cynyddu eto

Gallwch weld sut mae'r patrwm wedi'i sefydlu, gyda meddyliau'n gwaethygu'r straen a straen yn gwaethygu'r meddyliau. Ond sylwch sut mae pethau eraill yn cael eu llusgo i mewn hefyd. Bydd ei *gweithredoedd* yn newid – fe fydd hi'n osgoi siarad â'r fenyw. Efallai y bydd hi'n osgoi mynd i'r siopau hynny ar adegau pan fydd hi'n meddwl y gallai'r fenyw fod yno. Bydd hi'n osgoi siarad ag eraill oherwydd ei bod hi'n teimlo y byddan nhw'n meddwl amdani yn yr un ffordd. Bydd ei *chorff* yn ymateb – bydd hi'n teimlo ar bigau'r drain yn gadael ei thŷ. Ac mae'n dod yn fwy cyffredinol – bellach, mae'n effeithio ar bawb, nid dim ond y fenyw y mae hi'n credu iddi gael ei hanwybyddu ganddi.

Tarddodd hyn oll o'r ffordd y gwnaeth hi ddehongli'r un digwyddiad hwn. Sut mae hi'n gwybod i'r fenyw ei hanwybyddu'n fwriadol? Mae angen iddi gamu'n ôl a herio'r ffordd y mae'n edrych ar bethau. Byddai rheoli ei meddyliau yn ei dysgu sut i wneud hyn.

Pe bai hi wedi diosg y ffrwyn ddall, ym mha ffyrdd eraill y gallai hi fod wedi dehongli beth ddigwyddodd?

'Rhaid ei bod hi ar frys; wnaeth hi ddim hyd yn oed fy ngweld i.'

'Fe wnaeth hi fy ngweld i. Efallai ei bod hi'n swil a ddim yn teimlo'n ddigon hyderus i sgwrsio. Dwi'n gallu teimlo felly weithiau.'

'Efallai ei bod hi'n cael diwrnod gwael a ddim eisiau sgwrs. Dwi'n gallu teimlo felly hefyd.'

'Efallai nad ydy hi'n fy hoffi i. Popeth yn iawn – allwch chi ddim disgwyl i bawb eich caru chi.'

Edrychwch ar y gwahaniaeth y byddai hyn yn ei wneud i'r cylch cythreulig (ac ni fyddai'n sbarduno straen yn eich gweithredoedd na'ch corff).

Yn yr ail achos, mae'r dehongliad synnwyr cyffredin yn atal y straen ac, o ganlyniad, yn atal y ceiliog rhedyn rhag llamu, ac felly mae'r straen yn marw.

Gallwch weld, felly, bod sawl ffordd o ddehongli digwyddiad fel arfer – rhai'n dda, rhai'n ddrwg, a'r rhan fwyaf rywle yn y canol. Mae rheoli'ch meddyliau yn ymwneud â chanfod y dehongliad mwyaf cywir fel y gallwch chi, ym mêr eich esgyrn, gredu eich llais synnwyr cyffredin.

Sut mae hyn yn ein helpu i reoli straen?

Craidd y cyfan yw gostwng lefel y llais straen a chodi lefel y llais synnwyr cyffredin. Y cam cyntaf ar gyfer gwneud hynny yw diosg y *ffrwyn ddall* ac *adeiladu'r sylfaen*.

Unwaith y bydd y ffrwyn ddall wedi'i thynnu a ninnau wedi rhoi'r gorau i'n *meddwl ceiliog rhedyn*, rydyn ni'n rhwystro'r straen yn y fan a'r lle drwy symud ymlaen i'r ail gam a *herio'n meddyliau*.

Unwaith y byddwch chi'n ymwybodol o effaith y rhain arnoch chi, y newyddion da yw y gallwch ddysgu sut i atal straen yn y dyfodol cyn iddo gael cyfle i ddatblygu. Rydych chi'n gwneud hynny drwy ddysgu:

- Sut i baratoi i ymdopi â sefyllfa lawn straen.
- Sut i ymdopi pan fyddwch chi yn y sefyllfa honno.
- Sut i adolygu'r ffordd yr aeth pethau er mwyn magu gwydnwch.

Felly'r trydydd cam, a'r un olaf, yw dysgu sut i dorri straen yn ddarnau llai, a byddwn yn dod at hynny yn nes ymlaen yn y bennod hon.

Rhan 2 Sgiliau rheoli'ch meddyliau

Adeiladu'r sylfaen

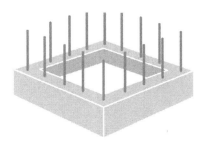

Y 5 Her Fawr

Torri straen yn
ddarnau llai

Adeiladu'r sylfaen

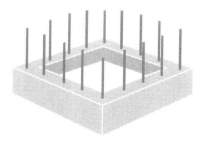

Mae'r adran sgiliau isod yn eich dysgu sut i herio'ch meddyliau. Gall hynny swnio fel dysgu pader i berson, mae'n siŵr – pan fyddwn ni dan straen, dydyn ni'n gwneud fawr ddim heblaw dadlau gyda'n meddyliau llawn straen, a chael ein drysu ganddyn nhw. Ond fel arfer, rydyn ni'n methu ac yna'n digalonni. Ond mae ein heriau'n methu oherwydd nad ydyn ni wedi adeiladu'r sylfaen yn iawn.

Mae angen sylfaen gadarn arnon ni ar gyfer adeiladu ein heriau. Mae hyn yn caniatáu i ni glywed ein llais synnwyr cyffredin, a herio'r llais straen nes y gallwn ni wir gredu ein llais synnwyr cyffredin. Mae adeiladu'r sylfaen yn syml iawn, ond mae'n hanfodol ei bod yn ei lle *cyn* i chi herio'ch meddyliau.

Mae'n rhannu'n dri: **Camu'n ôl, diosg y ffrwyn ddall, aros am funud.** Y ffordd orau o gofio hyn yw dychmygu'ch hun yn:

Camu'n ôl.

Diosg y ffrwyn ddall fel y gallwch weld y darlun cyfan a gadael i'ch llais synnwyr cyffredin gael ei glywed.

Dweud **'aros am funud'** wrthych chi'ch hun i atal y meddwl ceiliog rhedyn yn syth bìn, gan ganiatáu amser i symud ymlaen i'r cam nesaf, y 5 Her Fawr.

Y 5 Her Fawr

Unwaith y bydd y sylfaen yn ei lle, y cam nesaf yw dysgu ffyrdd i herio'ch meddyliau. Unwaith eto, mae hyn yn eithaf syml, ond bydd angen i chi ymarfer digon er mwyn mynd i'r afael ag ef. Mae'n llorio'r ceiliog rhedyn drwy sicrhau mai eich llais synnwyr cyffredin sydd i'w glywed yn fwyaf clir. Mae hyn yn digwydd drwy ddefnyddio un o'r 5 Her Fawr:

1 **Beth yw'r tebygolrwydd?** Mae'r her hon yn derbyn bod y pethau sy'n peri pryder i chi yn *annhebygol* o ddigwydd.

2 **Beth yw'r peth gwaethaf?** Mae'r her hon yn derbyn y gallai eich pryderon gael eu gwireddu, ond eich bod efallai'n gwneud môr a mynydd ohonyn nhw. Dyma ymgais i gadw'r caead ar straen.

3 **Yr achos llys** Mae'r her hon yn derbyn nad oes ateb du a gwyn ar gael ond ei fod yn un o'r arlliwiau llwyd amrywiol. Mae'n gweithio fel achos llys, lle mae'n rhaid i'r rheithgor gloriannu'r dystiolaeth a dod i ddyfarniad cytbwys.

4 **Y rheol pum mlynedd** Mae'r her hon yn derbyn bod yr hyn sy'n destun pryder i chi *wedi* digwydd neu'n *mynd* i ddigwydd. Mae wedyn yn gofyn i chi gamu'n ôl a phenderfynu pa mor ddrwg yw'r sefyllfa mewn gwirionedd.

5 Beth yw gwerth hyn? Mae hon yn her wych ar gyfer meddyliau llawn straen sy'n ein poeni'n gyson ddydd ar ôl dydd. Mae'n gofyn i ni roi pethau mewn persbectif.

Mae'r her y byddwch chi'n ei defnyddio yn dibynnu ar eich meddyliau llawn straen. Po fwyaf y byddwch chi'n ymarfer, hawsaf oll fydd hi i ddewis yr her iawn. Edrychwch ar yr enghreifftiau canlynol o bob un o'r 5 Her Fawr:

Beth yw'r tebygolrwydd? (neu 'tisio bet?')

Mae'r her hon yn derbyn bod y pethau sy'n peri pryder i chi yn annhebygol o ddigwydd. Felly, mae'n holi faint o'ch arian eich hun fyddech chi'n fodlon ei fetio ar y ffaith y bydd rhywbeth yn digwydd. Cyn herio, mae'n hanfodol i chi adeiladu'r sylfaen.

Mae Annest yn gweithio mewn tîm o ddeuddeg o bobl. Unwaith yr wythnos, mae'n rhaid iddi fynychu cyfarfod tîm mewn stafell fechan, glawstroffobig. Mae hi'n dueddol o fynd i banig ac mae stafell o'r fath yn un o'r lleoedd gwaethaf y gall hi fynd iddo. Mae ei llais straen yn *sgrechian*:

'Os na fydda i'n dianc o fan hyn, fe fydda i'n llewygu.'

Mae'n rhaid i Annest herio'i straen cyn i'r meddwl ceiliog rhedyn gael ei sbarduno. Felly Cam 1 yw:

Adeiladu'r sylfaen: camu'n ôl, diosg y ffrwyn ddall, aros am funud.

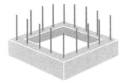

Gyda sylfaen gadarn yn ei lle, Cam 2 yw:

Her

'Beth yw'r tebygolrwydd y bydda i'n llewygu? Dwi wastad yn meddwl 'mod i'n mynd i lewygu, ond dwi heb wneud ers pan oeddwn i'n feichiog. Ar yr adegau prin pan dwi wedi methu cerdded allan, dwi wedi teimlo'n benysgafn iawn, ond wedyn fe aeth y teimlad heibio ac roeddwn i'n iawn. Felly dwi am aros yno a wynebu'r sefyllfa. Fe fydda i'n iawn.'

Mae'n haws dweud na gwneud hynny mewn gwirionedd. Felly beth am fynd drwy'r sefyllfa eto, gan edrych ar bob cam yn fanylach.

Mae Annest yn gweithio mewn tîm o ddeuddeg o bobl. Unwaith yr wythnos, mae'n rhaid iddi fynychu cyfarfod tîm mewn stafell fechan, glawstroffobig. Mae hi'n dueddol o fynd i banig ac mae stafell o'r fath yn un o'r lleoedd gwaethaf y gall hi fynd iddo. Mae hi'n aml yn ceisio dod o hyd i esgus i beidio â mynychu.

Mae hi'n gwybod bod yn rhaid iddi geisio mynd i'r cyfarfod. Mae ei lefel straen yn dechrau codi'r noson gynt, pan mae hi gartref. Dydy hi ddim yn cysgu'n dda a, drwy'r bore, mae'n mynd yn fwyfwy pryderus. Dydy hi ddim yn gallu canolbwyntio ar ddim byd heblaw'r cyfarfod sydd i ddod.

Mae'r ysfa *ymladd/ffoi* yn cael ei sbarduno ar y ffordd i'r cyfarfod; mae ei chorff yn ymateb ac mae hi'n *wyliadwrus* iawn, yn chwilio am fygythiadau (ac yn eu canfod), gan ganolbwyntio ar ei hanadlu cyflymach, ar ei chalon yn curo'n gyflymach ac ar deimlo'n benysgafn. Erbyn iddi gerdded i mewn i'r stafell gyfarfod, mae ei lefel straen eisoes yn uchel.

Ei meddwl dan straen cyntaf yw:

'Os na fydda i'n dianc o fan hyn, fe fydda i'n llewygu.'

Dyma'r llais straen ar ei fwyaf swnllyd. Mae'r *ffrwyn ddall* yn dynn am ei hwyneb, felly er bod Annest yn *gwybod* bod ffyrdd gwell o feddwl am y sefyllfa, dydy hi ddim yn gallu cael gafael arnyn nhw; mae ei llais synnwyr cyffredin yn ymddangos yn aneglur ac yn wan wrth i'r llais straen ei foddi a'i llethu hi.

Dyma'r pwynt tyngedfennol. Os na fydd hi'n herio'r meddwl dan straen hwn, bydd *meddwl ceiliog rhedyn* yn cael ei sbarduno, gydag un meddwl yn arwain yn gyflym at un arall sydd hyd yn oed yn waeth. Buan iawn y bydd pethau'n troelli allan o reolaeth. Bydd hi'n mynd i banig ac yn dianc o'r cyfarfod, gan fwydo'i straen. Bydd ei hunan-werth a'i hunanhyder yn cael eu tolcio unwaith eto, e.e.:

'Os na fydda i'n dianc o fan hyn, fe fydda i'n llewygu.'

'Fe wna i ffŵl llwyr ohonof fy hun.'

'Fe fydd fy nghyd-weithwyr yn cael llond bol arna i. Mae hyn yn siŵr o greu embaras iddyn nhw.'

'Fe fydd y bòs yn dod o hyd i ffordd o gael gwared arna i.'

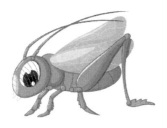

'Fydda i byth yn cael swydd arall.'

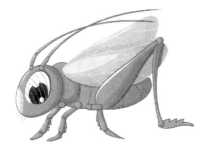

'Beth sy'n bod arna i? Dwi mor ddi-werth.'

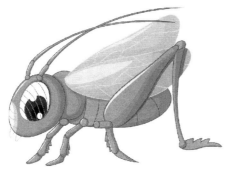

Sut mae Annest yn adfer y sefyllfa a'i chadw dan reolaeth?
Ei cham cyntaf yw:

Adeiladu'r sylfaen:

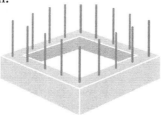

Camu'n ôl, diosg y ffrwyn ddall, aros am funud

Mae Annest yn dychmygu ei hun yn **camu'n ôl, a diosg y ffrwyn ddall** fel ei bod yn gallu gweld y darlun cyfan. Drwy adeiladu'r sylfaen, mae'n cael cyfle i wrando o ddifrif ar ei llais synnwyr cyffredin wrth iddo rwystro'r meddwl ceiliog rhedyn cyn iddo sefydlu'i hun. Mae hyn yn rhoi ymdeimlad cadarnach o reolaeth iddi wrth iddi symud tuag at yr ail gam.

Nesaf, mae'n rhaid i Annest ddewis yr her orau ar gyfer y meddwl dan straen yma. Mae ganddi bum opsiwn:

Beth yw'r peth gwaethaf?	Iawn, ond dydy hi byth yn llewygu yn y cyfarfod, felly nid hon yw'r her orau.
Yr achos llys	Byddai 'cloriannu'r dystiolaeth' yn gweithio'n dda.
Y rheol pum mlynedd	Does dim byd gwirioneddol ddrwg yn debygol o ddigwydd, felly dydy hon ddim yn her dda ar gyfer y meddwl penodol hwn.
Beth yw gwerth hyn?	Rhoi pethau mewn persbectif. Fe allai weithio, ond...
Beth yw'r tebygolrwydd?	Mae hon yn berffaith...

'Beth yw'r tebygolrwydd y bydda i'n llewygu? Dwi wastad yn meddwl 'mod i'n mynd i lewygu, ond dwi heb wneud ers pan oeddwn i'n feichiog. Ar yr adegau prin pan dwi wedi methu cerdded allan, dwi wedi teimlo'n benysgafn iawn, ond wedyn fe aeth y teimlad heibio ac roeddwn i'n iawn. Felly dwi am aros yno

a wynebu'r sefyllfa. Rhaid i mi reoli fy anadlu. Fe fydda i'n iawn.'

Llais synnwyr cyffredin Annest sy'n siarad fan hyn. Gan ei bod hi wedi diosg y ffrwyn ddall, mae hi'n gallu'i glywed yn glir ac, ym mêr ei hesgyrn, mae'n ei gredu. Drwy wneud hyn, mae ei llais straen yn llawer tawelach, a dydy e ddim yn ei llethu gan nad yw e mor gredadwy bellach. Mae hi hefyd yn defnyddio sgìl a ddysgodd ym Mhennod 5 – anadlu o'r bol. Drwy wneud y pethau hyn, llwyddodd i roi taw ar y meddwl ceiliog rhedyn ac felly fe wnaeth atal y straen rhag cronni. Mae hi'n cadw rheolaeth ac yn gallu cyrraedd y cyfarfod, ac aros yno.

Mae'n debyg y bydd hi dan dipyn o straen, ond bydd hynny ar lefel y gall ymdopi â hi ac felly ei rheoli. O ganlyniad, mae ei hunan-werth a'i hunanhyder yn cael cyfle i ddechrau atgyfnerthu. Yn sgil y fuddugoliaeth hon bydd y cyfarfod nesaf ychydig yn haws wrth iddi unwaith eto ddefnyddio'r sgiliau a ddysgodd i daro'n ôl yn erbyn y straen. Bydd y cyfarfodydd yn codi llai o arswyd arni, gan ei bod bellach yn credu y gall hi ymdopi. Mae hi'n dod yn therapydd iddi hi ei hun.

Fe welwch felly nad yw rheoli meddyliau dan straen yn digwydd ar hap. Mae'n rhaid i chi ddeall yn gyntaf sut mae straen yn gafael ynoch, ac yna dysgu'r sgiliau rheoli. Yna *ymarfer, ymarfer, ymarfer*. Gall fod yn fuddiol, ar y dechrau o leiaf, i chi ddefnyddio Ffurflen Ymarfer Meddyliau (gweler isod).

Gadewch i ni edrych ar heriau eraill ac wrth wneud, cofio'r holl gamau a welson ni gydag Annest.

Y 5 Her Fawr

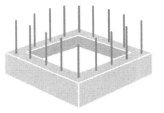

Camu'n ôl, diosg y ffrwyn ddall, aros am funud.

Beth yw'r peth gwaethaf? (neu 'rhoi'r caead yn ei le')

Mae'r her hon yn derbyn y gallai eich pryderon gael eu gwireddu, ond eich bod chi efallai'n gwneud môr a mynydd ohonyn nhw. Rydych chi felly'n dysgu rhoi caead ar y straen.

Mae Trystan yn sylwi bod ei allu i ganolbwyntio yn ofnadwy oherwydd straen. Mae wedi dod yn fwy hunanymwybodol wrth gwrdd â chleientiaid a dyma ei lais straen:

'Beth os ydw i'n anghofio holl fanylion y cynnyrch? Fe fydda i'n edrych fel ffŵl.'

Adeiladu'r sylfaen: camu'n ôl, diosg y ffrwyn ddall, aros am funud.

Her

'Beth yw'r peth gwaethaf all ddigwydd? Y peth gwaethaf yw fy mod i'n anghofio rhai manylion. Ta waeth – fe wna i edrych amdanyn nhw ar fy nhabled. Efallai na fydda i'n ymddangos fel gwerthwr gorau'r byd, ond yn sicr, nid fi fydd y gwaethaf. Dwi wedi anghofio manylion yn y gorffennol a chwilio amdanyn nhw a dal i gwblhau'r gwerthiant yn llwyddiannus. Dydy hyn ddim yn ddiwedd y byd. Paid â mynd dros ben llestri.'

Yr achos llys (neu 'cloriannu'r dystiolaeth')

Mae'r her hon yn derbyn nad oes ateb du a gwyn ar gael – ei fod yn un o'r arlliwiau llwyd amrywiol. Mae'n gweithio fel achos llys, lle mae'n rhaid i'r rheithgor gloriannu'r dystiolaeth a dod i ddyfarniad cytbwys. Mae'n holi, 'Ydw i'n iawn i feddwl...?'

Mae Carol wedi bod yn dioddef diffyg hunan-werth ers rhai blynyddoedd. Mae hi'n ei chael hi'n anodd iawn canmol ei hun, ond mae'n dda iawn am gollfarnu'i hun pan fydd hi'n meddwl bod rhywbeth wedi mynd o'i le. Dyma ei llais straen (meddyliwch am yr effaith fyddai'r llais hwn yn ei chael ar ei hunan-werth):

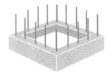

'Dwi'n fethiant.'

Adeiladu'r sylfaen: camu'n ôl, diosg y ffrwyn ddall, aros am funud.

140

Her

'Ydw i'n iawn i feddwl fy mod i'n fethiant?
Dwi'n gwybod 'mod i'n gweiddi ar y plant
yn aml, ond straen sy'n peri i mi wneud hyn.
Dwi'n gwneud fy ngorau, ac yn aml mae
popeth yn iawn. Dwi'n llwyddo yn fy ngwaith
– er mai cael a chael yw hynny – ond dwi'n
dal i ymdopi. Dwi'n gofyn gormod ohonof fy
hun – alla i ddim bod yn berffaith. Dwi'n bell o fod yn
berffaith, ond nid fi yw'r gwaethaf o bell ffordd. Ar y cyfan,
dwi'n gwneud yn iawn.'

Y rheol pum mlynedd (neu 'y gêm hanes')

Mae'r her hon yn derbyn bod yr hyn sy'n destun pryder i chi
wedi digwydd neu'n *mynd* i ddigwydd. Mae wedyn yn gofyn i
chi gamu'n ôl a phenderfynu pa mor ddrwg yw'r sefyllfa mewn
gwirionedd. Rydych chi'n gofyn i chi'ch hun, 'Pa mor bwysig
fydd hyn ymhen pum mlynedd?'

Mae Samira yn cael ei llethu'n hawdd a phan
mae hynny'n digwydd, mae hi'n tueddu i wneud
llawer o gamgymeriadau. Yn y sefyllfa benodol
hon, fe wnaeth hi lanast go iawn o bethau, mae
hynny'n wir. Roedd hi'n teimlo cywilydd a
chwithdod. Dyma ei llais straen:

> 'Fe wnes i lanast go iawn bore heddiw. Fe
> wnes i gymaint o ffŵl ohonof fy hun. Dydw
> i ddim yn mynd yn ôl.'

Adeiladu'r sylfaen: camu'n ôl, diosg y ffrwyn ddall, aros am funud.

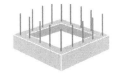

Her

'**Pa mor bwysig fydd hyn ymhen pum mlynedd?** Mae angen edrych ar bethau mewn persbectif. Roedd yn ofnadwy'r bore 'ma, ond mae drosodd a dwi'n dal i sefyll. Dwi wedi dysgu rhywbeth a fydd e ddim yn digwydd eto. Os mai dyna'r peth gwaethaf fydd yn digwydd i mi yn y pum mlynedd nesaf, yna fe fydda i'n lwcus. Dal ati. Mae'n annhebygol y bydd yn digwydd eto, ond os bydd e, fe fydda i'n gwybod sut i'w drin mewn ffordd well.'

Beth yw gwerth hyn? (neu 'ydy bywyd yn rhy fyr?')

Mae hon yn her wych ar gyfer meddyliau dan straen sy'n ein poeni'n gyson ddydd ar ôl dydd. Mae'n gofyn i ni weld pethau mewn persbectif.

Mae Tom yn poeni am ei hwyliau cyffredinol. Anaml y mae'n hapus ac mae'n ei weld ei hun fel person 'gwydr hanner gwag'. Ychydig o ffrindiau sydd ganddo, ac mae'n gwybod ei fod yn codi gwrychyn pobl yn aml. Mae'n teimlo bod angen iddo newid. Mae ei lais straen yn

dweud:

'Dwi'n teimlo cenfigen a chasineb tuag at gymaint o bobl. Dwi'n casáu fy hun, ond dydw i ddim yn gwneud unrhyw ymdrech i newid. Dwi'n gwastraffu fy mywyd.'

Adeiladu'r sylfaen: camu'n ôl, diosg y ffrwyn ddall, aros am funud.

Her

'Ydy bywyd yn rhy fyr i feddwl fel hyn? Pan fydda i ar fy ngwely angau, ydw i eisiau edrych yn ôl ar yr holl gyfleoedd na wnes i eu cymryd? Yr holl bobl dwi wedi'u hanwybyddu? Yr holl ofnau sydd wedi fy nal yn ôl? Dim ond unwaith ydw i ar y ddaear hon. Mae'n rhaid i mi wynebu bywyd. Mae'n rhaid i mi roi o'm gorau. Os nad yw pethau'n gweithio, yna o leiaf fe fydda i wedi trio.'

Torri straen yn ddarnau llai

Er mwyn ei gwneud hi'n haws delio â'r 5 Her Fawr, mae'n rhaid i ni atal straen rhag cynyddu'n ormodol yn y lle cyntaf.

Mae torri straen yn ddarnau llai yn sgìl gwych i'r rheini ohonon ni sy'n gallu gweld cysylltiad rhwng straen a'r hyn sy'n digwydd yn ein bywydau. Os gwnaethoch chi sylwi ar batrymau ym Mhennod 3, gallwch ddefnyddio'r sgìl hwn i atal straen cyn iddo fwrw'i wreiddiau.

Dyma gwestiwn tyngedfennol: os ydych chi'n gwybod bod digwyddiad fydd yn peri straen yn agosáu, sut rydych chi'n mynd i'r afael â'r straen? Mae'r rhan fwyaf o bobl yn ateb, 'Fe wna i beidio â meddwl am y peth.' Mae'n swnio'n synhwyrol, ond rhowch gynnig ar hyn:

Peidiwch â meddwl am bengwin yn sglefrfyrddio.

Da chi, peidiwch â meddwl am bengwin yn sglefrfyrddio.

Peidiwch dan unrhyw amgylchiadau â meddwl am bengwin yn sglefrfyrddio.

Mae'n debygol eich bod chi newydd feddwl am bengwin yn sglefrfyrddio, er i chi gael eich siarsio i beidio. Mae hwn yn dric gwirion, ond mae'n gwneud pwynt difrifol: po fwyaf rydyn ni'n gwneud ein gorau glas i *beidio* â meddwl am rywbeth, mwyaf tebygol ydyn ni o feddwl amdano. Felly mae ceisio ymdopi â digwyddiad llawn straen ar y gorwel drwy beidio â meddwl amdano yn sicr o fethu.

Felly os yw *peidio â meddwl* am y peth yn syniad gwael, yna dylai *meddwl* amdano fod yn syniad da. Mae hynny'n wir – cyhyd â'ch bod chi'n gwneud hynny yn y ffordd iawn. Mae'r sgìl hwn yn peri i chi feddwl amdano ac ar yr un pryd geisio llunio ffyrdd o ymdopi ag ef gan ddefnyddio'ch llais synnwyr cyffredin. A dyna hanfod y broses: mae'n torri'r straen yn ddarnau llai. Mae'n rhannu'n dri cham:

Paratoi i wynebu'r straen Yng Ngham 1, rydych chi'n rheoli'ch meddyliau yn hytrach na bod eich meddyliau yn eich rheoli chi. Rydych chi'n defnyddio'ch llais synnwyr cyffredin i feddwl eich ffordd allan o'r straen. Os ydych chi'n *paratoi* yn drylwyr, fe fyddwch chi mewn gwell rheolaeth ac yn llawer mwy tebygol o ymdopi pan ddaw'r digwyddiad.

Wynebu'r straen Yng Ngham 2, pan fyddwch chi'n *wynebu'r* straen, byddwch yn llawer mwy tebygol o gadw rheolaeth, ac, o ganlyniad, yn llawer mwy tebygol o ymdopi â'r digwyddiad.

Adolygu'r canlyniad Pan fyddwch chi'n *adolygu*, yng Ngham 3, gallwch ganfod pa mor llwyddiannus neu aflwyddiannus oedd eich cynllun.

Mae 'torri straen yn ddarnau llai' yn cysylltu'n dda gyda sgìl sy'n cael sylw ym Mhennod 7, 'Datrys Problemau'.

Paratoi i wynebu'r straen

Unwaith y byddwch wedi nodi'r digwyddiad rydych chi'n meddwl y bydd e'n achosi problemau i chi, paratowch gynllun ar gyfer ymdopi drwy benderfynu sut gallwch ddelio ag ef. Ymhlith y meddyliau defnyddiol mae:

- Dydw i ddim yn mynd i guddio na dianc rhagddo.
- Gallaf greu cynllun i ddelio â hyn.
- Gallaf ddisgwyl profi straen – mae hynny'n iawn.
- Fydda i ddim yn gwybod sut bydd pethau'n mynd nes y byddaf yno. Felly rhaid gwneud yn siŵr fy mod yn cyrraedd yno.

Wynebu'r straen

Eich tasg yma yw rhoi'ch cynllun ar waith, canolbwyntio ar y cynllun hwn a defnyddio'ch sgiliau newydd, er enghraifft, ymlacio. Ymhlith y meddyliau defnyddiol mae:

- Delio â phethau un cam ar y tro.
- Ymlacia, fi sydd mewn rheolaeth. Anadla'n rheolaidd.
- Dwi'n teimlo ychydig o straen – mae hynny'n normal. Cadwa'r sefyllfa dan reolaeth.
- Diosg y ffrwyn ddall – edrych ar y darlun llawn.

Adolygu'r canlyniad

Ar ôl *paratoi i wynebu'r straen* a *wynebu'r straen*, mae'n bryd gweld pa mor llwyddiannus neu aflwyddiannus oedd eich cynllun; gweld a yw'n bosib ei wella ar gyfer y tro nesaf a chanmol eich hun am roi'r cynllun ar waith. Ymhlith y meddyliau defnyddiol mae:

- Da iawn. Fe allwn fod wedi osgoi'r sefyllfa, ond fe wnes i wynebu'r ofn.
- Roedd yn rhaid i mi adael – felly methodd y cynllun – beth yw'r wers?
- Dwi wedi cymryd cam ymlaen – dwi'n llwyddo, yn araf deg a phob yn dipyn.
- Fe wnes i ymdopi oherwydd fy ngwaith caled fy hun – dyfal donc a dyr y garreg.

Mae'n bosib y byddwch chi am ddefnyddio ffurflen ymarfer fel yr un isod.

Ffurflen ymarfer torri straen yn ddarnau llai

Paratoi
Wynebu
Adolygu

Mae mam Rhodri wedi gofyn iddo ddod i achlysur teuluol nos Sadwrn. Mae Rhodri yn casáu'r nosweithiau hyn ac yn dioddef straen wrth feddwl am fod yng nghwmni rhai perthnasau nad yw'n cyd-dynnu â nhw. Fel ffordd o ymdopi, mae'n tueddu i osgoi mynd. Os bydd yn mynd, mae'n tueddu i yfed gormod, yn gwylltio'n hawdd ac weithiau'n difetha'r noson i'w fam. Fodd bynnag, mae hi wir eisiau iddo ddod cyhyd â'i fod yn bihafio. Mae'n teimlo rheidrwydd i fynd. Dyma mae'n ei ddweud:

'Dydw i wir ddim yn gallu ymdopi â hyn. Dwi'n mynd yn rhy bryderus ac yn ei chael hi'n anodd ymdopi â fy chwaer a'i gŵr. Maen nhw'n gwybod pa fotymau i'w gwthio ac maen nhw'n fy nghynhyrfu'n lân. Dwi angen ychydig o gwrw i fagu'r dewrder i fynd yno, ond unwaith y bydda i wedi cael gwydraid neu ddau yn rhagor, dwi'n chwilio am ffrae ac yn suro'r awyrgylch. Ond mae fy mam wedi dweud bod yn rhaid i mi fynd a dydw i ddim eisiau ei hypsetio hi – drwy beidio â mynd, na thrwy fynd a bod yn boen. Felly mae'n debyg bod yn rhaid i mi fynd. Ond gan fod meddwl am fynd yn creu cymaint o straen, dydw i ddim am feddwl am hynny tan y diwrnod ei hun.'

Mae Rhodri'n penderfynu peidio ag osgoi ac, yn lle hynny, bydd yn mynd i dŷ ei fam. Felly mae'n mynd i wynebu ei ofnau. Syniad da. Ond mae'n penderfynu peidio â meddwl am y peth. Syniad gwael. Po fwyaf y mae'n ceisio *peidio* â meddwl am rywbeth, mwyaf tebygol fydd e o feddwl amdano. Felly dydy ceisio rhoi'r digwyddiad llawn straen hwn yng nghefn ei feddwl ddim yn mynd i weithio. Bydd ei lais straen yn codi'n uwch ac yn uwch, a bydd y straen yn mynd yn gryfach ac yn gryfach. Mae meddwl amdano a llunio ffyrdd o ddelio â'r straen yn gwneud llawer mwy o synnwyr a bydd yn rhoi cyfle llawer gwell i Rhodri ymdopi ar y noson.

Felly, ddydd Sul, daw Rhodri'n ymwybodol o'r meddyliau dan straen am achlysur y nos Sadwrn ganlynol. Mae'n dal i benderfynu peidio â meddwl am y peth ddydd Llun a dydd Mawrth. Ond fel y gallwch weld, mae'r llais straen yn cryfhau'n araf, ac mae llai a llai o reolaeth gan Rhodri drosto wrth i'r wythnos fynd yn ei blaen. Wrth iddo gyrraedd drws tŷ ei fam, mae lefel ei straen mor uchel nes bod y tebygolrwydd y bydd yn ymdopi unwaith y bydd yn croesi'r trothwy yn isel. Dim ond edrych arno sydd raid i'w chwaer...

| Sul | Llun | Mawrth | Mercher | Iau | Gwener | Sadwrn |

Felly dydy peidio â meddwl am y peth ddim yn sgìl ymdopi gwych. Dydy aros nes ei fod wedi cyrraedd tŷ ei fam i geisio rheoli ei straen ddim yn sgìl ymdopi da chwaith. Mae'n gwneud y dasg gymaint yn anoddach. Byddai'n llawer gwell iddo *baratoi* i wynebu'r straen cyn gynted ag y gall. Felly dylai Rhodri herio'r meddyliau'r eiliad maen nhw'n ymddangos. Dyma beth ddylai ddigwydd:

| Sul | Llun | Mawrth | Mercher | Iau | Gwener | Sadwrn |

Mae llais straen Rhodri'n dal i fod yno ac mae'n mynd ychydig yn uwch (mae straen bob amser yn cynyddu wrth i'r digwyddiad sy'n sbarduno'r ofn agosáu). Ond drwy ystyried sut i ymdopi â'r  noson o'i flaen gan ddefnyddio ei lais synnwyr cyffredin, mae'n aros yn llawer tawelach ei feddwl. Felly, wrth gyrraedd drws tŷ ei fam, mae ganddo fwy o reolaeth – bydd yn cymryd llawer mwy iddo golli rheolaeth unwaith y bydd y tu mewn.

Felly, yn yr ail gam, mae'n parhau i ddefnyddio ei lais synnwyr cyffredin i'w arwain ei hun drwy'r noson wrth iddo *wynebu'r straen*.

Unwaith y bydd y noson drosodd, mae'n demtasiwn i Rhodri fynd adref, arllwys diod fawr iddo'i hun a cheisio cau'r noson allan o'i feddwl. Does dim o'i le ar gael diod, ond, gan ei fod wedi creu cynllun a'i gyflawni, mae'n hanfodol ei fod yn *adolygu'r* canlyniad. Y cam terfynol, felly, yw ystyried a wnaeth y cynllun weithio, pa mor dda y gweithiodd, neu, os na weithiodd, pam hynny? Wrth adolygu, dydy methiant ddim yn ddrwg i gyd. Gall Rhodri ddysgu gwersi a gwneud yn well y tro nesaf.

Ar y dudalen nesaf, gallwch weld y math o ddatganiadau a

ddefnyddiodd Rhodri *cyn* (paratoi), *yn ystod* (wynebu) ac *ar ôl* (adolygu) y noson.

Paratoi i wynebu'r straen

Unwaith y byddwch wedi nodi'r digwyddiad rydych chi'n credu y bydd e'n achosi straen i chi, paratowch gynllun ar gyfer ymdopi drwy benderfynu sut gallwch chi ddelio ag ef.

- Gallaf greu cynllun i fynd i'r afael ag ymdopi â fy chwaer.
- Gallaf ddisgwyl profi straen – mae hynny'n iawn – rhaid derbyn y peth.
- Fydda i ddim yn gwybod sut bydd pethau'n mynd nes y byddaf yno. Felly rhaid gwneud yn siŵr 'mod i'n cyrraedd yno.
- Does dim rhaid i mi fwynhau fy hun. Dim ond ymdopi sydd raid i mi.

Wynebu'r straen

Eich tasg yma yw gweithredu'ch cynllun, canolbwyntio ar y cynllun hwn a defnyddio'ch sgiliau newydd, er enghraifft, ymlacio. Ymhlith y meddyliau defnyddiol mae:

- Delio â phethau un cam ar y tro.
- Dwi'n teimlo ychydig o straen – mae hynny'n normal.
- Ymlacia, fi sydd mewn rheolaeth. Anadla'n rheolaidd.
- Peidio â phwdu yn y gornel, helpu Mam, trafod ei gwyliau gyda fy chwaer.

Adolygu'r canlyniad

Ar ôl paratoi i wynebu'r straen a wynebu'r straen, mae'n

bryd gweld pa mor llwyddiannus neu aflwyddiannus oedd eich cynllun; gweld a yw'n bosib ei wella ar gyfer y tro nesaf a chanmol eich hun am roi'r cynllun ar waith. Ymhlith y meddyliau defnyddiol mae:

- Da iawn. Fe allwn fod wedi osgoi'r sefyllfa, ond fe wnes i wynebu pethau.
- Roedd yn rhaid i mi adael – felly methodd y cynllun – beth yw'r wers?
- Dwi wedi cymryd cam ymlaen – dwi'n llwyddo, yn araf deg a phob yn dipyn.
- Doeddwn i ddim yn hoffi bod yno, ond roedd Mam yn falch ohonof – dyna'r dasg wedi'i chyflawni!

Cyfuno'ch sgiliau

Gallai Rhodri sicrhau bod ei lefelau caffein yn isel ar y dydd. Gallai ddefnyddio ymarferion hyfforddi anadlu wrth iddo gerdded i dŷ ei fam. Gallai wneud yn siŵr ei fod yn atal ei gyhyrau rhag tynhau yn y tŷ.

Gallai Rhodri ddefnyddio'r 5 Her Fawr (mae tair ohonyn nhw'n addas iawn yma):

'Beth yw'r peth gwaethaf all ddigwydd os ydw i'n mynd?
Byddaf yn dadlau gyda fy chwaer eto. Fe wnes i hynny o'r blaen ac eto mae fy mam yn cadw fy ochr, ac er tegwch i fy chwaer, mae hi'n dal i siarad â mi. Gallwn fod yn bryderus ac yn anhapus. Dydw i ddim am i hynny ddigwydd, ond dydy e ddim yn ddiwedd y byd.'

'Ydw i'n iawn i feddwl na alla i ymdopi ag aduniad teuluol?
Weithiau maen nhw'n iawn – byth yn noson dda, ond yn iawn.
Dwi'n derbyn na fyddwn ni byth yn agos, ond o leiaf gallwn
yrru 'mlaen. Dwi'n caru Mam ac mae'n gas gen i ei siomi.
Byddai'n wych cyrraedd diwedd y nos a chlywed Mam yn
diolch i mi am ddod ac am fihafio! Byddwn mor falch pe bawn
i'n gallu gwneud hynny er ei mwyn hi.'

'Ydy bywyd yn rhy fyr i deimlo fel hyn? Dyma'r isaf i mi ei
deimlo ers blynyddoedd. Mae cael cefnogaeth deuluol yn help,
ac efallai os bydda i'n fwy dymunol tuag at fy chwaer y bydd
hithau'n fwy dymunol tuag ata i. Dwi'n siŵr nad yw'n hwyl iddi
hithau chwaith.'

Gair i gloi

Nod Pennod 6 yw eich helpu chi i herio'ch meddyliau ac
atal straen cyn iddo gael gafael. Mae rheoli meddyliau yn
waith caled. Ond mae'n hanfodol, ac mae'n gam mawr wrth
reoli'ch straen. Felly byddwn yn dychwelyd at y sgiliau hyn
yn nes ymlaen i weld sut gallwch eu cyfuno â'r sgiliau eraill y
byddwch yn eu dysgu wrth i chi weithio'ch ffordd drwy'r llyfr
hwn.

Mae'r cylch cadarnhaol yn dechrau magu nerth. Mae
Pennod 7 yn adeiladu ar hyn drwy eich dysgu sut i reoli eich
gweithredoedd. Efallai y byddwch chi'n dechrau gweld sut
mae'r holl sgiliau'n dod at ei gilydd ac yn eich helpu chi i weld
y darlun mawr.

7

Rheoli'ch gweithredoedd

Yn y bennod hon, byddwn yn canolbwyntio ar wynebu'ch ofnau, mentro allan o'ch cylch cysurus a datrys problemau. Byddwn hefyd yn edrych ar gyfuno'r holl sgiliau.

Rhan 1 Gwybodaeth

Rydyn ni i gyd yn gwybod faint y gall straen effeithio ar ein gweithredoedd: rydyn ni'n osgoi gwneud pethau neu fynd i leoedd rhag ofn na allwn ni ymdopi; rydyn ni'n aflonydd; rydyn ni'n ffraeo am bethau gwirion; rydyn ni'n encilio yn hytrach na mentro cael ein llethu. Mae gweithredoedd fel y rhain yn cael effaith andwyol ar ein hunanhyder a'n hunan-werth. Rydyn ni'n gwisgo'r ffrwyn ddall ac yn profi meddyliau ceiliog rhedyn. Mae ein calonnau'n rasio, rydyn

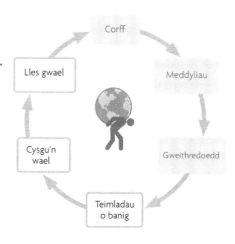

ni'n chwysu, mae ein cyhyrau'n tynhau. Ond peidiwch â digalonni: po fwyaf o sgiliau rydyn ni'n eu dysgu, gwannaf oll y bydd ein cylch cythreulig.

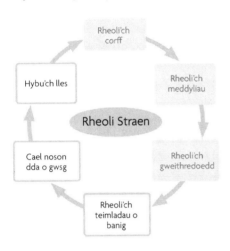

Mae'r bennod hon yn dysgu sgiliau a fydd yn newid ein gweithredoedd ac, o ganlyniad, yn lleihau ein straen ac yn rhoi cyfle i'n hyder a'n hunan-werth dyfu. Byddwn yn gweld bod rheoli'n gweithredoedd yn helpu i fwydo ein cylch cadarnhaol:

Mae dwy brif weithred i'w hystyried: **osgoi** ac **ymddygiad**.

Osgoi

Dydy'n gweithredoedd ni yn hyn o beth ddim bob amser yn ddu a gwyn: efallai ein bod yn teimlo y gallwn siarad â rhai pobl ond nid ag eraill; gyrru ar rai ffyrdd ar adegau penodol ond osgoi eraill; gallu mynd i le penodol weithiau ond nid ar adegau eraill, ac ati. Meddyliwch yn ôl i Bennod 5 – mae osgoi yn seiliedig ar *ffoi* – y reddf i ddianc oherwydd ein bod ni'n teimlo dan fygythiad.

Dylem hefyd gofio *dianc* – perthynas agos osgoi – sy'n digwydd pan fyddwn ni'n mynd i mewn i sefyllfa ond bob amser yn cadw un llygad ar y ffordd allan. Enghraifft gyffredin yw pan fyddwn ni'n mynd i'r sinema ond yn eistedd ar y pen yn y rhes gefn 'rhag ofn'. Er y gallai hyn ymddangos fel synnwyr cyffredin, byddwn yn gweld pam mae'r weithred hon yn helpu i gadw'r straen yn fyw pan fyddwn ni'n edrych ar 'fentro allan o'ch cylch cysurus' yn nes ymlaen.

Mae rhai o'r pethau cyffredin y byddwn ni'n eu hosgoi pan fyddwn dan straen yn cael eu rhestru isod:

Gwneud penderfyniadau	Cymryd cyfrifoldeb
Sgwrsio gyda chymdogion	Gyrru
Siopa	Darllen am salwch
Bywyd cymdeithasol	Bod ar eich pen eich hun
Delio â biliau ac ati	Mynegi barn
Bod ymhell o gartref	Defnyddio trafnidiaeth gyhoeddus

Mae bron pawb yn y byd yn cymryd mesurau osgoi mewn ymdrech i gadw'n glir o straen: mae'n debyg mai dyma'r ffordd fwyaf cyffredin o ymdopi. Ac mae rheswm amlwg am hyn – mae'n ffordd wych o leihau straen yn gyflym. Ond nid dyna'r ateb.

Stori Vinay

Mae Sarah yn gadael y swyddfa i fynd i swydd newydd. Mae parti ffarwél wedi'i drefnu a disgwylir i'r holl staff fynd. Y cynllun yw cyfarfod yn y dafarn am ddiod neu ddau, cael rhywbeth i'w fwyta ac yna bydd y rhai iau yn mynd ymlaen i glwb. Bydd disgwyl i Vinay wneud y tri pheth.

Mae'n cyd-dynnu'n dda â Sarah ac mae'n gwybod y bydd yn ei brifo os na fydd yn mynd. Ond mae Vinay yn dioddef straen sylweddol wrth ymdopi â digwyddiadau fel hyn. Mae'r clwb yn arbennig yn ymddangos yn frawychus iawn.

Mae'n sylwi ei fod yn mynd yn gynyddol bryderus yn ystod y dydd yn y gwaith. Mae pawb arall yn edrych ymlaen at y noson, ac mae hyn yn gwneud iddo deimlo'n waeth. Mae ei galon yn rasio, ei ddwylo ychydig yn grynedig ac mae'n teimlo fymryn yn sâl. Mae'r ymateb 'beth os' yn gryf: 'Beth os bydda i'n gwneud ffŵl ohonof fy hun?'; 'Beth os na alla i siarad yn y bwyty?'; 'Beth os yw pawb yn feddw ac yn gwneud ffŵl ohonof i?'

Mae Vinay yn teimlo wedi'i lethu, ac yn cynllunio ffordd allan o'r noson. Mae'n dweud wrth Sarah ei fod yn teimlo'n sâl ac, er ei fod wir eisiau mynd, efallai na fydd yn llwyddo i fod yno. Mae'n cael y teimlad bod Sarah yn gwybod ei fod yn paratoi ei esgusodion.

Mae Vinay yn mynd adref ac, wrth i'r amser i baratoi a chychwyn am y dafarn agosáu, mae ei lefel straen yn cynyddu. Mae'n teimlo wedi'i lethu ac yn penderfynu nad yw'n gallu mynd. Mae'n anfon neges destun at Sarah i ddweud ei fod yn sâl.

Mewn dim, mae ei lefel straen yn gostwng. Mae osgoi wedi gweithio. Ond...

Ddwy awr yn ddiweddarach mae Vinay gartref, yn meddwl am ei ffrindiau yn y dafarn yn cael amser gwych, yn ei gwneud hi'n noson arbennig i Sarah, yn trafod pam nad yw yno. Mae'n ddig wrtho'i hun:

'Dwi wedi siomi Sarah. Gallwn fod wedi ymdopi â'r noson. Maen nhw'n griw da. Dwi wedi eu siomi nhw i gyd. Beth sydd o'i le arna i? Pam na alla i ymdopi fel pawb arall? Bydd mynd i'r gwaith yfory yn ofnadwy. Dwi'n fethiant llwyr. Dwi'n casáu fy hun.'

Ymhen dim, mae ei lefel straen wedi gwaethygu. Cofiwch:

Mae osgoi yn gweithio'n dda yn y tymor byr, ond mae'n ein gwneud ni'n waeth yn y tymor hir.

Yr ateb i broblemau Vinay yw 'wynebu'r ofnau'. Yn nes ymlaen, byddwn yn gweld sut gwnaeth e hyn, gyda chymorth y sgiliau eraill a ddysgodd ym maes rheoli straen.

Ymddygiad

Mae hyn yn ymwneud â sut rydyn ni'n gweithredu pan fyddwn ni dan straen. Dyma rai o'r ffyrdd cyffredin y mae straen yn effeithio ar ein hymddygiad.

Ffrwydradau o ddicter	Cymryd mwy o amser i wneud pethau
Gwneud mwy o gamgymeriadau	Yfed mwy, smygu mwy neu gymryd mwy o gyffuriau
Crio	Dadlau
Bob amser ar frys	Cymryd mwy o risgiau
Cael damweiniau'n gyson	Gwneud gormod o bethau ar yr un pryd
Gwirio mwy	Mynd yn ddistaw
Encilio	Colli sylw'n hawdd
Methu eistedd yn dawel	Atal dweud
Siarad yn rhy gyflym	Siarad yn rhy ddistaw
Cnoi ewinedd	Anhrefnus

Pan fydd ein hymddygiad yn newid:

• Rydyn ni'n gallu mynd yn fwy hunanymwybodol.

• Gall effeithio ar eraill wrth iddyn nhw weld sut rydyn ni'n gweithredu dan straen.

• Rydyn ni'n ei weld fel arwydd nad ydyn ni'n ymdopi.

Yn union fel y duedd i osgoi, mae hyn yn gostwng ein hunan-werth a'n hunanhyder ac yn cynnal ein straen.

Rhan 2 Rheoli'ch gweithredoedd – *sgiliau*

Wynebu'ch ofnau

Mentro allan o'ch cylch cysurus

Datrys problemau

Byddwch hefyd yn gweld sut i gyfuno'r rhain gyda'r sgiliau rydych chi wedi'u dysgu yn y penodau blaenorol.

Wynebu'ch ofnau

Mae'n debyg mai osgoi yw'r ffordd fwyaf cyffredin o ymdopi â straen, a'r rheswm am hynny yw ei fod yn gweithio – yr eiliad y byddwn ni'n penderfynu osgoi mynd i rywle neu wneud rhywbeth sy'n debygol o achosi straen i ni, rydyn ni'n teimlo'n well o lawer. Fodd bynnag, fel y nodwyd eisoes, er bod osgoi yn gweithio'n dda yn y tymor byr, mae'n ein gwneud ni'n waeth yn y tymor hir.

Oherwydd pan fyddwn ni'n osgoi:

- Rydyn ni'n dweud wrthym ein hunain nad ydyn ni'n gallu ymdopi.
- Rydyn ni'n gweld bygythiadau drwy'r amser.
- Rydyn ni'n mesur bywyd yn ôl beth na allwn ni ei wneud yn hytrach nag yn ôl beth allwn ni ei wneud.

Mae hyn yn gostwng ein hunan-werth a'n hunanhyder ac yn cynnal ein straen. Felly sut mae newid hyn? Wel, mae'r ateb i'r cwestiwn yn hysbys ers cannoedd o flynyddoedd: beth ydych chi'n ei wneud os byddwch chi'n cwympo oddi ar geffyl? Rydych chi'n mynd yn ôl ar ei gefn oherwydd, os na wnewch chi hynny, mae'r tebygolrwydd y byddwch yn mynd ar gefn unrhyw geffyl yn y dyfodol yn mynd yn llai ac yn llai.

O blith holl ddeddfau seicoleg, bydd hon bob amser yn wir:

Mae wynebu'n hofnau yn aml yn gwneud pethau'n waeth yn y tymor byr, ond mae'n ein gwella yn y tymor hir.

Profwch y realiti

Os byddwch chi'n osgoi wynebu'r pethau sy'n achosi straen i chi, fyddwch chi byth yn darganfod beth fyddai wedi digwydd neu a fyddech chi wedi gallu ymdopi. Felly mae'r straen yn aros, neu hyd yn oed yn gwaethygu. Os ydych chi'n wynebu'ch ofn, gallwch brofi realiti'r ofn hwnnw. Os na fydd y peth rydych chi'n ei ofni yn digwydd, yna gallwch ollwng gafael ar yr ofn. Hyd yn oed os yw'r peth rydych chi'n ei ofni yn digwydd, ydy e cynddrwg ag roeddech chi wedi'i feddwl? Mae'n debygol na fydd e.

Mae'n hawdd dweud wrth rywun am wynebu ei ofnau; ond

haws o lawer dweud na gwneud. Felly'r cam cyntaf yw symud o ddweud, 'Dydw i ddim hyd yn oed yn gallu edrych ar hyn' i 'Iawn, gadewch i mi gymryd cip ar y peth brawychus hwn.'

Wynebwch eich ofnau mewn pum cam

Cam 1 Beth yw'r ofn y dylwn i ei wynebu?

Lluniwch restr o'r pethau rydych chi'n eu hosgoi ac sydd angen i chi eu hwynebu.

Cam 2 Beth ydw i'n meddwl fydd yn digwydd pan fydda i'n wynebu fy ofn?

Ceisiwch ragweld beth fydd yn digwydd. Defnyddiwch eich sgiliau 'rheoli'ch meddyliau' (mae 'Beth yw'r peth gwaethaf all ddigwydd?' yn ddefnyddiol ar gyfer hyn). Unwaith rydych chi wedi wynebu'ch ofn, edrychwch pa mor gywir oedd y rhagfynegiad hwn.

Cam 3 Creu cynllun

Gwnewch yn siŵr eich bod yn defnyddio'r holl sgiliau rydych chi wedi'u dysgu eisoes, e.e. ymlacio a thorri straen yn ddarnau llai.

Cam 4 Rhoi'r cynllun ar waith

Wynebwch eich ofn.

Cam 5 Adolygu

Wnaeth e weithio? Os naddo, pam? Ydych chi nawr yn gallu symud ymlaen i fynd i'r afael ag ofnau eraill?

Nodwch fod Camau 3, 4 a 5 yr un fath â'r rheini ar gyfer torri straen yn ddarnau llai ym Mhennod 6 (paratoi, wynebu ac adolygu). Mae'n bosib y bydd y ffurflen ymarfer isod yn ddefnyddiol.

Ffurflen ymarfer wynebu'ch ofnau

1 Beth yw'r ofn y dylwn i ei wynebu?
2 Beth ydw i'n meddwl fydd yn digwydd pan fydda i'n wynebu fy ofn?
3 Creu cynllun: paratoi
4 Rhoi'r cynllun ar waith
5 Adolygu

Mentro allan o'ch cylch cysurus

Rydyn ni wedi dysgu bod wynebu eich ofn bob amser yn gweithio yn y tymor hir. Fodd bynnag, mae rhai'n dweud eu bod yn wynebu eu hofn, dro ar ôl tro, ond nad yw'r ofn hwnnw byth yn lleihau. Pam mae hyn yn digwydd?

Mae'n ymddangos, tra'u bod mewn sefyllfa lawn straen (yn wynebu eu hofn), eu bod yn gwneud rhywbeth fel modd o amddiffyn eu hunain. Mae hyn er mwyn ceisio cyfyngu ar ba mor wael maen nhw'n teimlo wrth wynebu eu hofn. Mae hyn yn tanseilio'u gwaith da oherwydd ei fod yn eu hatal rhag wynebu eu hofn *o ddifrif*. Mae'r hyn maen nhw'n ei wneud yn helpu yn y tymor byr ond yn eu gwneud yn waeth yn y tymor hir.

Hynny yw, maen nhw'n chwarae'n saff drwy aros yn eu cylch cysurus. Er mwyn goresgyn y straen, mae angen iddyn nhw fentro allan ohono a wynebu eu hofn o ddifrif. Gall aros yn y cylch cysurus fod yn gynnil iawn ac yn anodd ei weld. Gadewch i ni edrych ar sut mae Lisa a Siôn yn gwneud hynny.

Mae Lisa wedi bod yn dioddef pyliau o banig achlysurol am bedair blynedd. Mae hi'n credu ei bod wedi cael ymhell dros 100 o byliau. Bob tro mae'r panig yn taro, mae'n profi'r meddwl brawychus hwn: 'Dwi'n mynd i lewygu.' Yn ddewr iawn, mae Lisa yn ceisio wynebu ei hofn ac yn mynd i'r holl leoedd lle mae hi'n teimlo fwyaf mewn perygl – siopau prysur, clybiau cymdeithasol, gemau pêl-droed. Ac eto, dydy hi ddim yn gallu trechu'r panig. Dydy Lisa erioed wedi llewygu mewn panig, felly pam nad yw'r ofn yn diflannu ar ôl iddi weld hynny dros 100 o weithiau?

Mae Siôn yn mynd yn bryderus pan mae e ar fws ar ei ben ei hun. Mae'n ofni bod y bws yn orlawn, y bydd yn methu mynd oddi arno ac yn methu anadlu. Mae'n gwybod bod yn rhaid iddo wynebu ei ofn a theithio ar fws. Ond wythnos ar ôl wythnos, mae lefel y gofid yn parhau'r un mor uchel, er ei bod yn ymddangos ei fod yn wynebu ei ofn. Mae ar fin rhoi'r gorau i'w ymgais gan nad yw'n mynd i unman. Does dim byd rhy ddrwg wedi digwydd iddo, felly pam nad yw ofn Siôn yn diflannu ar ôl cymaint o deithiau bws?

Y rheswm nad yw Lisa yn goresgyn yr ofn yw oherwydd ei bod yn gwneud rhywbeth i geisio amddiffyn ei hun a lleihau'r ymdeimlad o fygythiad. Yr eiliad mae'n meddwl am y peth ac yn dechrau teimlo'n benysgafn, mae hi naill ai'n eistedd i lawr neu'n pwyso yn erbyn rhywbeth gan ei bod yn credu y bydd hi'n llai tebygol o lewygu. Mae hyn yn gwneud synnwyr iddi ar y pryd; wedi'r cyfan, pwy sydd eisiau llewygu?

Y rheswm nad yw Siôn yn goresgyn yr ofn yw oherwydd ei fod yntau hefyd yn gwneud rhywbeth i geisio amddiffyn ei hun a lleihau'r ymdeimlad o fygythiad. Cyn gynted ag y bydd yn mynd ar y bws, mae'n dechrau anfon negeseuon testun at ffrindiau a pherthnasau, yn dweud wrthyn nhw ei fod ar y bws ac yn gofyn iddyn nhw ddal ati i anfon negeseuon testun gan ei fod yn bryderus. Maen nhw'n tecstio yn ôl ac ymlaen drwy gydol y daith. Mae hyn yn helpu i dynnu sylw Siôn ac, yn ei dyb ef, yn caniatáu iddo oroesi'r daith.

Ar yr wyneb, mae'n ymddangos bod yr hyn y mae Lisa a Siôn yn ei wneud yn gwneud synnwyr. Ond rydyn ni'n ôl at y neges fawr a ddysgwyd ym Mhennod 2: gall yr hyn sy'n helpu yn y tymor byr eich gwneud yn waeth yn y tymor hir.

Ffrindiau ffug

Mae'r gweithredoedd syml hyn – eistedd/pwyso a thecstio – yn ffrindiau ffug: mae'n ymddangos eu bod nhw'n helpu ond, mewn gwirionedd, maen nhw'n tanseilio'r holl waith caled a'r dewrder y mae Lisa a Siôn yn ei ddangos wrth geisio wynebu eu hofnau, ac yn lleihau eu lefelau hyder ymhellach.

Y broblem yw bod gwneud y pethau hyn yn bwydo'r ymdeimlad o fygythiad. Mae Lisa a Siôn yn dweud wrthyn nhw'u hunain bod *angen* iddyn nhw amddiffyn eu hunain, a bod y bygythiad yn un go iawn. Maen nhw'n teimlo mai chwarae'n saff yw'r llinell amddiffyn olaf. Ond pe baen nhw heb chwarae'n saff, fe fydden nhw wedi gallu profi realiti eu hofnau.

Chwarae teg iddi, mae Lisa yn mynd i mewn i'r lleoedd mae hi'n eu hofni. Wedi hynny, yn lle canmol a llongyfarch ei hun, mae'n dweud, 'Diolch byth na wnes i eistedd i lawr. Fel arall byddwn i wedi llewygu.' Mae hi wedi argyhoeddi ei hun y dylai eistedd i lawr mor gyflym ag y gall hi y tro nesaf y bydd yn teimlo'n benysgafn.

Dydy hi ddim wedi profi realiti ei hofn – a fyddai hi wedi llewygu pe na bai wedi eistedd i lawr? Dydy hi ddim yn gallu ateb y cwestiwn hwnnw oherwydd ei bod wedi aros yn ei chylch cysurus. Mae angen iddi fentro allan o'i chylch cysurus a phrofi realiti'r hyn mae'n ei gredu.

I wneud hynny, y tro nesaf y bydd y panig yn taro, mae'n rhaid iddi ddal ei thir. Nawr, gall brofi realiti ei hofn. Gall dau beth ddigwydd: fe fydd hi naill ai'n llewygu neu beidio.

Dydy hi ddim wedi llewygu yn ystod ei 100 pwl blaenorol o banig, felly mae'n debygol iawn na fydd hi'n llewygu'r tro nesaf. Os na fydd hi'n llewygu, mae hi wedi wynebu ei hofn o ddifrif a gweld nad yw'n fygythiad. Nawr bydd yn gallu dechrau credu y gall ymdopi, yn llongyfarch ei hun ac yn dechrau meithrin ei hunanhyder.

Mae Siôn wedi magu'r dewrder i fynd ar fysiau am y ddeufis diwethaf, a dydy hi ddim yn mynd ddim haws. Mae ar fin rhoi'r gorau iddi. Mae'n dod oddi ar y bws ac yn dweud wrtho'i hun, 'Diolch byth fy mod i wedi gallu parhau i decstio fy ffrindiau. Fel arall, dwi'n siŵr na fyddwn i wedi ymdopi.' Bydd yn credu mai tecstio yw'r ffordd orau o ymdopi ar y bws a bydd yn gwneud hynny eto'r tro nesaf. Mewn gwirionedd, ni fyddai'n camu ar y bws pe bai wedi gadael ei ffôn gartref.

Dydy e ddim wedi profi realiti ei ofn – a fyddai wedi cael ei lethu pe na bai wedi tecstio? Dydy e ddim yn gallu ateb hynny oherwydd ei fod yn aros yn ei gylch cysurus. Mae angen iddo fentro allan o'i gylch cysurus a phrofi realiti'r hyn mae'n ei gredu.

I wneud hynny, y tro nesaf y bydd yn mynd ar fws, mae'n rhaid iddo gadw ei ffôn yn ei boced a gweld beth sy'n digwydd. Dim ond wedyn y gall brofi realiti ei ofn. Gall dau beth ddigwydd: fe fydd naill ai'n cael ei lethu neu beidio. Mae'n debygol y bydd mwy o straen arno (ond mae'n meddu ar lawer mwy o sgiliau erbyn hyn – herio ei feddyliau, ac ati).

Mae'n debygol na fydd pethau cynddrwg ag y mae'n ei feddwl. Ac os nad yw'n anfon neges destun, yna bydd wedi wynebu ei ofn o ddifrif a gweld nad yw'n fygythiad. Nawr, bydd yn gallu dechrau credu y gall ymdopi, yn llongyfarch ei hun ac yn dechrau meithrin ei hunanhyder.

Wynebu'r ofn

Erbyn hyn, mae Lisa a Siôn, drwy fentro allan o'u cylchoedd cysurus, yn gallu wynebu eu hofn o ddifrif. Yn lle rhoi'r clod i'w 'ffrindiau ffug', maen nhw'n gallu cymryd y clod eu hunain: 'Fe wnes i ymdopi oherwydd 'mod i wedi wynebu fy ofnau ac er iddo greu mwy o straen i mi yn y tymor byr, roeddwn i'n teimlo'n llawer gwell yn y tymor hir.' Dim ond nawr y bydd Lisa a Siôn yn dechrau rheoli eu straen.

Dyma rai o'r pethau cyffredin mae pobl yn eu gwneud er mwyn aros yn eu cylch cysurus.

Ceisio canolbwyntio'ch meddwl ar feddyliau neu ddelweddau penodol i atal eich meddwl rhag troelli allan o reolaeth.
Ymarfer beth fyddwch chi'n ei ddweud mewn digwyddiad cymdeithasol (oherwydd bod arnoch chi ofn gwneud ffŵl ohonoch eich hun).
Osgoi ateb y ffôn neu'r drws yn eich cartref.
Edrych yn brysur er mwyn osgoi siarad â phobl eraill.
Cerdded drwy siopau yn edrych i lawr fel nad ydych chi'n dod ar draws unrhyw un rydych chi'n ei adnabod.
Dibynnu ar alcohol i ymdopi ag achlysur arbennig.
Cytuno â phobl eraill yn ddiwahân.
Cuddio'ch wyneb gyda'ch gwallt (rhag ofn i bobl eraill eich gweld yn gwrido).
Cario potel o ddŵr gyda chi i'ch cadw chi rhag poethi a chadw'ch ceg yn wlyb.
Chwarae gyda'ch ffôn pan fyddwch chi ar eich pen eich hun mewn caffi.

Esgus ysgrifennu nodiadau mewn cyfarfod (oherwydd eich bod chi'n ofni rhoi argraff wael os bydd yn rhaid i chi siarad).
Cael rhestr o esgusodion parod dros fod ag wyneb coch: 'Mae hi mor boeth yma', 'Dydw i ddim yn dda' (oherwydd eich bod chi'n ofni y bydd pobl eraill yn sylwi a heb fawr o feddwl ohonoch).
Gwneud yn siŵr eich bod yn cario'ch ffôn symudol rhag ofn y bydd angen i chi ffonio am help.

Gallwn ddysgu sut i fentro allan o'n cylch cysurus mewn pum cam. Nodwch fod Camau 3, 4 a 5 yr un fath â'r rheini ar gyfer Wynebu'ch Ofnau uchod, a Torri Straen yn Ddarnau Llai ym Mhennod 6.

Mentro allan o'ch cylch cysurus mewn pum cam

Cam 1 Sut rydych chi'n ceisio aros yn eich cylch cysurus? Beth yw'r 'cymhorthion' rydych chi'n eu defnyddio? Penderfynwch faint maen nhw'n eich helpu neu'n eich llesteirio chi.

Ysgrifennwch yr holl bethau rydych chi'n eu gwneud neu'n eu meddwl i geisio atal rhywbeth drwg rhag digwydd i chi. Fe ddylech chi hefyd feddwl am unrhyw beth rydych chi'n ei ddefnyddio i helpu ('cymhorthion'), e.e. mae rhai pobl yn cadw tabled *diazepam* yn eu poced drwy'r amser.

Cam 2 Ceisiwch ragweld beth fyddai'n digwydd be baech chi'n mentro allan o'ch cylch cysurus.

Chwaraewch yr olygfa yn eich meddwl yr holl ffordd i'r diwedd. Beth fyddai'n digwydd pe baech chi'n osgoi chwarae'n saff? (Mae 'Beth yw'r peth gwaethaf all ddigwydd?' yn dda iawn ar gyfer hyn.) A fu adegau pan na wnaethoch chi chwarae'n saff? Beth ddigwyddodd?

Cam 3 Creu cynllun ('paratoi')

Penderfynwch beth rydych chi am fynd i'r afael ag ef a chynlluniwch sut i fentro allan o'ch cylch cysurus. I wneud hyn yn haws, cyfunwch y sgiliau rydych chi wedi'u dysgu hyd yn hyn, e.e. rheoli'ch corff a rheoli'ch meddyliau. Yna gwnewch hynny.

Cam 4 Wynebu

Rhowch y cynllun ar waith.

Cam 5 Adolygu

Sut aeth pethau? Yn well neu'n waeth nag roeddech chi wedi'i ragweld? Pam felly? Oes angen i chi newid eich cynllun ar gyfer y tro nesaf?

Daliwch ati nes eich bod wedi mentro allan o'ch cylch cysurus yn llwyr ac wedi hen anghofio'r holl ffyrdd o amddiffyn eich hun. Rydych chi nawr yn wynebu'ch ofn ac, wrth wneud hynny, yn torri'ch straen yn ddarnau llai. Mae'n waith caled, ond yn werth chweil yn y pen draw.

Mae'n bosib y byddwch chi eisiau defnyddio'r ffurflen ymarfer isod.

Ffurflen ymarfer mentro allan o'ch cylch cysurus

1 Sut rydych chi'n ceisio aros yn eich cylch cysurus?
2 Ceisiwch ragweld beth fyddai'n digwydd be baech chi'n mentro allan o'ch cylch cysurus
3 Creu cynllun: paratoi
4 Wynebu: rhoi'r cynllun ar waith
5 Adolygu

Datrys problemau

Mae hon yn ffordd wych o'ch helpu chi i ddelio ag unrhyw broblem yn eich bywyd.

- Rydych chi'n herio problemau bob yn un.
- Rydych chi'n rhannu pob problem yn wyth rhan lai.
- Wrth i chi ddysgu'r sgìl hwn, rydych chi'n magu mwy o ymdeimlad o reolaeth yn eich bywyd, ac mae'n rhoi cyfle i chi feithrin eich hunanhyder a'ch hunan-werth.

Y camau yw:

Rheoli'ch gweithredoedd

CAM 1	Nodwch y broblem yn glir

CAM 2	Beth os na fydda i'n datrys y broblem?

CAM 3	Beth os *ydw* i'n datrys y broblem?

CAM 4	Taflu syniadau

CAM 5	Dewis yr opsiwn gorau

CAM 6	Creu cynllun

CAM 7	Rhoi'r cynllun ar waith

CAM 8	Adolygu

Nodwch fod Camau 6, 7 ac 8 isod yr un fath â'r rheini ar gyfer Torri Straen yn Ddarnau Llai, Wynebu'ch Ofnau a Mentro Allan o'ch Cylch Cysurus.

CAM 1	Nodwch y broblem yn glir

Enghreifftiau gwael

'Mae'r tŷ hwn yn fy llethu.'

'Dwi mor ddrwg fy nhymer.'

Dydy'r rhain ddim yn glir – beth yw'r broblem gyda'r tŷ? Ydy'r morgais neu'r rhent yn rhy uchel, neu ai'r cymdogion yw'r drafferth? Ydy e'n rhy fach? Ydy e'n rhy bell o'ch gweithle? Ydych chi bob amser yn ddrwg eich tymer? Neu dim ond gyda rhai pobl neu mewn rhai lleoedd?

Enghreifftiau da

'Mae'r lleithder yn y stafell gefn yn gwaethygu.'

'Mae fy mab wedi colli pob amynedd gyda fi bellach.'

Llawer llai amwys. Rydych wedi nodi'r broblem yn glir.

CAM 2	Beth os na fydda i'n datrys y broblem?

Os nad yw'n creu trafferthion mawr, dydy hi ddim yn werth ceisio'i datrys. Ond os byddwch chi'n dod i'r casgliad y bydd eich straen yn parhau, ewch ymlaen i'r cam nesaf.

| CAM 3 | Beth os *ydw* i'n datrys y broblem? |

Mae hwn yn gwestiwn llawer mwy cadarnhaol. Os mai'r ateb yw y bydd eich bywyd yn gwella, daliwch ati.

| CAM 4 | Taflu syniadau |

Ceisiwch feddwl am gynifer o atebion ag y gallwch chi. Dyma ffordd o ymestyn eich meddwl, felly does dim ots pa mor dda neu wael ydyn nhw. Po fwyaf o atebion ddaw i'r fei, mwyaf tebygol ydych chi o ddod o hyd i un da. Cofnodwch eich holl opsiynau.

| CAM 5 | Dewis yr opsiwn gorau |

Ewch drwy'ch opsiynau bob yn un a nodwch fanteision ac anfanteision pob un. Yna penderfynwch pa rai i'w cadw a pha rai i'w gwrthod. Gallwch gadw cymaint neu gyn lleied ag y dymunwch, oherwydd gallai gymryd mwy nag un opsiwn i sicrhau llwyddiant.

| CAM 6 | Creu cynllun |

Cynlluniwch sut byddwch chi'n mynd i'r afael â'r broblem (paratoi).

| CAM 7 | Rhoi'r cynllun ar waith |

Rhowch y cynllun ar waith (wynebu).

Wnaeth e weithio?

• Os na, pam?
• Beth wnaethoch chi ei ddysgu?
• Ydych chi'n gallu'i wella a gwneud iddo weithio?
• Beth yw'r broblem nesaf y gallwch chi fynd i'r afael â hi?

Ar y dechrau, gall fod yn ddefnyddiol canolbwyntio ar broblem fach i ymarfer arni. Unwaith y byddwch chi'n dod i ben yn weddol, ewch i'r afael â'r problemau mwy a fydd, o'u datrys, yn gwneud eich bywyd yn llawer gwell. Yna meddyliwch am ddefnyddio'r dull datrys problemau i fynd i'r afael â rhai o'r cwestiynau mwyaf yn eich bywyd:

• Sut mae'ch bywyd yn mynd?
• Ydych chi'n byw'r bywyd yr hoffech chi ei fyw?
• Ydych chi'n cyflawni'ch delfrydau?
• Ydych chi'n gwneud y gorau ohoni?

Pan fyddwch chi'n dod i ben yn weddol â datrys problemau, dylech allu ei wneud yn eich pen. Ar hyn o bryd, fodd bynnag, mae'n llawer haws gwneud cofnod o'r wyth cam. Defnyddiwch y ffurflen ymarfer isod i helpu.

Ffurflen ymarfer datrys problemau

CAM 1	Nodwch y broblem yn glir
CAM 2	Beth os na fydda i'n datrys y broblem?
CAM 3	Beth os *ydw* i'n datrys y broblem?
CAM 4	Taflu syniadau
CAM 5	Dewis yr opsiwn gorau
CAM 6	Creu cynllun
CAM 7	Rhoi'r cynllun ar waith
CAM 8	Adolygu

Problem Sam

Mae Sam wedi bod yn dioddef hwyliau isel ers pan oedd yn blentyn. Mae'n disgrifio'i hun fel rhywun sy'n ei chael hi'n anodd bod yn bositif mewn bywyd, ac mae'n ei ystyried ei hun yn fethiant ac yn dda i ddim erioed. Mae'n dweud na wnaeth ei dad ddangos unrhyw gariad tuag ato ac nad oedd yn treulio amser gydag e'n aml, a'i fod o'r farn mai dyna sy'n gyfrifol am y math o gymeriad yw e. Tyfodd Sam i fyny dan yr argraff nad oedd disgwyl i neb feddwl rhyw lawer ohono; wedi'r cyfan, doedd gan ei dad fawr o feddwl ohono.

Ceisiodd gadw allan o ffordd ei dad, yn rhannol oherwydd tymer ei dad ac yn rhannol oherwydd ei fod yn tybio nad oedd eisiau Sam yn agos ato. Mae Sam yn teimlo bod ei fywyd wedi ei ddifetha ac er ei fod yn dal i siarad gyda'i dad, dydyn nhw ddim yn agos. Pan anwyd Cai, ei fab, tyngodd y byddai'n well tad iddo nag y bu ei dad yntau iddo ef.

Mae Cai bellach yn naw oed ac mae Sam yn credu ei fod yn ceisio cadw allan o'i ffordd. Mae'n poeni ei fod wedi methu fel tad ac, o ganlyniad i hynny, y bydd Cai yn tyfu gyda'r un problemau ag ef. Mae Sam yn gweld hanes yn ei ailadrodd ei hun ac mae'n teimlo'n hynod o euog. Mae'n penderfynu rhoi cynnig ar ddatrys problemau:

Cam 1 Nodi'r broblem yn glir

'Mae fy mab wedi colli pob amynedd gyda fi bellach.'

Cam 2 Beth os na fydda i'n datrys y broblem?

'Bydd pethau'r un fath â fi a 'nhad. Roeddwn i'n arfer meddwl ei fod yn wych. Yn y pen draw, roeddwn i'n ei gasáu. Doedd e byth yno i'm helpu pan oedd pethau'n wael. Doeddwn i ddim yn gallu rhannu'r amseroedd da gydag e chwaith. Roeddwn i'n credu ei fod yn meddwl 'mod i'n dda i ddim. Alla i ddim gadael i hynny ddigwydd gyda fy mab.'

Cam 3 Beth os *ydw* i'n datrys y broblem?

'Dwi'n teimlo mor euog nad ydw i'r tad dwi wir eisiau bod. Mae'r euogrwydd hwn yn gwasgu arna i. Pe bawn i'n meddwl 'mod i'n gwneud y peth iawn dros fy mab, efallai y byddwn yn cael gwared ar rywfaint o'r euogrwydd. Fe fyddwn i'n meddwl 'mod i'n well person nag ydw i nawr. Efallai y bydd fy ngwraig yn adfer rhywfaint o barch tuag ata i (dwi'n amau nad oes ganddi ryw lawer ar hyn o bryd). Byddai hyn yn helpu'r ddau ohonon ni.'

Sylwch ein bod yn dechrau gweld agweddau eraill ar waith ym mywyd Sam – mae'n ymddangos fod ganddo berthynas wael gyda'i wraig. Mae hyn yn bwysig. Byddwn yn gweld ym

Mhennod 10 pam mae cael cefnogaeth gref yn eich bywyd yn hanfodol wrth reoli straen.

Cam 4 Taflu syniadau

Opsiynau:

- Roeddwn i'r un fath gyda Dad pan oeddwn i'r un oed â Cai. Gad lonydd iddo. Fe ddaw ato'i hun.

- Fe wna i brynu teledu i'w roi yn ei stafell.

- Dwi mor gaeth i fy mhroblemau fy hun fel nad ydw i wedi treulio amser yn ei gwmni ers talwm. Roedden ni'n arfer gwneud hynny. Fe allwn i newid hyn.

- Rydyn ni i gyd yn bwyta o flaen y teledu. Byddai'n bosib i ni eistedd o gwmpas y bwrdd eto a sgwrsio.

- Mae fy ngwraig yn dweud fy mod i'n flin fel tincer. Dwi'n gweiddi arno drwy'r amser. Does ryfedd ei fod eisiau cadw'n glir oddi wrtha i.

- Fe wna i ofyn i fy ngwraig am awgrymiadau. Mae Cai yn siarad gyda hi.

Mae rhai o'r opsiynau yn edrych yn well nag eraill. Y cam nesaf yw i Sam fynd drwy bob un, edrych ar y pwyntiau o blaid ac yn erbyn, cadw'r rhai da a chael gwared ar y rhai gwael.

Cam 5 Dewis yr opsiwn gorau

Opsiwn	O blaid	Yn erbyn	Fydd e'n gweithio?
Gadael llonydd iddo: fe ddaw ato'i hun	Dwi'n dal i siarad gyda fy nhad i nawr.	Dwi'n dal i fod yn ddig wrth fy nhad am na wnaeth fwy o ymdrech gyda mi. Pan gafodd Cai ei eni, fe wnes i dyngu na fyddwn i'n ei drin yntau yn yr un ffordd.	Na fydd. Ei anghofio.
Prynu teledu iddo	Mae e eisiau teledu yn ei stafell.	Allwch chi ddim prynu cariad.	Na fydd. Ei anghofio.
Fe allwn i dreulio mwy o amser yn ei gwmni	Mae wrth ei fodd yn pysgota. Fe allen ni fynd at yr afon ar ddydd Sadwrn. Fe allwn ei gyfarfod o'r Cybiau ar ddydd Mawrth. Fe allwn i holi sut ddiwrnod mae wedi'i gael – dydw i ddim hyd yn oed yn gwneud hynny.	Mae'n swnio'n dda, ond fydda i'n gwneud hynny? Pe bai'n gweithio, byddai'n helpu'r ddau ohonon ni. Pe bawn i'n teimlo ymateb cadarnhaol ganddo, byddai'n gwneud i mi deimlo'n llai o fethiant.	Bydd. Ond paid ag anelu'n rhy uchel. Cofia ddelio â phethau un cam ar y tro.
Bwyta prydau wrth y bwrdd	Fe allen ni i gyd siarad. Dydyn ni prin byth yn gweld ein gilydd nawr. Byddai'n helpu i gadw'r uned deuluol yn gryf.	Dim byd. Mae hwn yn un da.	Bydd. Dwi'n gwybod bod fy ngwraig eisiau gwneud hyn.

| Rhoi'r gorau i weiddi drwy'r amser | Byddai hyn yn wych. | Dwi'n ceisio peidio, ond dydw i ddim yn gallu. Mae'n rhaid i fi weithio ar hyn. Defnyddio'r wybodaeth am reoli fy meddyliau. Ceisio ymlacio mwy. Deall pam dwi'n mynd yn ddig. | Efallai. Ond paid ag anelu'n rhy uchel. |
| Gofyn i fy ngwraig | Mae hi bron iawn â throi ei chefn arna i oherwydd nad ydw i'n gwneud ymdrech gyda Cai. Byddai hyn yn dangos iddi fy mod i'n gwneud yr ymdrech. Efallai y byddai hi'n gwybod am ffyrdd da o fy helpu gyda Cai. | Dim byd. Mae hwn yn un da. | Bydd. Dwi'n credu y bydd hi'n fy nghefnogi bob cam o'r daith os ydy hi'n teimlo 'mod i'n ymdrechu o ddifrif. |

Mae Sam yn penderfynu cael gwared ar Opsiynau 1 a 2, gweithio ar Opsiynau 3, 4 a 6 a gohirio Opsiwn 5. Mae'n gwybod bod Opsiwn 5 yn bwysig, ond mae'n teimlo ei fod y tu hwnt iddo ar hyn o bryd.

Cam 6 Creu cynllun

Dechreuodd Sam gydag Opsiwn 6. Defnyddiodd yr hyn a ddywedodd ei wraig wrtho wrth gynllunio Opsiwn 3.

'Gofynnodd fy ngwraig i Cai a fyddai'n hoffi mynd i bysgota. Roedd yn awyddus iawn a dywedodd ei fod yn gweld colli mynd gyda'i dad. Mae hynny'n rhoi digon o hyder i mi fynd ag e. Fe wna i siarad ag e ar ôl bwyd heno. Fe wnawn ni'n siŵr bod ein gwialenni pysgota ni'n iawn. Fe wna i gwrdd ag e ar ôl ysgol ddydd Gwener ac yna mynd i'r siop bysgota i brynu ychydig o offer. Gallwn bacio'r gêr hefyd. Bydd y ddau ohonon ni'n gwneud hyn i gyd gyda'n gilydd.

'Bydd fy ffrind yn dod i'n casglu ben bore, a byddwn yn mynd yn ei gar e. Dwi wedi dweud wrtho beth dwi'n ceisio'i wneud ac mae'n gwybod y bydd yn peri straen i mi. Ond mae'n dda am fy nghadw rhag cynhyrfu. Fe fydd yn dod â'i fab ei hun ac mae hwnnw'n cyd-dynnu'n dda gyda fy mab innau. Fe fyddwn ni'n dawel pan fyddwn ni'n pysgota, felly bydd hynny'n llai o bwysau arna i. Dydw i ddim yn disgwyl iddo fod yn berffaith, ond fe wnawn ni'r un peth eto ar fy nydd Sadwrn rhydd nesaf os yw e am wneud hynny. Byddaf yn gwrando ar ymarferion ymlacio ar fy iPod er mwyn ymlacio yn y bore. Dydw i ddim yn mynd i yfed y noson cynt, gan fod hynny'n fy ngwneud i'n bryderus drannoeth.'

Cam 7 Rhoi'r cynllun ar waith

Mae'n bryd rhoi'r cynllun ar waith.

Cam 8 Adolygu

Dyma adolygiad Sam, a ysgrifennwyd y noson honno.

'Mae wedi bwrw glaw drwy'r dydd a wnaethon ni ddim dal yr un pysgodyn. Fe amharodd hynny ar yr hwyl braidd. Treuliais ormod o amser yn siarad â fy ffrind a dim digon yn siarad â Cai. Gwaeddais arno am golli'r abwyd ar lawr.

Ddylwn i ddim bod wedi gwneud hynny, gan mai bachgen ifanc yw e, a dim ond abwyd oedd e wedi'r cyfan. Dyna'r pwyntiau gwael. Gallaf ddysgu o hyn a pheidio â gwneud yr un camgymeriadau y tro nesaf.

'Ond ar yr ochr gadarnhaol, dywedodd Cai ei fod wedi cael amser da. Roedd eisiau gwybod a fydden ni'n cael mynd i bysgota eto. Dwi'n credu ei fod fymryn yn amheus o ofyn rhag ofn i mi fynd yn ddig neu rywbeth. Ond dywedais y bydden ni, a 'mod i wedi cael amser da yn ei gwmni e (ac roedd hynny'n wir).

'Roedd fy ngwraig i'n falch, ond mae hi eisiau gweld arwyddion y bydda i'n dal ati. Digon teg. Ar y cyfan, dwi'n bles gyda sut aeth pethau. Dwi wedi cymryd cam ymlaen.'

Mae Sam, o bosib heb sylweddoli hynny, yn defnyddio sgiliau eraill a ddysgwyd o'r llyfr hwn. Mae'r paragraff cyntaf yn rhoi sylw i'r holl bethau a aeth o chwith. Os bydd yn dal i wisgo'i ffrwyn ddall, bydd y diwrnod yn cael ei ystyried yn fethiant. Ond mae'n diosg y ffrwyn ddall ac yn gweld y pethau da a ddigwyddodd drwy ddefnyddio ffurf ar yr her 'Ydw i'n iawn i feddwl...' ac yn y pen draw mae'n gweld sefyllfa sy'n 'arlliwiau llwyd amrywiol'.

Mae bellach yn daith reolaidd. Mae Sam yn dal i weiddi'n aml yn y tŷ ond o leiaf mae'n siarad yn rhydd ac yn chwarae gyda'i fab yn aml hefyd. Mae'n teimlo, o'r diwedd, ei fod yn nes at fod y tad roedd e eisiau bod. Mae hyn yn helpu ei hunan-werth ac yn lleihau ei deimladau o euogrwydd. Mae ei wraig yn ei weld yn ymdrechu ac yn raddol mae hi'n dechrau ei werthfawrogi eto. Mae ei berthynas ag eraill yn gallu gwella, felly, a bydd hynny'n cryfhau ei ymdeimlad o les (gweler Pennod 10). Mae'n dal i ddefnyddio datrys problemau i gadw rheolaeth ar bethau.

Cyfuno'r sgiliau

Mae'r camau cyntaf, rheoli'ch corff, rheoli'ch meddyliau a nawr, rheoli'ch gweithredoedd, wedi dysgu sgiliau gwych i chi. Mae pob un, ar ei ben ei hun, yn ddefnyddiol. Ond maen nhw'n gwneud y cyfraniad mwyaf i reoli straen o'u cyfuno. Rydyn ni nawr yn barod i wneud hyn. Gadewch i ni edrych ar enghraifft go iawn sy'n dechrau gydag 'wynebu'ch ofn' ac sy'n mynd ymlaen i ymgorffori rhai o'r sgiliau eraill sy'n cael sylw yn y llyfr hwn.

Stori Vinay

 Yn gynharach, fe wnaethon ni edrych ar stori Vinay. Os cofiwch chi, penderfynodd osgoi mynd i barti gadael ei ffrind gan ei fod yn teimlo wedi ei lethu gan y syniad o gyfarfod yn y dafarn, mynd am bryd o fwyd ac yna ymlaen i glwb. Roedd yn teimlo mor euog, oherwydd ei fod yn gwybod y byddai ei absenoldeb yn peri gofid i Sarah.

Beth fyddai'n digwydd pe bai Vinay yn penderfynu rhoi'r sgiliau newydd y mae wedi'u dysgu ar brawf?

Mae Vinay'n penderfynu y bydd yn rhaid iddo wynebu'i ofn. Dyma sut aeth e o'i chwmpas hi, gan ddechrau gydag adolygiad o'i sgiliau cefndirol:

Ymarfer Ers symud o dref arall y llynedd, dydy Vinay ddim wedi bod yn chwarae pêl-droed pump bob ochr, ac felly dyw e ddim mor ffit ag y mae'n credu y dylai fod. Mae wedi dechrau mynd allan i redeg am gyfnodau byr bron bob nos, ac ar ôl deufis, mae'n teimlo'n well. Fodd bynnag, mae'n sylweddoli ei fod yn mwynhau ymarfer yng nghwmni pobl eraill, felly mae'n penderfynu chwilio am dîm pêl-droed pump bob ochr.

Alcohol Yfwr cymdeithasol yw Vinay, felly does dim angen iddo yfed llai. Anaml iawn y mae'n cymryd cyffuriau.

Anadlu'n bwyllog (gweler Pennod 4) Mae'n well gan Vinay hyn nag anadlu o'r bol, ac mae'n ei ddefnyddio bron bob dydd.

Caffein Mae wedi bod yn lleihau ei lefelau caffein ers rhai wythnosau bellach, ac mae'n teimlo'n llai aflonydd. Mae ei stumog yn llawer gwell hefyd.

Torri straen yn ddarnau llai: paratoi

Fel arfer, byddai Vinay yn ceisio cau digwyddiad llawn straen allan o'i feddwl nes ei fod yn gorfod delio ag e ('Peidiwch â meddwl am bengwin yn sglefrfyrddio'). Erbyn hyn, mae'n gweld nad yw hynny'n syniad da ac felly mae'n ystyried sut i ymdopi â'r noson allan am o leiaf wythnos cyn iddi ddigwydd. Wrth iddo *baratoi* i wynebu'r straen, ei ddatganiadau ymdopi, gan ddefnyddio ei lais synnwyr cyffredin, yw:

'Paid â rhagweld pa mor ddrwg fydd hi. Fydda i ddim yn gwybod nes bydda i wedi cyrraedd yno.'

'Dwi wedi bod ar nosweithiau allan o'r blaen. Dydw i ddim yn eu mwynhau, ond dwi'n gallu ymdopi'n iawn.'

'Dwi'n hoff o'r rhan fwyaf o'm cyd-weithwyr, ac maen nhw'n hoff ohonof innau. Dydyn nhw ddim yn rhoi amser anodd i mi.'

Mae'n bwriadu defnyddio'r dechneg ymlacio cyflym ar y bws ar y ffordd i'r dref. Bydd yn defnyddio'r dechneg anadlu'n bwyllog hefyd. Mae'n bwriadu mynd i mewn yn gynnar er mwyn rhoi cyfle iddo'i hun ymlacio cyn i'r dafarn fynd yn rhy brysur.

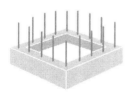

Adeiladu'r Sylfaen

Mae'n gwybod ei fod yn dueddol o gael meddyliau ceiliog rhedyn ('Beth os ydw i'n gwneud ffŵl ohonof fy hun?'; 'Beth os na alla i siarad yn y bwyty?'; 'Beth os yw pawb yn feddw ac yn gwneud ffŵl ohonof i?' 'Pam na alla i ymdopi fel pawb arall? Dwi'n gymaint o ffŵl. Dwi'n casáu fy hun.').

Felly mae'n gwybod bod angen **camu'n ôl, diosg y ffrwyn ddall, aros am funud** er mwyn gweld y darlun cyfan... a herio...

Y 5 Her Fawr

Mae nawr yn defnyddio her yr Achos Llys ac yn gwneud yn siŵr ei fod yn gallu gwrando ar ei lais synnwyr cyffredin ac anwybyddu'i lais straen.

'Ydw i'n iawn i feddwl na fydda i'n gallu ymdopi? Ar y naill law, dwi'n eithaf swil. Dwi'n colli 'nhafod; dydw i ddim yn gallu siarad cystal â llawer o'r lleill. Ond ar y llaw arall, mae'n ymddangos eu bod nhw i gyd yn hoff ohonof, a dwi'n hoff ohonyn nhw. Maen nhw wedi bod allan gyda mi o'r blaen ac maen nhw'n daer eisiau i mi ddod allan eto. Felly mae'n rhaid 'mod i'n iawn. Mae rhai o'r lleill yn eitha swil hefyd a does neb yn dal hynny yn eu herbyn. Dydw i ddim yn gyfrifol am gynnal y sgwrs. Mae'n wir fy mod i'n teimlo'n waeth ar ddechrau'r nos, ond efallai fod hynny'n normal. Rydyn ni i gyd yn dueddol o fod yn fwy siaradus yn nes ymlaen, ar ôl diod neu ddau. Ac os nad ydw i eisiau mynd i'r clwb, yna does dim rhaid i mi fynd. Dydy hynny ddim yn ddiwedd y byd.'

Mentro allan o'r cylch cysurus

Mae Vinay yn ymwybodol ei fod yn aml yn aros yn agos at ei ffrind Abby, ac yn ceisio eistedd wrth ei hochr wrth ben y bwrdd gan ei fod yn teimlo'n hamddenol yn ei chwmni. Mae'n gweld hyn fel aros yn ei gylch cysurus, ac felly mae'n penderfynu eistedd yn y canol a 'gweld beth sy'n digwydd'. Fydd e ddim yn yfed gormod chwaith, gan nad yw hynny'n helpu ei nerfau.

Roedd yn bwriadu defnyddio esgus i osgoi mynd ymlaen i'r clwb – gorfod cwrdd â hen ffrind am ddiod. Fydd e ddim yn gwneud hynny. Bydd yn penderfynu'n ddiweddarach a fydd yn mynd i'r clwb ai peidio, ac os nad yw'n mynd, bydd yn dweud wrth bobl yn blwmp ac yn blaen nad yw e eisiau mynd. Mae'n gwybod bod hyn yn golygu ei fod yn wynebu ei ofn o ddifrif, felly bydd yn fwy pryderus ar y dechrau. Bydd hyn yn cael ei ystyried yn ei ddatganiadau *wynebu*:

Torri'r straen yn ddarnau llai: wynebu

'Dwi'n teimlo'n eithaf pryderus. Mae hynny'n normal. Rhaid i mi fyw gyda hynny. Fe fydd yn pasio.'

'Rhaid i mi beidio ag yfed er mwyn ymwroli. Fi yw'r un fydd yn gorfod ymdopi â hyn.'

'Dal ati i sgwrsio gyda phobl ar y chwith, ar y dde a gyferbyn â mi. Ond paid â pharablu fel parot.'

Torri straen yn ddarnau llai: adolygu

Dyma adolygiad Vinay, a ysgrifennwyd fore trannoeth.

'Ddim yn ddrwg. Roeddwn yn bryderus iawn wrth fynd i mewn i'r dafarn. Fe wnaeth yr anadlu helpu. Daeth lefel y straen i lawr ychydig, ond dim llawer. Fe wnes i synnu fy hun drwy siarad â phobl nad ydw i'n eu hadnabod gystal â hynny, yn hytrach na dim ond Abby. Dywedodd Tom wrtha i ei fod yntau'n bryderus. Fyddwn i byth wedi dyfalu – mae e wastad yn ymddangos yn berson solet. Dylwn fod wedi dweud wrtho fy mod innau'n bryderus hefyd. Ambell eiliad anodd yn y bwyty, ond fe wnes i ymdopi. Dim archwaeth oherwydd y nerfau, ac fe gollais y trywydd braidd pan wnes i roi'r gorau i feddwl fy ffordd drwy'r sefyllfa. Concro hyn a theimlo ychydig mwy o reolaeth. Teimlo temtasiwn i wneud esgus i adael, ond wnes i ddim. Yfed mwy o gwrw na'r bwriad, ond roeddwn i'n iawn. Mynd i'r clwb ac aros am awr. Roedd Sarah yn hapus iawn fy mod i wedi aros, a dawnsiais gyda hi cyn i mi adael. Byddaf yn gweld ei cholli'n fawr. Wnes i ddim mwynhau'r noson ond fe wnes i ymdopi, a dyna oedd y nod, felly dwi'n llongyfarch fy hun. Mae yna oleuni ar ben draw'r twnnel!'

Wnaeth Vinay ddim gadael y cyfan i ffawd – roedd ei sgiliau cefndirol eisoes ar waith. Roedd wedi paratoi'n drylwyr, roedd yn wynebu ei ofn o ddifrif ar ôl mentro allan o'i gylch cysurus, ac fe lwyddodd i gadw rheolaeth dros ei straen drwy ystyried y cyfan yn fanwl hyd y diwedd. Ei nod, yn syml, oedd ymdopi, felly cyflawnodd hynny. Cafodd gyfle i feithrin ei hunanhyder a'i hunan-werth, ac fe fydd hi gymaint â hynny'n haws y tro nesaf. Mae Vinay wedi dod yn therapydd iddo ef ei hun.

Gair i gloi

Nod y bennod hon yw eich helpu chi i herio'ch gweithredoedd a meithrin eich hunanhyder. Nawr dylech edrych am ffyrdd i gyfuno'r sgiliau hyn â'r rhai rydych chi wedi'u dysgu yn y penodau blaenorol.

Ymlaen â ni nawr i edrych ar sgiliau i fynd i'r afael â rhai o'r problemau cyffredin sy'n codi'n aml gyda straen. Mae Pennod 8 yn eich dysgu sut i reoli teimladau o banig.

8

Rheoli'ch teimladau o banig

Dydy pawb sy'n teimlo dan straen ddim yn cael pyliau o banig, ond bydd y rhan fwyaf o bobl sydd dan straen yn cael teimladau o banig o bryd i'w gilydd. Nod y bennod hon yw dysgu sgiliau i chi a fydd yn helpu i reoli'r teimladau hyn ac, o ganlyniad, yn lleihau straen. Ac, fel rydyn ni wedi'i weld drwy'r llyfr hwn, bydd hyn yn gwanhau rhagor ar y cylch cythreulig.

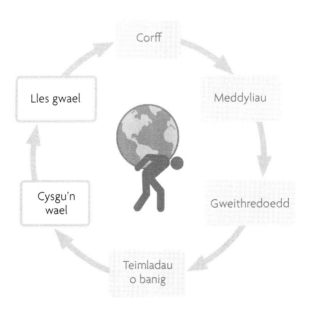

Ar yr un pryd, mae ein hyder a'n hunan-werth yn cael cyfle i dyfu. Mae rheoli teimladau o banig yn helpu i fwydo ein cylch cadarnhaol:

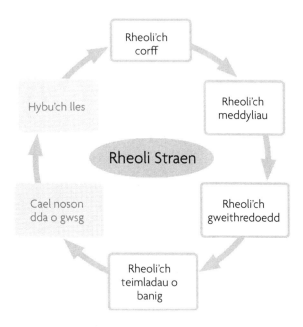

Rhan 1 Gwybodaeth

'Dwi'n gallu bod yn chwys diferu mewn eiliadau ac mae fy mhen i'n troi. Dwi'n meddwl bod fy nghalon i'n mynd i ffrwydro allan o 'mrest i. Dwi'n gallu crynu o 'nghorun i'm sawdl ac yn aml dwi'n teimlo 'mod i angen mynd i'r tŷ bach. Dwi'n teimlo egni'n hyrddio drwy fy nghorff. Mae hynny'n codi

arswyd arna i. Dwi'n cael pinnau bach yn fy mysedd a dwi'n teimlo'n brin o anadl.'

'Dwi'n mynd i banig am ddim rheswm ac mae fy meddwl i'n mynd yn siwps – alla i ddim meddwl yn gall i achub fy hun. Mae e fel petai popeth yn symud mor gyflym a dwi'n colli rheolaeth. Dwi wastad yn cael fy synnu (a'm dychryn) gan y ffordd mae fy nghorff i'n ymateb mewn eiliadau. Mae'n siŵr mai'r teimlad fy mod i'n colli rheolaeth yw e.'

Daw'r gair 'panig' o enw'r duw Groegaidd, Pan. Ei enw yw tarddiad y gair Groegaidd *panikon*, sy'n golygu 'ofn sydyn'. Byddai Pan yn aros am bobl ar lwybrau pellennig yn y mynyddoedd, yn neidio allan arnyn nhw wrth iddyn nhw basio ac yn eu dychryn i farwolaeth. Felly ystyr 'panig' yw bod mewn cyflwr o arswyd.

Cofiwch, er eu bod yn achosi straen enfawr, dydy teimladau o banig ddim yn beryglus ynddyn nhw'u hunain.

Pan fyddwch chi'n cael teimladau o banig am y tro cyntaf, efallai y byddwch chi'n teimlo eich bod chi'n mynd o'ch cof. Mae'n bosib y byddwch chi'n ffonio'ch meddyg teulu. Efallai y byddwch chi'n rhuthro i'r ysbyty yn ofni eich bod chi'n cael trawiad ar y galon neu strôc (gweler y blwch isod am fwy o fanylion). Gall teimladau o banig bara o ychydig eiliadau i rai oriau, gan eich gadael yn sigledig, ar bigau'r drain ac wedi ymlâdd. Efallai y byddwch chi'n gweld bod eich bywyd yn troi mwy a mwy o amgylch ceisio atal y pwl nesaf o banig.

Gadewch i ni edrych ar deimladau o banig yn nhermau meddyliau, gweithredoedd a'r corff.

Panig a thrawiad ar y galon

Gan fod rhai o arwyddion pwl o banig yn debyg i arwyddion trawiad ar y galon, e.e. poen yn y frest, gallwch weld pam y gall pobl gymysgu rhwng y ddau. (Gallwch ddysgu mwy am symptomau trawiad ar y galon ar wefan Sefydliad Prydeinig y Galon – ewch i www.bhf.org.uk a chwiliwch am Trawiad ar y Galon.) Os ydych chi'n dioddef poen yn y frest yn aml neu fod eich poen yn para'n hir, byddai'n ddoeth cael cyngor meddygol. Os oes gennych chi reswm da dros gredu eich bod mewn perygl o gael trawiad ar y galon, neu os oes gennych chi amheuon difrifol am y poenau yn eich brest, mae'n bwysig i chi weld meddyg. Ond os yw'r meddyg wedi diystyru unrhyw broblem gyda'r galon yn ddiweddar, mae'n llai tebygol y bydd unrhyw boenau eraill yn y frest yn cael eu hachosi gan drawiad ar y galon. Mae'r tabl isod yn edrych ar rai o'r prif wahaniaethau.

	Trawiad ar y galon	Pwl o banig
Poen	• Gall fod yn boenus neu beidio • Os oes poen, gallech deimlo eich bod yn cael eich gwasgu (fel pe bai rhywun yn sefyll ar eich brest). • Mae'r boen yng nghanol y frest fel rheol a gall ymestyn i'r fraich chwith, y safn, y gwddf a'r cefn. • Dydy'r boen, os yw'n bresennol, ddim yn cael ei gwaethygu fel rheol gan anadlu neu drwy bwyso ar y frest. • Mae'r boen, os yw'n bresennol, yn ddi-baid fel rheol ac yn para mwy na 5–10 munud.	• Mae unrhyw boen yn cael ei disgrifio fel poen 'siarp' gan amlaf. • Mae'r boen yn tueddu i gael ei theimlo dros y galon. • Mae'r boen fel arfer yn cael ei gwaethygu gan anadlu i mewn ac allan a thrwy bwyso ar ganol y frest. • Mae'r boen fel arfer yn diflannu o fewn rhyw 5–10 munud.
Pinnau bach	• Os oes pinnau bach, maen nhw yn y fraich chwith fel rheol.	• Mae pinnau bach dros y corff i gyd gan amlaf.
Chwydu	• Cyffredin	• Efallai y byddwch yn teimlo cyfog ond mae chwydu'n llai cyffredin.

Anadlu	• Dydy trawiad ar y galon ddim yn achosi i chi anadlu'n gyflymach neu'n rhy gyflym (goranadlu). Gyda thrawiad, gallech deimlo ychydig yn brin o anadl.	• Mae anadlu'n rhy gyflym neu'n rhy ddwfn (goranadlu) yn ymateb panig cyffredin iawn cyn pwl o banig.

Addaswyd o *Guide to Mental Health in Primary Care* (2000) Sefydliad Iechyd y Byd.

Meddyliau Mae'n bosib y byddwch chi'n teimlo hyrddiad o ofn a'ch bod yn colli rheolaeth. Efallai'ch bod yn teimlo bod rhywbeth ofnadwy ar fin digwydd i chi, er nad ydych chi'n gallu dweud yn union beth yw hynny o bosib.

Gweithredoedd Efallai'ch bod yn osgoi mynd i lefydd lle rydych chi'n fwy tebygol o deimlo panig. Efallai y byddwch yn osgoi gwneud rhai pethau penodol am yr un rheswm.

Corff Mae'r corff yn ymateb yn debyg i'r ffordd mae'n ymateb i sefyllfaoedd llawn straen. Ond gall y symptomau fod yn llawer cryfach. Gall cyfradd curiad eich calon ddyblu mewn ychydig funudau, ac mae hynny'n cael effaith enfawr ar weddill y corff; does dim rhyfedd ei fod yn gallu codi arswyd arnoch chi ('ofn ofn').

Mae'r tudalennau nesaf yn edrych ar feddyliau, gweithredoedd ac arwyddion corfforol cyffredin sy'n gysylltiedig â theimladau o banig.

Meddyliau

Dwi'n mynd o 'nghof.	Dwi'n mynd i wlychu neu faeddu fy hun.
Dwi'n cael trawiad ar y galon.	Dwi'n mynd i wneud rhywbeth dwl.
Dwi'n colli rheolaeth.	Mae pawb yn edrych arna i.
Dwi'n mynd i farw.	Fydda i byth yn normal eto.
Dwi'n mynd i lewygu.	Dwi'n poeni am gyflwr fy nghorff, e.e. cyfradd y galon.
Dwi'n mynd i wneud ffŵl ohonof fy hun.	Dwi wedi drysu.
Mae'n rhaid i mi adael fan hyn.	Alla i ddim dioddef hyn funud yn rhagor.

Gweithredoedd

YMDDYGIAD	OSGOI
Aflonydd	Ymdrech gorfforol (rhag ofn y bydd hynny'n achosi pwl) (er enghraifft)
Anesmwyth	Rhyw, rhedeg i ddal bws, chwaraeon
Tapio troed	Dadleuon (ofn mynd yn flin)
Arthio ar bobl	Aros ar eich pen eich hun (neb i'ch helpu chi)
Cerdded 'nôl a 'mlaen	Bod yn bell o gartref
Dylyfu gên	Mynd dramor (rhy bell o 'ddiogelwch')
Ochneidio	Llefydd prysur
Llowcio anadlu	Llefydd caeedig

Corff

Crychguriadau neu'r galon yn rasio
Chwysu
Cyfog (weithiau chwydu)
Pinnau bach neu ddiffyg teimlad, e.e. bysedd a/neu fodiau'ch traed, o gwmpas y geg a'r trwyn, weithiau ar un ochr i'r corff
Newidiadau yn eich golwg, e.e. sêr o flaen eich llygaid, golwg niwlog, gwelediad twnnel
Prin o anadl
Teimlad o fygu
Poen neu dyndra yn y frest
Teimlo'n boeth a/neu'n oer
Teimladau o dagu
Dwylo oer a llaith
Tensiwn yn y cyhyrau
Blinder llethol
Siglo neu gryndod
Pendro neu deimlo'n benysgafn
Teimlad afreal
Poen bol

Mathau o deimladau o banig

Teimladau o banig y gallwch chi eu rhagweld

Os ydych chi wedi cael teimladau o banig mewn tafarn brysur unwaith, mae'n bosib y byddwch chi'n meddwl y byddwch chi'n teimlo'r un fath os byddwch chi'n mynd yn ôl i'r dafarn honno neu unrhyw dafarn arall. Efallai'ch bod yn meddwl, os ydych chi'n mynd yn flin neu'n gwneud ymdrech gorfforol, y byddwch chi'n cynhyrfu'ch corff ac felly'n teimlo panig.

Rhaid i chi wynebu'r ofnau hyn os ydych chi am wella. Defnyddiwch y sgiliau y gwnaethoch chi eu dysgu'n gynharach ynglŷn â rheoli'ch corff, eich meddyliau a'ch gweithredoedd.

Teimladau o banig na allwch eu rhagweld

Mae'r rhan fwyaf o byliau o banig fel pe baen nhw'n dod o nunlle. Efallai'ch bod chi'n teimlo'n iawn; yna, heb unrhyw reswm amlwg, rydych chi'n dechrau teimlo panig. Yna mae'n bosib y byddwch chi'n ofnus oherwydd nad ydych chi'n teimlo bod gennych chi unrhyw reolaeth. Gan na allwch chi ragweld pryd y gallech chi deimlo panig, dydych chi ddim yn gwybod sut mae atal y pwl nesaf. Weithiau mae ofn teimlo panig cyn waethed â bod mewn panig.

Teimladau o banig yn y nos

Gallwch fynd i'r gwely'n teimlo'n iawn, yna deffro'n sydyn yn teimlo panig. Mae 'panig yn ystod y nos' yn fwy cyffredin yn yr ychydig oriau cyntaf o gwsg. Yr arwyddion mwyaf cyffredin yw bod yn fyr o anadl, y galon yn rasio, teimlo'n boeth ac yn oer, teimlad o dagu, crynu ac ofn marw. Efallai y byddwch chi'n ofni mynd i gysgu o ganlyniad. Efallai'ch bod yn cysgu gyda'r ffenest ar agor am nad ydych chi'n meddwl bod digon o aer yn y stafell. Os felly, efallai mai ceisio aros yn eich cylch cysurus yr ydych chi.

Y cylch cythreulig

Er y gall hi deimlo felly, dydy teimladau o banig ddim yn dod yn ddisymwth mewn gwirionedd. Adwaith yw teimladau o banig. Ar ôl i chi ddysgu am y pethau sy'n tanio teimladau o banig, gallwch gymryd y cam cyntaf i'w rheoli. Fel rydyn ni wedi'i weld, mae'ch meddyliau, eich gweithredoedd a'ch corff yn bwydo'i gilydd. Gadewch i ni edrych ar sut mae hyn yn gweithio mewn perthynas â theimladau o banig.

Rôl meddyliau

Gan fod y teimlad o banig fel pe bai'n dod o nunlle, ac yn eich taro gyda'r fath rym, gallech feddwl:

'Dim straen yw hyn, does bosib. Dwi'n colli rheolaeth. Dwi'n mynd o 'nghof.'

Os ydych chi'n credu'r meddyliau hyn byddwch yn dechrau teimlo mwy o straen wrth i'ch ceiliog rhedyn lamu. Po fwyaf o straen rydych chi'n ei deimlo, mwyaf oll mae'n effeithio ar eich meddyliau, a'ch gweithredoedd hefyd.

Rôl gweithredoedd

Bydd teimladau o banig yn effeithio ar eich gweithredoedd, a bydd hyn yn bwydo'n ôl i'ch meddyliau:

'Edrychwch ar y stad dwi ynddi – dwi'n ymddwyn fel lembo. Mae pawb yn edrych arna i. Rhaid i mi ddianc o fan hyn.'

Os ydych chi'n dechrau osgoi mynd i lefydd arbennig neu wneud pethau arbennig am eich bod chi'n ofni teimlo panig, byddwch yn gwybod hefyd eich bod yn cyfyngu ar eich bywyd yn sgil yr ofn. Bydd hyn yn effeithio ar eich hunanhyder a'ch hunan-werth. Fel y gwelson ni ym Mhennod 7, mae'n gyffredin aros yn eich cylch cysurus mewn ymgais i deimlo'n well – ond camsyniad yw hyn.

Rôl y corff

Mae teimlo panig yn aml yn eich gwneud chi'n fwy ymwybodol o'ch corff. Dydy hynny ddim yn syndod, o ystyried y ffyrdd annifyr iawn y gall eich corff ymateb i'r teimladau hyn. Yn ei dro mae hyn yn cael effaith niweidiol ar eich meddyliau:

'Dwi mor benysgafn. Dwi'n mynd i lewygu.'

'Mae fy stumog i'n troi – dwi'n mynd i chwydu.'

Mae un agwedd ar ymateb y corff yn amlwg iawn: anadlu...

• Pan fyddwch chi'n anadlu i mewn, rydych chi'n anadlu **ocsigen** i mewn.

• Pan fyddwch chi'n anadlu allan, rydych chi'n anadlu **carbon deuocsid (CO2)** allan.

Pan fyddwch chi'n anadlu i mewn, mae ocsigen yn cael ei gymryd i'ch ysgyfaint ac yna'n cael ei gario o amgylch y corff yn y gwaed. Bwyd yw ocsigen: mae'n bwydo'r miliynau o gelloedd yn eich corff. Mae'r celloedd yn bwyta'r ocsigen, ac yna'n ei droi'n wastraff – carbon deuocsid (CO2) – sy'n cael ei wthio'n ôl i'r gwaed, i mewn i'r ysgyfaint a'i anadlu allan.

Y gair pwysig yma yw *cydbwysedd*. Dylai'ch cyfradd anadlu gyd-fynd â faint o egni (neu 'fwyd') sydd ei angen ar eich corff. Felly os ydych chi'n chwarae pêl-droed, rhedeg i ddal bws neu'n palu'r ardd, mae ar eich corff angen mwy o fwyd ar ffurf ocsigen. Felly rydych chi'n anadlu'n gyflymach ac yn ddyfnach

– ugain anadl y funud, dyweder.

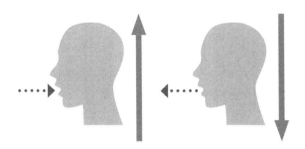

Er eich bod yn anadlu'n gyflym, mae'r celloedd yn cymryd yr ocsigen i gyd, felly mae pob un o'r ugain anadl yn cael eu troi'n garbon deuocsid. Mae'r ocsigen a'r carbon deuocsid yn eich gwaed yn gytbwys, sy'n cadw'r corff mewn cyflwr sefydlog braf.

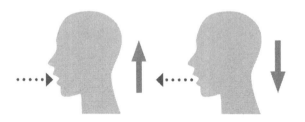

Ychydig oriau wedyn, pan fyddwch chi'n eistedd o flaen y teledu gartref, dim ond deg gwaith y funud sydd angen i chi anadlu oherwydd mae angen llai o egni ar eich corff. Mae'r miliynau o gelloedd yn llowcio'r deg anadl hyn o ocsigen, yn troi'r cyfan yn wastraff ac, eto, bydd y cydbwysedd ocsigen/ CO_2 yn cael ei gynnal (er bod hynny ar lefel is o lawer), gan gadw'ch corff yn sefydlog.

Goranadlu (HV: hyperventilation)

Ystyr *goranadlu* yw anadlu'n rhy gyflym ar gyfer eich anghenion. Pan fydd yr ymateb ymladd/ffoi (gweler Pennod 5) yn dechrau, mae'ch corff yn cael ei lenwi gan hyrddiad o egni. Fel y gwelwyd, un o'r newidiadau yw ein bod yn anadlu'n ddyfnach ac yn gyflymach ac yn cymryd mwy o ocsigen i mewn. Mae hyn yn iawn os oes angen i chi ffoi rhag perygl, e.e. rhedeg i ffwrdd oddi wrth arth lwyd, gan y byddwch chi'n defnyddio'r egni ychwanegol. Un o'r problemau gyda theimladau o banig yw nad yw'r bygythiadau rydych chi'n poeni amdanyn nhw yn bethau y gallwch chi eu hymladd na ffoi oddi wrthyn nhw. Felly rydych chi'n llawn o'r egni ychwanegol yma (ar ffurf ocsigen) na allwch chi mo'i losgi.

Gan nad oes angen y bwyd hwn ar eich celloedd, maen nhw'n gwthio llawer o'r ocsigen yn ôl i'ch gwaed lle mae'n 'glynu' i'ch gwaed. Felly mae lefel yr ocsigen yn eich gwaed yn cynyddu, a lefel y carbon deuocsid (CO_2) yn gostwng (am nad yw'r celloedd wedi defnyddio'r ocsigen i gyd ac felly dydyn nhw ddim yn cynhyrchu gwastraff CO_2). Hefyd, gan fod angen i chi anadlu allan bob tro y byddwch chi'n anadlu i mewn, rydych chi'n colli mwy o CO_2. Felly mae lefel y CO_2 yn eich gwaed yn gostwng. Rydych chi'n colli'r cydbwysedd – mae gennych chi ormod o ocsigen a phrinder CO_2 yn eich gwaed. Mae hyn yn achosi i ddau beth ddigwydd:

1 Mae'ch gwaed yn troi'n fwy alcalïaidd.
2 Mae rhai o'ch pibellau gwaed yn culhau am amser byr, felly mae llai o waed yn cyrraedd yr ymennydd.

Gall hyn wneud i chi deimlo neu brofi'r canlynol:

- Pendro;
- Llewygu;
- Dryslyd;
- 'Afreal';
- Byr eich anadl, tagu;
- Golwg niwlog.

Mae'n golygu hefyd fod llai o waed yn cyrraedd rhannau eraill o'r corff. Gall hyn achosi:

- Cynnydd yng nghuriad y galon (wrth iddi geisio pwmpio gwaed o amgylch y corff);
- Diffyg teimlad neu binnau bach yn y bysedd, y traed a'r geg;
- Cyhyrau stiff;
- Dwylo oer, llaith.

Mae'ch corff yn gweithio'n galed nawr. Gall hyn achosi i chi deimlo neu brofi'r canlynol:

- Yn boeth ac yn chwyslyd gydag wyneb coch;
- Yn flinedig;
- Poenau yn eich brest fel pe bai gennych wregys tyn o amgylch eich asennau (bydd 'anadlu o'r bol' – gweler Pennod 5 – yn helpu i leddfu hyn);
- Dylyfu gên, ochneidio neu lowcio aer (arwydd o oranadlu).

Sylwer Goranadlu sy'n achosi'r symptomau hyn i gyd, nid straen. Ond eto maen nhw'n debyg iawn i sut mae rhai pobl yn dweud eu bod yn teimlo pan fyddan nhw mewn panig. Felly bydd rheoli'r goranadlu yn eich helpu i reoli'r symptomau. Bydd hyn wedyn yn eich helpu i reoli (neu atal) teimladau o banig. Cofiwch:

Gall goranadlu fod yn annifyr iawn ond dydy e ddim yn beryglus.

Os ydych chi'n goranadlu'n gyflym – yn cynyddu'ch anadlu i dri deg anadl y funud, dyweder – gall y symptomau hyn ddechrau mewn eiliadau (e.e. os ydych chi'n cael sioc sydyn). Mae'n fwy cyffredin cynyddu'ch anadlu o, er enghraifft, un ar ddeg i ddeuddeg gwaith y funud. Efallai nad yw hyn i'w weld yn arwyddocaol, ond gyda phob munud sy'n mynd heibio, mae gennych chi un anadl ychwanegol o ocsigen yn eich gwaed a gostyngiad tebyg mewn CO_2. Ac mae'r arwyddion a'r symptomau uchod yn tyfu'n araf.

Ar ôl awr, mae gennych chi chwe deg anadl ychwanegol ac rydych chi wedi colli chwe deg swm cyfwerth o CO_2. Mae'r cydbwysedd yn newid yn raddol.

Mae'r corff yn ceisio ymdopi â'r newid araf ac mae'n bosib na chewch chi unrhyw arwyddion o oranadlu. Ond byddwch chi'n cyrraedd pwynt di-droi'n-ôl pan fydd eich CO_2 yn gostwng islaw lefel benodol a gall y symptomau ymddangos heb rybudd. Gallai hyn ddigwydd ar ôl i chi ddylyfu gên (rydych chi'n colli llawer o CO_2 wrth ddylyfu gên).

Rydych chi'n cyrraedd y pen. Mae fel pe bai'n dod o nunlle. Oherwydd na allwch chi weld pam mae'r symptomau wedi ymddangos, rydych chi'n dechrau meddwl bod rhywbeth ofnadwy ar fin digwydd. Ac mae hyn yn gwneud i chi fynd i banig. Edrychwch sut mae'r cylch cythreulig yn cael ei greu:

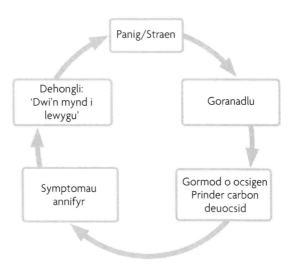

A, drwy gyfuno'r sgiliau rydyn ni wedi'u dysgu'n barod, sut gall y cylch cadarnhaol ein helpu i gael gwared ar deimladau o banig:

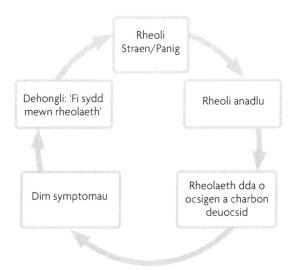

Os ydych chi'n meddwl eich bod chi'n mynd i lewygu, mae'r ymdeimlad o fygythiad yn cael hwb, ac mae hynny'n cynyddu'r straen/teimladau o banig. Ac felly mae'r cylch cythreulig yn cael ei fwydo. Bydd pawb sy'n goranadlu'n profi'r un symptomau. Dydyn nhw ddim yn *achosi* i chi deimlo panig; y ffordd rydych chi'n *dehongli'r* symptomau sy'n gwneud i chi deimlo panig.

Dyma lle mae'r panig/straen yn ymuno â'r cylch. Er enghraifft, os ydych chi'n credu eich bod ar fin cael trawiad ar y galon, llewygu neu fynd yn wallgof, mae synnwyr cyffredin yn dweud y byddwch chi'n teimlo dan straen/mewn panig wrth feddwl am hynny. Yr hyn sydd o'i le yn y lle cyntaf yw'r ffordd rydych chi wedi *dehongli'r* symptomau. Felly gadewch i ni edrych ar symptomau goranadlu.

Arwyddion goranadlu

Pan fyddwch chi dan straen (rhowch gylch o amgylch Ydw neu Nac ydw) ydych chi'n:

Teimlo'n benysgafn neu'n cael pendro?	YDW	NAC YDW
Teimlo'ch bod chi'n mynd i lewygu?	YDW	NAC YDW
Dylyfu gên, ochneidio neu'n llowcio aer?	YDW	NAC YDW
Teimlo'n fyr eich anadl?	YDW	NAC YDW
Teimlo'ch bod yn anadlu'n fas?	YDW	NAC YDW
Teimlo'ch anadlu'n cyflymu?	YDW	NAC YDW
Dod yn ymwybodol o boenau yn eich brest?	YDW	NAC YDW
Colli teimlad neu'n cael pinnau bach o gwmpas y geg a'r trwyn a/neu yn eich bysedd a bodiau'ch traed?	YDW	NAC YDW

Po fwyaf rydych chi wedi ateb 'Ydw', mwyaf tebygol yw hi fod goranadlu'n bwydo'ch straen. Mae hyn yn newyddion da, oherwydd bydd dysgu i reoli'ch anadlu yn eich helpu i'w reoli. Byddwch yn dysgu sut i wneud hyn yn Rhan 2 isod.

Rhan 2 Sgiliau rheoli teimladau o banig

Rheoli'ch corff

Rheoli'ch meddyliau

Rheoli'ch gweithredoedd

Lleihau'r perygl o deimlo panig

Rheoli'ch corff

Pan fyddwch chi'n goranadlu, efallai y byddwch chi'n teimlo nad oes gennych chi *ddigon* o aer yn eich ysgyfaint. Fel rydyn ni wedi'i weld, *gormod* o aer sydd gennych chi mewn gwirionedd. Mae'n rhaid i chi frwydro yn erbyn y dyhead i anadlu'n ddwfn gan y bydd hyn yn gwneud pethau'n waeth – mae mwy o ocsigen yn llifo yn y gwaed. Cadwch eich anadlu dan reolaeth. Os ydych chi'n tueddu i oranadlu, gwiriwch bob deg munud eich bod yn anadlu'n araf (mae tua deg i ddeuddeg anadl y funud yn iawn i lawer ohonon ni), nes i chi fynd i'r arfer o anadlu ar y gyfradd sy'n addas i chi. Ffordd dda o gadw'ch corff rhag cynhyrfu yw defnyddio'r sgiliau rydych chi wedi'u dysgu eisoes (dewiswch yr un sy'n gweddu orau i chi).

Anadlu pwyllog

- Anadlwch i mewn yn araf drwy'ch trwyn am dair i bedair eiliad.
- Daliwch yr anadl am dair i bedair eiliad ac anadlwch allan drwy'ch ceg am chwech i wyth eiliad.
- Gwnewch hyn deirgwaith yn rhagor.
- Gwnewch hyn bob awr.

Anadlu o'r bol

Eisteddwch mewn cadair gyfforddus ac ymlaciwch orau y gallwch chi.

- Cymerwch un anadl arferol araf (nid anadl ddofn) a meddyliwch '1' i chi'ch hun.
- Wrth i chi anadlu allan, meddyliwch '*ymlacia*'; anadlwch i mewn eto a meddyliwch '2'; anadlwch allan a meddyliwch '*ymlacia*'.
- Daliwch ati i wneud hyn hyd at 10. Ar ôl cyrraedd 10, dechreuwch eto gan gyfrif yn ôl i 1.

Ceisiwch anghofio am bopeth arall. Mae'n bosib y bydd gweld y rhifau a'r gair 'ymlacia' yn llygad eich meddwl yn helpu (rhowch gynnig ar hyn yn stresscontrolaudio.com).

Gallwch hybu manteision hyn drwy anadlu o'r diaffram.

Anadlu o'r diaffram

Rhowch un llaw ar eich brest a'r llall ar eich bogel. Wrth i chi anadlu i mewn, dylai'r llaw ar eich stumog gael ei gwthio allan a ddylai'r llaw ar eich brest ddim symud. Wrth i chi anadlu allan, dylai'ch stumog dynnu i mewn. Ddylai'ch brest ddim symud.

I helpu, anadlwch i mewn drwy'r trwyn, crychwch eich gwefusau ac yna anadlwch allan yn araf drwy'ch ceg. Os ydych chi'n anadlu o'r frest, efallai y bydd hyn yn anodd i chi i ddechrau. Os ydych chi'n cael anhawster, ceisiwch ymarfer drwy orwedd ar eich cefn ar y llawr gan ei fod yn haws fel hyn.

Cyfunwch hyn gyda'r sgiliau ar y dudalen flaenorol. Unwaith y byddwch chi'n hen law arni, gallwch ymarfer yn y gwaith, ar y bws, wrth wylio'r teledu, ac ati. Y nod yw gallu gwneud hyn ble bynnag rydych chi pan fyddwch chi'n teimlo'ch bod yn dechrau goranadlu. Fydd neb yn sylwi beth rydych chi'n ei wneud.

Rheoli'ch meddyliau

Meddyliwch yn ôl i'r cylch cythreulig. Y ffordd rydych chi'n *dehongli* symptomau'r goranadlu, nid y goranadlu ei hun, sy'n achosi'r teimladau o banig.

Wedi'i gyfuno â'r sgiliau anadlu, bydd cael rheolaeth ar eich meddyliau yn help mawr. Unwaith eto, dylech geisio meddwl eich ffordd allan o deimlo panig. Fel ym Mhennod 6, yn gyntaf mae'n rhaid i chi:

Adeiladu'r sylfaen: camu'n ôl, diosg y ffrwyn ddall, aros am funud.

Ar ôl i chi adeiladu'r sylfaen, mae'n bryd **herio**. Dyma ddwy o'r 5 Her Fawr y gallech eu defnyddio:

Beth yw'r tebygolrwydd... o golli rheolaeth neu fynd yn wallgof?

216

'Dwi wastad yn meddwl 'mod i'n mynd i golli rheolaeth a'i cholli hi. Dwi wedi teimlo fel hyn sawl gwaith yn y gorffennol. Ond dydy e ddim yn digwydd. Dwi ddim yn disgyn dros y dibyn, er 'mod i'n teimlo'n erchyll. Mae'r ofnau hyn yn bwydo'r teimlad o banig. Os galla i eu cadw dan reolaeth, fydda i ddim yn teimlo cymaint o banig. A nawr dwi'n gwybod fy mod i'n aros yn fy nghylch cysurus ormod. Camwch allan ohono a wynebwch yr ofn a'i ymladd i'r eithaf.'

Beth yw'r peth gwaethaf all ddigwydd... os dwi'n dihuno mewn panig yng nghanol y nos?

'Y peth gwaethaf all ddigwydd yw y bydda i'n llawn ofn. Bydda i'n teimlo 'mod i'n methu anadlu; bydda i'n crio ac yn teimlo'n ofnadwy. Mae hynny'n newyddion drwg ond fydd e ddim yn ddiwedd y byd. Hynny yw, os yw'n digwydd. Nawr mae gen i ambell arf i'w ymladd. Dwi'n gwybod na ddaw unrhyw niwed i'm rhan, felly dwi'n gallu cadw caead ar yr ofn hwn.'

Ac, wrth gwrs, mae **Torri Straen yn Ddarnau Llai** yn berffaith ar gyfer yr adegau hynny pan fyddwch chi'n gwybod eich bod yn fwy tebygol o deimlo panig. Drwy baratoi, wynebu ac adolygu, gallwch atal panig mawr rhag cronni ac aros mewn rheolaeth.

Ceisiwch ganfod eich ffyrdd eich hunan o reoli'ch meddyliau gan ddefnyddio'r sgiliau newydd hyn.

Rheoli'ch gweithredoedd

Edrychwch ar beth allai ddigwydd i chi o ran **ymddygiad** ac **osgoi**:

Ymddygiad

Ydych chi'n:

Ceisio llenwi'ch ysgyfaint ag aer os ydych chi'n goranadlu? Ydych chi'n gadael ffenest eich stafell wely ar agor i gael mwy o aer? Rydych chi'n gwybod nawr fod arnoch chi angen *llai* o aer, nid mwy. Felly gofalwch fod eich gweithredoedd yn eich helpu yn hytrach na'ch rhwystro. Felly, os yw gadael eich ffenest ar agor yn enghraifft o aros yn eich cylch cysurus, caewch y ffenest!

Cerdded yn ôl ac ymlaen yn y stafell, ceisio darllen, gwylio'r teledu – unrhyw beth i geisio peidio â meddwl am sut rydych chi'n teimlo? Peidiwch â cheisio ffoi rhag y teimlad o banig. Wynebwch y teimlad a'i ymladd gan ddefnyddio'r sgiliau rydych chi wedi bod yn eu dysgu.

Osgoi

Ydych chi'n:

Osgoi mynd i lefydd arbennig oherwydd eich bod chi'n meddwl y byddwch chi'n teimlo panig yno? *Ewch yno,* *wynebwch y panig a pheidiwch â rhedeg i ffwrdd.* Ceisiwch ganfod sut mae delio â'r panig a pharatowch yn dda. Peidiwch ag ildio iddo.

Osgoi mynd yn emosiynol – teimlo'n flin, teimlo'n gyffrous – rhag ofn i hynny ysgogi teimlad o banig? Meddyliwch am y pengwin yn sglefrfyrddio. Gadewch i'r emosiynau normal hyn ddod allan. Yn y tymor hir, mae cyfyngu ar eich bywyd yn rhoi nerth i'r teimlad o banig. Peidiwch ag ildio iddo.

Gwneud pethau i geisio rhoi taw ar y panig – cario *diazepam*, gwneud yn siŵr bod rhywun gartref gyda chi? Yn y tymor hir, mae'r pethau hyn yn eich gwneud chi'n waeth, nid yn well. Camwch allan o'ch cylch cysurus.

Beth bynnag yw'r problemau gweithredu, gwnewch eich gorau glas i newid y ffordd rydych chi'n ymateb i deimladau o banig. Os ydych chi'n teimlo bod y sefyllfaoedd sy'n tanio teimladau o banig yn eich llethu, defnyddiwch ddull datrys problemau i dorri'r broblem yn rhannau mwy hylaw. Trwy wneud hyn, byddwch yn dangos i chi'ch hun eich bod chi'n gallu cael rheolaeth ar y broblem hon. Yna bydd eich hunanhyder a'ch hunan-werth yn cynyddu.

Lleihau'r perygl o deimlo panig

Hyd yma rydyn ni wedi edrych ar ffyrdd o frwydro yn erbyn teimladau o banig yn uniongyrchol. Nawr beth am edrych ar rai o'r ffactorau risg? Mae gwybod beth yw'r rhain yn eich helpu i gynllunio ffyrdd o atal teimladau o banig.

Newid sydyn mewn osgo

Peidiwch â newid eich osgo'n rhy gyflym. Os ydych chi wedi bod yn eistedd am sbel, codwch o'r gadair yn araf. Peidiwch â neidio o'r gwely'n syth bìn. Efallai y byddwch chi'n teimlo'n benysgafn os gwnewch chi hyn. Gall wneud i rai pobl deimlo panig.

Blinder

Gofalwch eich bod chi'n gorffwys digon, oherwydd mae blinder yn gwaethygu teimladau o banig a straen (a gweithiwch yn galed ar y sgiliau y byddwch chi'n eu dysgu i wella'ch cwsg ym Mhennod 9).

Lefelau isel (normal) o siwgr gwaed

Does gan hyn ddim byd i'w wneud â diabetes. Rydych chi'n cynnal lefel eich siwgr gwaed pan fyddwch chi'n bwyta. Os nad ydych chi'n bwyta am ychydig oriau, mae'r lefel yn disgyn ac yn eich gwneud yn fwy tebygol o deimlo panig. Er bod hyn yn arafu wrth i chi gysgu, mae angen i chi fwyta rhywbeth ben bore i godi'ch lefelau siwgr – dylai darn o dost wneud y tro. Peidiwch â cholli prydau neu fynd ar ddeiet eithafol. Fel rheol gyffredinol, fe ddylech fwyta rhywbeth bob tair awr.

Alcohol

Efallai y byddwch chi'n sylwi eich bod yn teimlo panig

drannoeth y ffair, hyd yn oed os nad ydych chi wedi yfed rhyw lawer. Os yw hyn yn dueddol o ddigwydd i chi, ceisiwch osgoi yfed, o leiaf yn y tymor byr. Gallwch fynd i gylch cythreulig lle rydych chi'n yfed am eich bod yn teimlo panig ac yn teimlo panig am eich bod yn yfed. Dyma ddechrau llwybr llithrig tuag at broblem fawr, felly cadwch lygad ar hyn. Gall cyffuriau fel cocên a sbid achosi teimladau o banig, felly am y rheswm hwn – a sawl rheswm arall – dylech eu hosgoi.

Salwch

Mae salwch fel y ffliw yn cynyddu'ch perygl. Pan fyddwch chi'n teimlo'n wan, dydych chi ddim yn gallu ymladd teimladau o banig cystal. Gall hyn fod yn wir pan fyddwch chi'n gwella o salwch hefyd.

Caffein

Mae gormod o gaffein yn gallu achosi teimladau o banig. Mae caffein mewn coffi (ceir lefelau uwch o lawer mewn coffi ffres), te, diodydd pefriog fel Coke a Pepsi (yn cynnwys fersiynau deiet), poenladdwyr fel aspirin, rhai atchwanegion ymarfer corff, moddion annwyd a thabledi pen tost. Mae siocled yn cynnwys caffein, ond dim llawer. Mae llawer o gynhyrchion eraill yn cynnwys caffein, felly darllenwch y pecyn gyntaf.

Effeithiau caffein Teimlo'n nerfus, yn bigog, yn aflonydd, yn sigledig, yn cael pen tost, cyhyrau'n gwingo, wyneb coch, poen bol, cynnydd yng nghuriad y galon, anadlu'n fwy cyflym, cysgu'n wael (yn enwedig os ydych chi'n cael caffein yn y nos). Mae'ch corff yn gallu arfer cymaint â chaffein nes, os byddwch chi'n ei dorri allan yn gyfan gwbl ar unwaith, gallwch gael:

Effeithiau diddyfnu Pen tost ofnadwy, blinder neu syrthni, gorbryder, iselder a theimlo'n gyfoglyd. Gallai'r teimladau hyn bara hyd at wythnos.

Os ydych chi'n meddwl bod caffein yn effeithio arnoch chi, dylech:

- Leihau eich lefelau'n araf i osgoi effeithiau diddyfnu.
- Newid i de a choffi digaffein.
- Newid o ddiodydd pefriog i ddiodydd heb gaffein neu sudd ffrwythau pur.
- Cymryd cyn lleied â phosib o boenladdwyr ac ati (siaradwch â'ch meddyg teulu os ydych chi'n poeni am hyn).

Mae rhagor o wybodaeth ym Mhennod 5.

Y cyfnod cyn y mislif

Mae llawer o fenywod yn sylwi eu bod yn fwy tueddol o deimlo panig yn y diwrnodau cyn eu mislif. Gall hyn fod oherwydd gostyngiad naturiol mewn lefelau CO_2 yn y rhan hon o'r cylch misol, ac felly mae goranadlu'n dechrau'n gyflymach. Wrth gwrs, gall symptomau PMT gynyddu straen beth bynnag. Mae'n bosib y bydd menywod sy'n mynd trwy'r menopos yn fwy tueddol o gael teimladau o banig hefyd.

Straen

Dyma'r ffactor risg mwyaf cyffredin. Os gallwch chi reoli straen, rydych chi ar y trywydd iawn i reoli teimladau o banig. Mae gwybod beth yw eich ffactorau risg yn gallu'ch helpu i atal pyliau o banig. Meddyliwch am y senario ganlynol:

Rydych chi'n cael noson hwyr gyda'ch ffrindiau. Rydych chi'n ceisio goresgyn firws. Mae'r gwaith yn dipyn o straen ar hyn o bryd. Mae'ch mislif ar fin cychwyn. Rydych chi'n yfed tipyn. Rydych chi'n cyrraedd adref am 4 o'r gloch y bore. Rydych chi'n codi'n gynnar drannoeth, dydych chi ddim yn bwyta unrhyw beth ond yn cael sawl cwpanaid o goffi cryf i ddihuno. Efallai na fydd heddiw'n ddiwrnod i'r brenin...

Cynlluniwch ffyrdd o leihau'ch perygl Yn yr achos hwn, peidiwch ag yfed cymaint, bwytewch ychydig o dost ben bore, yfwch goffi digaffein neu sudd ffrwythau. Mae'r perygl y byddwch chi'n teimlo panig yn llawer is nawr. Canolbwyntiwch ar yr hyn y gallwch chi ei newid, nid ar yr hyn na allwch chi ei newid.

Beth i'w wneud os yw'r teimlad o banig yn troi'n pwl o banig

Os ydych chi'n teimlo pwl o banig yn dod, rhowch y cyngor yma ar waith cyn gynted ag y gallwch chi. Lladdwch y panig cyn iddo fwrw'i wreiddiau. Gall cael rhywun i fynd drwy'r camau hyn gyda chi fod o gymorth. Os ydych chi ar eich pen eich hun, dywedwch nhw'n uchel.

- Os ydych chi'n teimlo pwl o banig yn dod, daliwch eich tir: peidiwch â gadael iddo wneud i chi ffoi. Camwch allan o'ch cylch cysurus.
- Cadwch eich anadlu dan reolaeth – anadlau normal, araf. Bob tro rydych chi'n anadlu i mewn, dywedwch 'Fi sydd mewn rheolaeth'. Bob tro rydych chi'n anadlu allan, dywedwch 'Ymlacia'.
- Ymlaciwch eich corff – gollyngwch eich ysgwyddau, gadewch

i'ch cyhyrau lacio. Dychmygwch y panig yn disgyn o gorun eich pen ac i lawr drwy'ch corff, allan drwy fodiau'ch traed.

• Cadwch eich meddyliau dan reolaeth. Dywedwch 'Dwi'n cael pwl o banig. Dwi'n teimlo'n ofnadwy ond wnaiff dim byd drwg ddigwydd. Dwi'n gwybod beth i'w wneud. Dwi'n gallu rheoli hyn. Bydd yn pasio.'

Daliwch ati i'r pen i frwydro yn erbyn y panig. Rheolwch y panig – peidiwch â gadael i'r panig eich rheoli chi.

Gair i gloi

Nod y bennod hon yw eich helpu i reoli ac atal teimladau o banig. Mae'n cymryd amser a gwaith caled i feistroli hyn, felly peidiwch â chael eich digalonni gan broblemau ar y dechrau. Daliwch ati. Bydd y cyfan yn werth chweil yn y pen draw. Nawr edrychwch am ffyrdd o gyfuno'r sgiliau hyn gyda'r rhai rydych chi wedi'u dysgu yn y penodau blaenorol.

Ym Mhennod 9 byddwch yn dysgu ffyrdd o reoli problemau cysgu. Bydd hyn yn helpu i leihau teimladau o banig (a llawer mwy) hefyd.

9

Cael noson dda o gwsg

Mae'r bennod hon – y cam nesaf tuag at reoli straen – yn eich dysgu sut i gael noson dda o gwsg er mwyn gallu brwydro'n well yn erbyn straen drannoeth.

Rhan 1 Gwybodaeth

Er bod cymaint nad ydyn ni'n ei wybod am gwsg, rydyn ni'n gwybod bod noson dda o gwsg yn hanfodol. Dyma bedwar rheswm pam:

- Mae'n helpu plant i dyfu, yn feddyliol ac yn gorfforol.
- Mae'n trwsio ein cyrff blinedig.
- Mae'n didoli ein meddyliau a'n hatgofion.
- Mae'n hybu ein lles.

Wrth symud ymlaen
at y camau olaf wrth feithrin y sgiliau angenrheidiol i drechu

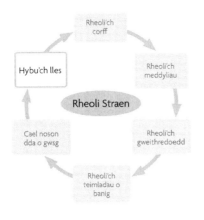

straen, mae'r cylch cythreulig yn gwanhau fwyfwy:

Nod y bennod hon yw dysgu'r sgiliau i'ch helpu i gael noson dda o gwsg ac, o ganlyniad, lleihau'ch straen. Ar yr un pryd, bydd eich hyder a'ch hunan-werth yn cael cyfle i dyfu.

Bydd ailwefru'ch batris fel hyn o gymorth i fwydo'ch cylch cadarnhaol:

Y 'Cylch Cysgu'

Mae cwsg yn cynnwys pum cam. Pan fyddwn ni'n cwympo i gysgu, rydyn ni'n mynd i gwsg **Cam 1**. Cwsg ysgafn iawn yw hwn. Wrth i chi fynd i **Gam 2** a **Cham 3**, rydych chi'n dechrau cysgu'n drymach. Erbyn **Cam 4**, rydych chi mewn trwmgwsg.

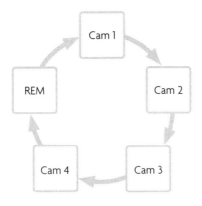

Yna, rydych chi'n symud i gam o'r enw cwsg symudiad llygaid cyflym (REM). Dyma pryd mae'r rhan fwyaf o'n breuddwydion ni'n digwydd (dim ond os ydyn ni'n deffro yn ystod y cam hwn y byddwn ni'n cofio'n breuddwydion).

Unwaith mae'r cwsg REM ar ben, rydyn ni'n dychwelyd i gwsg Cam 1. Gallwn fynd trwy'r cylch hwn bedair neu bum gwaith bob nos. Mae'n beth cyffredin i ni ddeffro o leiaf unwaith yn ystod y nos. Cyn belled â'ch bod yn mynd yn ôl i gysgu'n gyflym, does dim byd i boeni amdano.

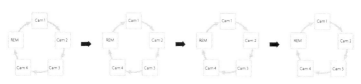

Nos   Bore

Rydyn ni'n dueddol o gysgu'n drymach ar ddechrau'r noson; ac yn cael mwy o gwsg REM tua'r bore. Mae cwsg trwm yn helpu ein cyrff i ymadfer a chwsg REM yn helpu ein meddyliau i adfywio. Felly mae diffyg y naill a'r llall yn gallu cael effaith andwyol arnon ni yn ystod y dydd.

Arwyddion cyffredin cysgu'n wael yn ystod y dydd:

Llusgo'ch hun drwy'r diwrnod	Cof gwael
Teimlo'n swrth	Teimlo'n flin
Ddim 'o gwmpas eich pethau'	Arafach i ymateb
Llai craff	Anodd dysgu pethau newydd
Gwneud camgymeriadau gwirion	Methu canolbwyntio

Mae noson dda o gwsg yn golygu ein bod mewn gwell cyflwr i wynebu'r diwrnod nesaf a brwydro yn erbyn straen.

Mathau o broblemau cysgu

'Mae'n od: dwi'n teimlo mor flinedig pan dwi'n mynd i'r gwely, ond y funud dwi'n diffodd y golau dwi'n dechrau meddwl am bopeth. 'Sdim ots beth wna i, dwi'n methu mynd yn ôl i gysgu. Mae Elin yn cysgu'n sownd mewn chwinciad, ond dyna lle rydw i'n hollol effro ar fy mhen fy hun.'

'Dwi'n deffro am ddau y bore gyda llwyth o ryw feddyliau gwirion yn troi a throi yn fy mhen. Dwi'n codi ac yn treulio hanner y noson yn y stafell fyw. Mae'n deimlad mor unig. Ac wrth gwrs, drannoeth, dwi'n cerdded o gwmpas yn hanner cysgu.'

'Dwi'n reit isel ar hyn o bryd,
ac yn dueddol o ddeffro am bump
y bore. Af i ddim yn ôl i gysgu eto, er fy
mod i eisiau. Felly dwi'n gorwedd yno
gyda llond pen o feddyliau tywyll.
Mae'n ddechrau gwael iawn i'r diwrnod.'

'Mae'n rhaid i fi gael sawl diod
i'm helpu i gysgu. Ond dwi'n
deffro mewn ychydig oriau a dyna
ni wedyn am sbel. Dwi'n teimlo mor
ddiflas am y peth'

'Dwi'n teimlo 'mod i'n gallu cysgu
am amser rhesymol ond dwi byth yn
teimlo 'mod i wedi dadflino'n llwyr. Felly
dwi'n cael trafferth ymdopi yn ystod y
dydd oherwydd dwi byth yn teimlo'n gwbl
effro. Dim egni, methu canolbwyntio.
O! am gael noson dda o gwsg!'

Rhai rhesymau am gysgu'n wael

Mae problemau cysgu'n gallu codi am sawl rheswm. Dyma rai o'r rhesymau mwyaf cyffredin:

Straen yw'r rheswm pwysicaf i lawer ohonon ni dros beidio â chysgu'n dda. Efallai'ch bod yn teimlo, yn ystod y dydd, eich bod yn gallu ymdopi'n dda cyn belled â'ch bod yn cadw'n brysur. Felly, pan ewch chi i'r gwely a diffodd y golau heb ddim i'w wneud, mae'ch meddwl yn tanio ac yn gorboethi.

Mae **gwaith shifft** yn eich atal rhag meithrin arferion cysgu da. Mae gormod o shifftiau nos yn ddrwg i'r corff a'r meddwl, ond os nad oes gennych chi ddewis ond gweithio shifftiau, gwnewch eich gorau glas i ddilyn y cyngor isod dan y pennawd 'Cael noson dda o gwsg'.

Oedran Does dim angen cymaint o gwsg arnon ni wrth fynd yn hŷn, ac eto rydyn ni'n ceisio cysgu am yr un faint o oriau ag oedd eu hangen arnon ni pan oedden ni'n ifanc.

Mae'r angen i fynd i'r toiled yn aml yn gysylltiedig ag oedran. Wrth heneiddio, rydyn ni'n fwy tebygol o godi o leiaf unwaith bob nos. Gall salwch effeithio ar hyn hefyd.

Mae **poen a salwch** yn gallu effeithio ar ein cwsg. Mae problemau corfforol fel arthritis yn gallu effeithio ar ansawdd cwsg. Weithiau, gall y tabledi rydyn ni'n eu cymryd i leddfu salwch effeithio ar gwsg. Gall eich meddyg wirio hyn gyda chi.

Sŵn Mae pobl sy'n byw mewn llefydd swnllyd yn cael trafferth cysgu'n aml. A pha ryfedd os yw'r cymdogion yn chwarae cerddoriaeth tan yr oriau mân neu os yw eich stryd bob amser yn brysur. Hwyrach na allwch chi wneud fawr ddim am hyn; ond fe allwch chi leihau'r graddau y mae sŵn yn tarfu arnoch y tu mewn i'ch cartref eich hun.

Arferion gwael Meddyliwch pa mor bwysig yw hi i sicrhau rwtîn amser gwely da ar gyfer plentyn bach. Rydyn ni'n dangos i'r plentyn fod bwrlwm ac egni'r dydd ar ben; ein bod ni'n arafu i'w gwneud hi'n haws cwympo i gysgu. Rydyn ni'n aml yn anghofio hyn fel oedolion, a ddim yn cyflwyno'r cyfnod 'tawel' hwnnw rhwng diwrnod prysur a mynd i gysgu.

Mae **caffein** yn cyflymu'r corff a'r meddwl. Mae'n eich gwneud chi'n fwy effro (ac efallai'n fwy gorbryderus) ar adeg pan ddylech chi fod yn dechrau paratoi i gysgu. Gall hefyd leihau eich trwmgwsg.

Byddwn yn trafod sut i oresgyn rhai o'r problemau hyn yn ddiweddarach yn y bennod.

Rhan 2 Cael noson dda o gwsg

Cam 1 Cyngor ar gysgu

- Eich anghenion cysgu.
- Eich stafell wely.
- Tawelu'ch corff.
- Tawelu'ch meddwl.
- Meithrin arferion da.

Eich anghenion cysgu

Oedran Does dim angen cymaint o gwsg arnon ni wrth fynd yn hŷn (dyw ein cyrff – na'n hymennydd! – ddim yn tyfu cymaint nawr). Unwaith inni gyrraedd canol oed, rydyn ni'n cael llai o drwmgwsg ac felly'n gallu deffro'n haws. Dydy'r rhan fwyaf o bobl ganol oed ddim angen cymaint o gwsg â phan oedden nhw'n ugain oed. Ydych chi efallai'n ceisio cysgu mwy na'r hyn sydd ei angen arnoch chi? Os felly, ceisiwch fynd i'r gwely chwarter awr yn hwyrach bob wythnos a gweld faint o gwsg sydd orau i chi.

Ffordd o fyw Mae faint o gwsg rydych chi ei angen hefyd yn dibynnu ar eich ffordd o fyw. Felly, bydd rhywun sydd â ffordd o fyw brysur sy'n defnyddio llawer iawn o egni bob dydd angen mwy o gwsg na rhywun sydd â bywyd mwy llonydd.

Mae hyn yn golygu sicrhau cydbwysedd rhwng oedran a ffordd o fyw – efallai y bydd rhywun 80 oed sy'n llawn egni angen mwy o gwsg na rhywun 18 oed sy'n treulio llawer o amser ar ei eistedd.

Tabledi Gair bach am dabledi cysgu. Fydd eich meddyg teulu ond yn rhoi ychydig o dabledi i chi (os o gwbl). Mae hyn yn gwneud synnwyr gan nad yw tabledi cysgu'n gweithio yn y tymor hir (ac yn aml dydyn nhw ddim yn gweithio o gwbl). Maen nhw'n newid y math o gwsg gewch chi. Peidiwch â dibynnu arnyn nhw; mae ffyrdd llawer gwell o gael noson dda o gwsg. Efallai y bydd eich meddyg yn rhoi tabledi gwrthiselder i chi eu cymryd dros gyfnod hirach. Unwaith eto, oni bai bod eich meddyg yn teimlo y gallan nhw fod o fudd i'ch hwyliau isel, mae'n well dysgu'r sgiliau hynny sy'n gallu'ch helpu i gysgu'n well.

Eich stafell wely

Chwa o awyr iach Rywbryd yn ystod y dydd, agorwch y ffenestri i gael awyr iach.

Tymheredd cywir yn y stafell Dyma'r rheol 'Elen Benfelen': ni ddylai'r stafell fod yn rhy boeth nac yn rhy oer. Tua 64°F (18°C) sydd orau. Mae stafell ry boeth yn ein gwneud ni'n aflonydd, yn rhoi llai o gwsg REM i ni ac yn tueddu i'n deffro ni'n amlach. Mae stafell ry oer yn ei gwneud hi'n anoddach mynd i gysgu, ac o bosib yn arwain at fwy o hunllefau.

Eich gwely Os yw eich gwely wedi gweld dyddiau gwell, meddyliwch am brynu un newydd os gallwch fforddio hynny. Gofalwch fod eich gobennydd yn addas i chi. Peidiwch â defnyddio dwfe sy'n eich gwneud chi'n rhy boeth.

Golau Rydyn ni wedi'n gwneud i gysgu yn y tywyllwch. Felly, gofalwch fod gennych chi lenni trwchus neu fleinds sy'n cadw'r golau allan. Mae mwgwd llygaid yn iawn. Ceisiwch osgoi sgriniau llachar, e.e. ar eich tabled, wrth ddarllen yn y gwely. Hefyd, oherwydd yr holl olau sydd arno, cofiwch ddiffodd eich ffôn neu ei adael mewn stafell arall dros nos.

Sŵn Os na allwch chi rwystro sŵn y tu allan i'ch cartref, defnyddiwch blygiau clustiau. Hefyd, gallwch gael radio FM a'i diwnio rhwng gorsafoedd er mwyn cael 'sŵn gwyn' yn y cefndir i foddi unrhyw synau eraill sy'n tarfu arnoch. Defnyddiwch blygiau clustiau.

Tawelu'r corff

Ymarfer corff Er bod ymarfer corff yn gallu bod yn ddefnyddiol, peidiwch â gwneud hyn ychydig oriau cyn mynd i gysgu – mae dechrau'r noson yn berffaith. Mae hanner awr o gerdded yn sionc yn syniad da, neu hyd yn oed fynd i gerdded am chwarter awr ddwywaith. Ewch i Bennod 5 am fwy o gyngor.

Bwyd Dylech osgoi prydau mawr ychydig oriau cyn cysgu. Mae'ch system dreulio yn deffro ac yn dechrau gweithio'n galed ar adeg pan fyddwch chi am i'ch corff dawelu. Dylai darn o dost neu fisged cyn mynd i'r gwely fod yn iawn (mae bara a phasta'n gallu bod yn dda i wneud i ni deimlo'n swrth a chysglyd). Ceisiwch osgoi bwydydd sbeislyd neu lawn braster, a hefyd gwin coch, caws, cnau a chig moch gan eu bod yn dueddol o wneud i ni ddeffro.

Diod Ceisiwch yfed llai o hylif fin nos er mwyn lleihau'r tebygolrwydd o fod eisiau mynd i'r toiled yng nghanol y nos.

Caffein Mae hwn yn deffro ein cyrff. Felly, cymerwch lai o de, coffi, diodydd egni a diodydd pefriog, rhai poenladdwyr a thabledi pen tost. Ceisiwch gwtogi ar gaffein gymaint ag y gallwch chi o ddiwedd y prynhawn ymlaen. Mae rhagor o gyngor ym Mhennod 5.

Diodydd llaeth Roedd yr hen bobl yn iawn! Efallai y bydd Ovaltine, Horlicks neu laeth poeth yn eich helpu i fynd i gysgu. Yfwch y rhain yn lle te neu goffi cyn noswylio.

Smygu Mae nicotin, fel caffein, yn deffro'r corff ac yn ein cadw'n effro. Ceisiwch osgoi smygu am o leiaf 90 munud cyn amser gwely. Peidiwch byth â smygu os byddwch chi'n deffro ganol nos. Os ydych chi'n smygu'n drwm, byddai'n well rhoi'r gorau iddi beth bynnag. Holwch eich meddyg am gymorth.

Alcohol Peidiwch byth â dibynnu ar alcohol i fynd i gysgu. Er y gall eich gwneud chi'n swrth, mae'n gallu'ch deffro chi hefyd. Mae'n gwneud i ni chwyrnu mwy, yn effeithio ar ein hanadlu ac yn ein gwneud ni'n fwy aflonydd. Mae'n lleihau trwmgwsg a chwsg REM – y math o gwsg sydd ei wir angen arnon ni. Gall ychwanegu at ein straen drannoeth. Os ydych chi'n meddwl bod alcohol yn broblem, gofynnwch i'ch meddyg am gymorth.

Tymheredd y corff Dilynwch reol 'Elen Benfelen' (gweler uchod)! Peidiwch â chael bath neu gawod boeth yn union cyn amser gwely. A cheisiwch osgoi bod yn rhy oer cyn neidio i'r gwely.

Tawelu'ch meddwl

Amser poeni Neilltuwch amser penodol i boeni fin nos – 8p.m. er enghraifft. Gwnewch hyn ymhell cyn amser gwely. Felly, os ydych chi'n dechrau poeni yn y bore, stopiwch eich hun a 'chadw' y gofid tan eich 'amser poeni'. Yna, pan fydd hi'n 8p.m., rhowch y gorau i'r hyn rydych chi'n ei wneud a phoeni am yr holl bethau rydych chi wedi'u cadw drwy'r dydd. Mae'n fwy na thebyg y byddwch chi wedi anghofio amdanyn nhw. Hyd yn oed os byddwch chi'n ceisio poeni, mae'n debyg y bydd hi'n anodd i chi 'deimlo' y gofid.

Dadlau Ceisiwch beidio â mynd i'r gwely wedi ffraeo. Ewch ati i gymodi cyn cyrraedd y stafell wely.

Ymlacio Defnyddiwch un o'ch technegau ymlacio naill ai cyn mynd i'r gwely neu pan fyddwch chi yno. Unwaith y dewch i arfer, dylech allu gwneud yr ymarferion yn eich pen heb orfod gwrando ar y trac sain.

Meithrin arferion da

Rwtîn amser gwely Oes gennych chi rwtîn amser gwely? Rhyw gyfnod pontio rhwng dydd a nos? Rhowch gyfle i'ch corff a'ch meddwl ddod i rwtîn. Ewch i'r gwely tua'r un amser fwy neu lai. Codwch tua'r un pryd. Peidiwch ag aros yn eich gwely'n rhy hir. Dechreuwch ddod i rwtîn yn y nos sy'n eich arafu ac yn dweud wrth eich corff eich bod yn barod am y gwely.

Ymlacio cyn cysgu Meddyliwch am ffyrdd o arafu pethau yn ystod yr awr cyn mynd i'r gwely. Penderfynwch beth rydych chi am ei wneud – darllen? gwrando ar gerddoriaeth? siarad? gwylio'r teledu? Gwnewch hynny. Os mai newydd gyrraedd 'nôl o noson mas neu shifft gwaith ydych chi, neu'ch bod yn astudio, cofiwch neilltuo amser i dawelu'r meddwl ac ymlacio.

Taclo technoleg Ceisiwch osgoi unrhyw dechnoleg yn yr awr cyn clwydo. Peidiwch â darllen negeseuon e-bost, negeseuon testun a/neu'r cyfryngau cymdeithasol yn y gwely.

Eich partner Os yw eich partner yn chwyrnu neu'n aflonydd, gofynnwch iddo fe neu hi symud i stafell arall. Eich partner ddylai symud – nid chi – gan fod rhaid i chi ddysgu cysgu'n dda yn eich gwely eich hun. Unwaith i chi gael hwyl arni, gallwch wahodd eich partner yn ôl i rannu'r gwely.

Cam 2 Ailhyfforddi'ch cwsg

I'r rheini ohonoch sydd â phroblemau cysgu hirhoedlog, mae hwn yn sgìl gwych i'w ddysgu. Mae'n gofyn llawer gennych chi, ond bydd yn talu ar ei ganfed.

Rhaid i chi ddilyn y camau canlynol i'r llythyren.

Rôl cysylltiadau

Mae Manon yn cysgu'n dda iawn. Mae'n cwympo i gysgu o fewn chwarter awr fel rheol. Hwyrach ei bod hi'n deffro i fynd i'r toiled, ond mae'n mynd yn ôl i gysgu mewn ychydig funudau. Mae ei *chysylltiadau* â'r gwely i gyd yn dda:

'Dyma lle dwi'n cysgu, lle dwi'n teimlo'n ddiogel, yn gyfforddus, wedi ymlacio ac yn fodlon fy myd. Bydda i'n deffro wedi dadflino ac wedi fy adfywio.'

Gan fod Manon wedi cysgu'n dda iawn neithiwr a'r noson gynt, mae'n credu y bydd hi'n cysgu'n dda heno. Wrth iddi adael y stafell fyw a cherdded i'w stafell wely, mae popeth o blaid Manon. Mae ganddi siawns dda o gysgu'n dda heno.

Ar y llaw arall, dyna Marc druan. Iddo fe, mae'r gwely'n gysylltiedig â *pheidio* â chysgu.

'Dyma lle dwi ddim yn mynd i gysgu; lle dwi'n troi a throsi, lle dwi'n teimlo dan straen, yn flin, yn rhwystredig. Lle i boeni a theimlo'n isel. Lle dwi'n deffro ganol nos ac yn methu mynd yn ôl i gysgu. Lle dwi byth yn cael seibiant go iawn.'

Gan na lwyddodd Marc i gysgu'n dda neithiwr nac echnos, mae'n credu mai noson wael arall sydd o'i flaen. Wrth i Marc adael y stafell fyw am ei stafell wely, mae popeth yn ei erbyn. Go brin y caiff fawr o gwsg heno.

Mae ailhyfforddi'ch cwsg yn golygu newid eich cysylltiadau â'r gwely. Mae'n cynnwys chwe cham i gyd:

Cam 1 Peidiwch â mynd i'r gwely tan eich bod chi'n teimlo'n gysglyd

Does gennych chi ddim 'amser gwely' mwyach. Ewch i'r gwely dim ond pan fyddwch chi'n teimlo'n flinedig. Peidiwch â mynd i'r gwely am fod pawb arall yn gwneud hynny, am eich bod wedi diflasu neu am ei bod hi'n amser gwely. Rhaid i chi aros ar eich traed tan eich bod yn teimlo'n flinedig, *waeth pa mor hir gymerith hyn.*

Cam 2 Cofiwch mai lle i gysgu'n unig yw eich stafell wely

Mae'r cam hwn yn cael gwared ar bethau sy'n eich atal rhag cysgu. Mae darllen llyfr yn y gwely'n iawn cyn belled nad oes gennych chi broblem cysgu. Ond mae'n rhaid i chi *gysylltu'r* gwely â chysgu *a dim byd arall.* Os ydych chi'n darllen, dydych chi ddim yn cysgu. Felly, ddylech chi ddim darllen, gwylio'r teledu, gwrando ar y radio, darllen negeseuon e-bost, ffonio ffrindiau ac ati. Mae rhyw yn iawn, fodd bynnag, gan ei fod yn gallu'ch helpu i ymlacio ac efallai i gysgu wedyn.

Cyn gynted ag yr ewch chi i'r gwely, diffoddwch y golau a cheisio cysgu. Er eich bod efallai'n adnabod cysgwyr da sy'n darllen neu'n gwylio'r teledu yn y gwely, rhaid i chi wneud y pethau hyn y tu allan i'r stafell wely hyd nes y llwyddwch i ddatrys eich problemau.

Cam 3 Os nad ydych chi'n cwympo i gysgu mewn ugain munud, codwch

Os nad ydych chi'n cysgu cyn pen ugain munud, efallai na fyddwch chi'n cysgu mewn pum deg munud. Meddyliwch am y syniad o *gysylltiad* eto. Dydych chi ddim eisiau cysylltu'r gwely â throi a throsi, teimlo dan straen ac ati, felly ar ôl ugain munud, ewch yn ôl i'r stafell fyw. Peidiwch â gwylio'r teledu. Peidiwch â bwyta nac yfed. Gallech ddarllen cylchgrawn neu wrando ar gerddoriaeth sy'n eich ymlacio. Rhaid i chi aros yn y stafell fyw tan eich bod yn teimlo'n gysglyd eto *waeth faint o amser gymerith hynny*. Pan fyddwch chi'n teimlo'n gysglyd, ewch yn ôl i'r gwely. I ddechrau, efallai y byddwch chi'n codi sawl gwaith bob nos. Efallai y bydd hi'n anodd gadael gwely clyd a chynnes, ond mae'n rhaid i chi wneud hyn.

Cam 4 Gwnewch hyn eto (ac eto ac eto)

Ewch ati i ailadrodd hyn os oes raid. Felly mae gennych chi ugain munud i fynd i gysgu bob tro rydych chi'n ceisio gwneud hynny. Os na fyddwch chi'n llwyddo – ewch yn ôl i'r stafell fyw.

Cam 5 Codwch yn gynnar bob bore

Codwch cyn 8.30 y bore. Cofiwch osod y larwm, a chodi a gadael eich stafell wely cyn gynted ag y mae'n canu.

Hyd yn oed os ydych chi'n teimlo nad ydych chi wedi cysgu'r un chwinciad, rhaid i chi ddilyn hyn i'r llythyren. Dylech chi geisio gwneud hyn saith diwrnod yr wythnos hefyd – dim cysgu'n hwyr ar y penwythnos – nes i chi ddatrys y broblem.

Cam 6 Peidiwch â cheisio gwneud iawn am golli cwsg

Efallai yr hoffech bendwmpian yn ystod y dydd i wneud iawn am golli cwsg, e.e. ar ôl pryd o fwyd. Peidiwch â gwneud hyn. Neilltuwch hynny ar gyfer amser gwely.

Meddyliwch pryd rydych chi'n teimlo fwyaf cysglyd yn ystod y dydd. Yna, meddyliwch am ffordd o sicrhau nad ydych chi'n syrthio i'r fagl: ewch am dro, ffoniwch ffrind ac ati.

Daliwch ati

Mae hwn yn sgìl a hanner, ond yn un anodd glynu ato. Mae'n gofyn am lawer o ymroddiad gennych yn ystod y nosweithiau cyntaf. Mae'n hawdd cael eich temtio i aros yn y gwely ar ôl ugain munud, cysgu'n hwyr y bore neu bendwmpian yn y prynhawn am ei bod hi'n anodd cadw'ch llygaid ar agor. Rhaid i chi frwydro yn erbyn hyn bob tro.

Peidiwch â disgwyl i bethau newid dros nos. Efallai fod eich arferion cysgu gwael wedi datblygu dros gryn amser, felly bydd yn cymryd amser i wella. Ond bydd yn werth chweil yn y tymor hir.

Gall cadw ffurflen ymarfer fod yn ffordd dda o gofnodi'ch cynnydd.

Ffurflen ymarfer cysgu

Bob bore, gwnewch nodyn o'r canlynol:

Sgoriwch ansawdd eich cwsg o 1 i 10, lle mae 10 = noson berffaith o gwsg.

Faint o'r gloch wnaethoch chi geisio mynd i gysgu?
Pa mor hir gymerodd hi i chi fynd i gysgu?
Pa mor aml wnaethoch chi ddeffro ganol nos?
Pa mor hir gymerodd hi i chi fynd i gysgu bob tro wedyn?
Pryd wnaethoch chi ddeffro?
Pryd wnaethoch chi godi?

Gair i gloi

Nod Pennod 9 yw eich helpu i gael noson dda o gwsg, dadflino ac adfywio. Mae hyn yn gallu cael effaith aruthrol ar straen yn ystod y dydd. Gorau'n y byd y byddwch chi'n cysgu, hawsa'n y byd fydd rheoli'ch straen. Ac wrth gwrs, mwya'n y byd o reolaeth sydd gennych chi dros eich straen, hawsa'n y byd fydd hi i gael noson dda o gwsg.

Yn y bennod nesaf, byddwch yn dysgu rhai ffyrdd gwych o hybu'ch lles. Bydd y sgiliau hyn o gymorth i leihau'r cylch cythreulig a chryfhau'r cylch cadarnhaol ymhellach.

10

Lles

Mae'r llyfr hwn wedi dysgu cryn dipyn i chi am straen, a chryn dipyn am sut i frwydro yn ei erbyn. Er mwyn eich helpu i gadw rheolaeth (a'ch helpu chi fwy fyth), mae'r bennod hon yn trafod sut i hybu lles a gwydnwch gan ddefnyddio sgiliau ymwybyddiaeth ofalgar a seicoleg gadarnhaol.

Rhan 1 Gwybodaeth

Ac felly, o'r diwedd, rydyn ni'n torri cysylltiad yr holl elfennau hynny sy'n bwydo'r cylch cythreulig.

Wrth i ni gyrraedd ymdeimlad o les, mae'r cylch cadarnhaol yn gyflawn. Mae'r holl sgiliau rydyn ni wedi'u dysgu hyd yma yn dod at ei gilydd ac yn helpu i reoli straen.

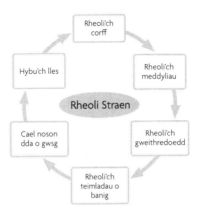

Hyd yma, rydyn ni wedi canolbwyntio ar gael rheolaeth dros emosiynau *drwg* – gorbryder, iselder, panig ac ati. Nawr, rydyn ni'n barod i ystyried sut i hybu emosiynau *da*: hapusrwydd, diolchgarwch, tosturi ac ati. Unwaith y byddwn ni'n cyfuno'r ddwy elfen hon, bydd gennym set o sgiliau a fydd yn ein helpu i gadw rheolaeth a byddwn yn fwy atebol i ymdopi â beth bynnag ddaw i'n rhan mewn bywyd. Ond mae lles da yn golygu llawer mwy na chadw rheolaeth dros straen yn unig. Mae hefyd yn golygu teimlo'n gyfforddus, yn iach a bodlon eich byd. Neu, os yw bywyd yn anodd ar hyn o bryd ac y byddai'n afresymol disgwyl i chi deimlo'n fodlon neu'n hapus, gall lles roi'r cadernid a'r gwydnwch i chi ymdopi â'r troeon trwstan.

Yn y gorffennol, y teimlad oedd y byddai rheoli straen ynddo'i hun yn arwain at les. Erbyn hyn, rydyn ni'n gwybod bod llawer mwy i les na hynny. Er mwyn gwneud synnwyr o hyn, mae angen i ni ddeall y 'llinell straen':

Ychydig o straen   Llawer iawn o straen

Mae pawb yn y byd ar y llinell yma yn rhywle (ac wrth gwrs, mae'n safle ni ar y llinell yn gallu newid fesul awr, fesul munud). Nawr, mae'n rhaid i ni ychwanegu llinell les:

Lles da

Lles gwael

Fel y llinell straen, mae pawb rywle ar y llinell hon, ac rydyn ni'n gwybod bod ein safle'n gallu newid mewn chwinciad. Rydyn ni'n aml yn galw lles da yn 'ffynnu' a lles gwael yn 'nychu'. Nawr, mae'n rhaid i ni gyfuno'r llinellau, sy'n rhoi pedwar blwch:

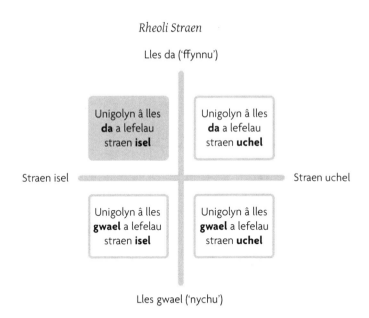

Rheoli Straen

Lles da ('ffynnu')

Unigolyn â lles **da** a lefelau straen **isel**	Unigolyn â lles **da** a lefelau straen **uchel**
Unigolyn â lles **gwael** a lefelau straen **isel**	Unigolyn â lles **gwael** a lefelau straen **uchel**

Straen isel — Straen uchel

Lles gwael ('nychu')

Wrth gwrs, gall pobl symud o flwch i flwch, ond efallai y gallwch chi weld i ba flwch rydych chi'n perthyn. Ewch yn ôl i Bennod 3 i wirio'ch sgôr ar y mesuriadau straen – PHQ-9 a GAD-7 – a'r mesur lles – WEMWBS – er mwyn cael syniad o'ch blwch chi. Gallwch weld ei bod hi'n bosib cael lles da hyd oed dan straen uchel, neu fod â lles gwael yn wyneb straen isel. Ond yr hyn rydyn ni eisiau yw'r gorau o'r ddau fyd: lles da a straen isel – sef y blwch sydd wedi'i uwcholeuo.

Gallwn rannu lles yn dri maes:

Nychu Mae'r rhai sydd yn y cyflwr hwn yn aml yn dweud bod eu bywydau'n 'wag'. Maen nhw'n teimlo bod diffyg pwrpas ac ystyr i'w bywydau; mai ychydig iawn y gallan nhw ei wneud i newid eu bywydau gan fod diffyg rheolaeth ganddyn

246

nhw. Efallai eu bod yn teimlo'n anhapus, yn ynysig ac yn anghyflawn. Maen nhw'n dueddol o ddioddef gwaeledd ac yn agored iawn i straen.

Gweddol/Canolig Dyma lle mae'r rhan fwyaf ohonon ni – rywle yn y canol.

Ffynnu Y gwrthwyneb i nychu. Mae rhai sy'n 'ffynnu' yn teimlo'n dda am eu bywydau – yn obeithiol, yn hapus, mewn rheolaeth. Maen nhw'n teimlo bod ganddyn nhw'r grym i newid eu bywydau. Mae eu hiechyd yn elwa ac mae'n eu diogelu rhag straen. Mae hyd yn oed o gymorth iddyn nhw fwy'n hirach.

Unwaith i ni ddysgu sut i reoli straen, rydyn ni wedi creu sylfaen gref a chadarn, ac mae hyn yn ein rhoi mewn sefyllfa dda i hybu lles a'n helpu i 'ffynnu'. Yna, mae lles gwell yn helpu i atal straen rhag troi'n broblem yn y dyfodol. Mae'n gylch cadarnhaol arall.

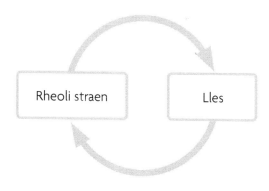

Ffynnu

Pan fydd ein lefelau lles yn uchel a ninnau'n ffynnu, rydyn ni'n fwy tebygol o deimlo:

- Bod eraill yn ein parchu ni (a ninnau'n gallu eu parchu nhw wedyn);
- Yn agos at eraill;
- Ein bod ni'n 'perthyn';
- Ein bod yn cael ein gwerthfawrogi;
- Bod gennym fwy o reolaeth dros ein bywydau;
- Yn fwy creadigol;
- Ein bod yn gallu gwneud newidiadau i'n bywydau;
- Ein bod yn gallu manteisio ar gyfleoedd;
- Ein bod yn gallu ymdopi'n well ag adfyd.

Er bod hyn yn ein helpu i deimlo'n dda, mae'n gwneud *llawer* mwy hefyd:

- Gwella ein hiechyd;
- Cadw ein lefelau straen yn isel;
- Helpu i atal problemau straen yn y dyfodol;
- Lleihau'r tebygolrwydd o smygu;
- Lleihau'r tebygolrwydd o yfed gormod, yn enwedig goryfed mewn pyliau;
- Llai o ymweliadau â'r meddyg;
- Defnyddio llai o feddyginiaethau;
- Lleihau'r tebygolrwydd o fynd i'r ysbyty;

- Lleihau pwysedd gwaed;
- Ein diogelu rhag trawiad ar y galon, strôc a phroblemau iechyd difrifol eraill;
- Lleihau'r perygl o salwch corfforol cronig;
- Ein helpu i fyw'n hirach (tua saith mlynedd yn ychwanegol).

Problemau yn eich cymdogaeth a'r gweithle

Yn gyffredinol, wrth i lefelau amddifadedd gynyddu, mae lefelau lles (fel straen) yn gwaethygu. Mae gwledydd â chymdeithasau anghyfartal iawn yn dioddef lles gwaeth ar y cyfan. Mae problemau 'bywyd' eraill yn golygu ei bod hi'n fwy tebygol fod pobl sy'n 'nychu':

- Yn byw mewn cymdeithas 'annheg';
- Yn teimlo eu bod yn cael eu heithrio a'u hynysu;
- Yn teimlo'n unig;
- Yn ddi-waith;
- Ar incwm isel;
- Yn byw mewn cartrefi gwael;
- Yn wynebu dyled ac ansicrwydd ariannol;
- Mewn perygl o wynebu trais;
- Yn profi troeon gwael bywyd: tor-perthynas, salwch, profedigaeth ac ati.

Pethau drwg yw'r rhain i gyd ac, yn anffodus, mae llawer ohonyn nhw allan o'n rheolaeth ni. Ond y newyddion da yw ein bod ni'n gallu gwneud pethau i'n diogelu ein hunain. Bydd y bennod hon yn trafod sut gall pob un ohonon ni fod yn fwy cadarn a gwydn.

Ond mae'n rhaid i ni edrych ar y darlun ehangach hefyd.

Ar lefel ehangach, mae cymdogaethau cadarn yn gallu gwneud byd o wahaniaeth, hyd yn oed mewn ardaloedd tlawd iawn. Felly, mae cymunedau'n gallu 'ffynnu' hefyd, ac mae hyn yn fwy tebygol:

- Mewn cymdogaethau cryf – lle mae pobl yn teimlo eu bod nhw'n 'perthyn';
- Mewn cymdogaethau lle mae pobl yn teimlo'n fwy diogel;
- Lle mae llawer o bobl leol yn cyfrannu at gadw'u cymuned yn unedig;
- Lle mae cysylltiadau trafnidiaeth da;
- Lle mae cyfleusterau hamdden da;
- Lle mae cyfle i ddysgu sgiliau newydd.

Gall gweithleoedd wneud cyfraniad mawr at wella lles hefyd: drwy sicrhau amgylchedd gweithio diogel, amodau gwaith gweddus, cyflog teg, sicrwydd swydd, cydbwysedd da rhwng bywyd a gwaith, llwyth gwaith y gellir ei gyflawni, rheolwyr da, dim diwylliant o fwlio, ymdeimlad o reolaeth ac ati. Mae creu amodau fel hyn yn caniatáu i'r gweithle 'ffynnu'.

Mae hyn wedyn yn helpu pob un ohonon ni i ffynnu a magu gwydnwch. Mae hyn yn bwydo'n ôl i'n cymdogaeth a'n gweithle, gan roi hwb i'w ffyniant. Mae pawb ar eu hennill felly. Ac mae hynny'n creu cylch cadarnhaol arall. Felly er bod y bennod hon yn chwilio am ffyrdd i'n gwneud yn fwy gwydn, meddyliwch am newidiadau ehangach – sut gallwch chi helpu'ch cymuned a'ch gweithle i ffynnu hefyd. Pe bai digon ohonon ni'n gwneud hyn, byddai'r wlad gyfan yn gallu 'ffynnu'. Ac mae hwnnw'n nod uchelgeisiol: mae ystadegau'n dangos bod 3 o bob 10 ohonon ni'n 'nychu', 5 o bob 10 yn y tir canol a dim ond 2 o bob 10 sy'n 'ffynnu'. Y dasg fawr yn yr unfed ganrif ar hugain yw symud cynifer â phosib ohonon ni i'r garfan sy'n 'ffynnu'. Gobeithio y bydd y llyfr hwn yn cyfrannu at gyrraedd y nod hwnnw.

Hybu'ch sgiliau lles

Rhan 1 Pedwar cam tuag at les

Cysylltu

Bod yn egnïol

Dal ati i ddysgu

Rhoi

Rhan 2 Ymwybyddiaeth ofalgar

Talu sylw

Rhan 3 Bod y fersiwn orau ohonoch chi'ch hun

Rhan 1 Pedwar cam tuag at les

Diolch i'r New Economics Foundation (NEF) am ddatblygu'r syniadau hyn.

Cysylltu

... â'r bobl o'ch cwmpas. Eich teulu, ffrindiau, cymdogion, cydweithwyr. Gweithiwch yn galed i greu'r cysylltiadau hyn a'u cadw nhw'n gadarn wedyn.

Mae 'perthyn' yn hollbwysig i les. Mae cael perthnasoedd cadarn yn ein helpu i ffynnu trwy roi hwb i'n hunanhyder a'n hunan-werth. Mae pawb ar eu hennill, ond (ac efallai y bydd hyn yn synnu llawer) y bobl sy'n elwa fwyaf ar gael perthynas agos a chadarn yw dynion. Ac mae'n ymddangos mai'r peth pwysicaf yma yw'r ffaith eu bod nhw'n *gwybod*, o waelod calon, y bydd yr unigolyn arbennig dan sylw yn gefn iddyn nhw os bydd pethau'n anodd.

Mae cael cymorth a chefnogaeth gan eraill yn ein helpu i fynd drwy'r cyfnodau anodd. Mae rhoi cymorth yn ein helpu i deimlo ein bod ni'n bobl dda, werth chweil. Mae teimlo cysylltiad ag eraill yn ein helpu i deimlo ein bod ni'n rhan o rywbeth mwy, sy'n helpu i hybu lles.

Felly, meddyliwch am eich perthnasoedd: ydyn nhw'n gryf? Oes rhywun yno i chi? Oes digon o bobl yn gwybod eu bod nhw'n gallu dibynnu arnoch chi? Ydych chi'n cyfrannu digon at y byd mawr ehangach? Os felly, gwych – daliwch ati. Os ydych chi'n teimlo bod angen hybu'ch cysylltiadau a'ch perthnasoedd, gofynnwch i chi'ch hun beth sydd angen i chi ei wneud: ydych chi'n eu hesgeuluso oherwydd eich bod yn treulio gormod o amser yn gweithio? Ydy swildod yn eich dal chi'n ôl? Oes gennych chi ormod o ymrwymiadau mewn rhan arall o'ch bywyd? Ydych chi angen cydbwysedd gwell mewn bywyd?

Meddyliwch am:

- Neilltuo amser bob dydd i fod gyda phobl.
- Trefnu gwibdaith neu daith i'r dref am ddiod ac ati.
- Diffodd y teledu heno, ffonio ffrind, chwarae gêm gyda'r plant, neu ddim ond siarad.
- Edrych i weld beth sy'n digwydd yn eich cymuned a chymryd rhan.
- Helpu ffrind neu aelod o'r teulu a allai wneud y tro â help llaw.

Bod yn egnïol

Ewch am dro neu i redeg. Ewch allan am awyr iach. Ewch allan ar eich beic. Beth am arddio? Dawnsiwch. Mae ymarfer corff yn gwneud i chi deimlo'n dda. Gwnewch rywbeth rydych chi'n ei fwynhau. Gall hanner awr o gerdded egnïol wneud byd o wahaniaeth i chi.

Corff iach, meddwl iach. Ym Mhennod 5, buon ni'n trafod y cysylltiad rhwng ymarfer corff a straen. Gobeithio'ch bod chi'n ceisio cael hanner awr o ymarfer bron bob dydd o'r wythnos erbyn hyn. Gofalwch ei fod yn rhywbeth rydych chi'n mwynhau ei wneud, fel eich bod yn fwy tebygol o ddal ati.

Fodd bynnag, fe edrychon ni hefyd ar fanteision eraill bod yn egnïol: ymdeimlad o bwrpas ac amcanion newydd – mae'r rhain hefyd yn ein helpu i 'ffynnu'. Felly, mae'n fwy na mater o ymarfer corff yn unig; mae'n golygu ymgysylltu â bywyd. Meddyliwch am fod yn egnïol yn yr ystyr ehangach: codwch yn weddol resymol hyd yn oed os nad ydych chi'n gweithio, gwisgwch amdanoch a gwnewch bethau yn hytrach na gorweddian (does dim o'i le ar wneud hyn nawr ac yn y man cyn belled nad yw hynny'n troi'n arferiad).

Meddyliwch am gysylltu hyn â syniadau eraill sy'n ymwneud â lles. Trwy ymuno â dosbarth ioga, côr neu grŵp gwirfoddol, rydych chi'n dechrau cysylltu â phobl newydd. Ac wrth deimlo manteision cysylltiadau o'r fath, rydych chi'n fwy tebygol o aros yn y dosbarth ac ati, a bydd eich lles yn cynyddu fwyfwy.

Dal ati i ddysgu

Rhowch gynnig ar rywbeth newydd. Beth am ailafael mewn hen ddiddordeb? Ymunwch â chwrs. Ysgwyddwch gyfrifoldeb newydd yn y gwaith. Trwsiwch rywbeth. Dysgwch sut i goginio rhywbeth newydd. Heriwch eich hun. Mae dysgu rhywbeth newydd yn meithrin hyder. Ac mae'n gallu bod yn dipyn o hwyl hefyd.

Mae dysgu rhywbeth newydd yn ffordd wych o gadw'r ymennydd yn effro. A'r peth gorau amdano yw bod amrywiaeth eang iawn o ddysgu yn gweithio – does dim angen cofrestru ar gwrs coleg neu astudio ar gyfer arholiad (er bod hynny'n iawn os mai dyna rydych chi am ei wneud) – gallwch ddysgu camp newydd, rysáit newydd, darllen llyfr, treulio awr ar Wikipedia, dysgu sgìl newydd oddi ar YouTube, trwsio rhywbeth yn y tŷ.

Yn union fel 'bod yn egnïol', gall hyn roi ymdeimlad o bwrpas i ni ar ffurf heriau ac amcanion newydd. Does dim byd gwell na'r teimlad o gyflawni rhywbeth ar ôl i ni feistroli sgìl newydd.

Meddyliwch am gysylltu hyn â syniadau eraill sy'n ymwneud â lles. Felly, os ydych chi'n ymuno â dosbarth nos neu fforwm ar-lein, rydych chi'n dechrau cysylltu â phobl newydd. Os ydych chi'n dysgu camp newydd, rydych chi'n *fwy egnïol*. Wrth i chi ddechrau teimlo manteision cysylltu a bod yn egnïol, mae'n eich helpu i ddal ati i ddysgu.

Rhoi

Gwnewch rywbeth clên i ffrind neu ddieithryn. Dywedwch 'diolch' wrth rywun. Gwenwch. Rhowch o'ch amser. Ymunwch â grŵp cymunedol. Edrychwch allan yn ogystal ag i mewn.

Mae'ch gweld eich hun, a'ch hapusrwydd, yn gysylltiedig â'r gymuned ehangach yn gallu bod yn werth chweil ac yn help i feithrin cysylltiadau â'r rhai sydd o'ch cwmpas chi.

Y neges fawr yma yw bod rhoi i eraill yn ein helpu ninnau hefyd. Gall fod yn weithred syml dros ben – sgwrsio gyda chymydog unig, rhoi help llaw yn ffair yr eglwys, cynnig newid shifft gyda chyd-weithiwr – pethau sy'n gwneud i ni deimlo ein bod ni'n bobl well. A gorau oll, mae hefyd yn gallu newid ein hymennydd a'n helpu i deimlo'n well amdanon ni'n hunain.

Mae'r llif cyson o hysbysebion yn ceisio'n hargyhoeddi mai'r unig ffordd y gallwn fod yn hapus yw trwy gael y setiau teledu, yr esgidiau rhedeg neu'r ffôn symudol diweddaraf. Ond fel mae pob un ohonon ni'n gwybod yn y bôn, mae angen i ni chwilio am les yn rhywle arall, ac mae 'rhoi' yn lle gwych i gychwyn.

Felly, beth am gynnig help llaw pan allwch chi – boed er

mwyn helpu cyd-weithiwr neu ffrind sydd angen rhywfaint o gymorth. Gallech feddwl am wirfoddoli i helpu'r rheini yn eich cymuned sydd mewn trybini. Bydd gofalu am ein gilydd yn helpu i gryfhau ein pentrefi, ein trefi a'n dinasoedd.

Meddyliwch am blethu hyn â syniadau eraill sy'n ymwneud â lles. Os ydych chi'n rhoi o'ch amser i eraill, rydych chi'n cysylltu â nhw; yn hytrach nag eistedd o flaen y bocs rydych chi'n fwy egnïol, ac rydych chi'n fwy tebygol o ddysgu rhywbeth newydd yr un pryd. Bydd cyfuno hyn â'r ymdeimlad o bwrpas a 'gwneud y peth iawn' yn ein helpu i deimlo'n well amdanon ni'n hunain a byddwn felly'n symud yn nes at 'ffynnu'.

Rhan 2 Ymwybyddiaeth ofalgar

Byddwch yn chwilfrydig. Sylwch ar y byd o'ch cwmpas – y golygfeydd, y synau, yr aroglau. Sylwch ar y tymhorau'n newid. Ewch ati i sawru'r foment, boed ar fws, yn mwynhau pryd o fwyd neu'n sgwrsio gyda ffrindiau. Byddwch yn effro i'ch teimladau. Myfyriwch ar eich profiadau.

Mae llawer ohonon ni'n treulio gormod o amser ar 'awtobeilot', yn mynd trwy fywyd heb aros ac oedi i sylwi ar yr hyn sy'n digwydd o'n cwmpas. Gallwn wneud gwaith tŷ, eistedd ar fws, cael tamaid i'w fwyta, gyrru car, cerdded i lawr y ffordd ac eto fod yn bell i ffwrdd yn ein meddyliau. Nid bod hynny'n ddrwg i gyd chwaith – mae'n braf gallu meddwl am bethau hapus weithiau, pethau rydyn ni'n mynd i'w gwneud, breuddwydio, defnyddio'n dychymyg ac ati.

Fodd bynnag, os ydyn ni dan straen mae ein meddyliau'n dueddol o ddatblygu arferion drwg. Mae'r eiliadau awtobeilot hyn fel magned sy'n denu teimladau a meddyliau gwael: poeni, hel meddyliau, ypsetio ac ati. Rydyn ni'n ôl i'r dull ffrwyn ddall o reoli'n meddyliau. Rydyn ni hefyd yn gaeth i rigol 'beth os' y dyfodol ac 'o na fyddai' y gorffennol, wrth i'r presennol ruthro heibio. Mae mor hawdd colli cysylltiad â ni'n hunain. Mae'r adran hon yn trafod ymwybyddiaeth ofalgar fel ffordd o ddiosg y ffrwyn ddall fel y gallwn ailgysylltu. Trwy wneud hyn, rydyn ni'n rhoi hwb pellach i'n lles.

Mae ymwybyddiaeth ofalgar yn ein helpu i wneud y canlynol:

• Byw yn y foment.
• Newid ein pwyslais o *feddwl* am ein gofidiau a'n pryderon i *arsylwi* ar ein teimladau, ein meddyliau neu'n corff yn fanwl a gyda chwilfrydedd.
• Ymarfer derbyn pethau, h.y. talu sylwi i'n teimladau a'n meddyliau ond nid eu barnu – dim ond gadael iddyn nhw fodoli heb geisio datrys pethau.
• Ailgysylltu â ni'n hunain.

Mae dysgu sut i fod yn ymwybodol ofalgar yn ein gwneud ni'n fwy effro pan mae meddyliau drwg yn ein llethu, ond hefyd yn ein helpu i dderbyn nad oes raid i'r meddyliau hyn ein rheoli ni chwaith.

Felly, y slogan perffaith ar gyfer hyn yw:

Talu sylw

... i'n meddyliau, i'n teimladau ac i synwyriadau'r corff, ac i'r hyn sy'n digwydd o'n cwmpas o un eiliad i'r llall.

Os hoffech grynhoi hyn mewn un ymadrodd, yna: **da i bawb funud o bwyll.**

Mewn ymwybyddiaeth ofalgar, peidiwch â gadael i'ch meddyliau eich *drysu*, ond yn hytrach, sefwch yn ôl, *arsylwi* arnynt a'u gollwng yn rhydd. Mae gwneud ymarferion ymwybyddiaeth ofalgar yn ein hatal rhag mynd ar awtobeilot. Mae hyn yn rhoi mwy o ymdeimlad o les a rheolaeth i ni gan nad yw'r holl bryderon a'r gofidiau yn llenwi ein meddyliau ni mor hawdd. Mae'r adran nesaf yn cynnig cyngor da ar sut i fod yn ymwybodol ofalgar.

Sgiliau ymwybyddiaeth ofalgar

Rhowch hoe i'r ceiliog rhedyn.

Ym Mhennod 6, buom yn ystyried sut mae 'meddwl ceiliog rhedyn' yn achosi i straen gronni'n gyflym iawn. A chithau bellach wedi dysgu'r sgiliau rheoli'ch meddyliau fel adeiladu'r sylfaen (camu'n ôl, diosg y ffrwyn ddall, aros am funud), gallwn ddefnyddio ymwybyddiaeth ofalgar er mwyn rhoi sylw i'r presennol. Rhowch gynnig ar y sgiliau hyn er mwyn 'tawelu'r ceiliog rhedyn' a'i atal rhag llamu o un syniad i'r llall.

Ymwybyddiaeth ofalgar pob dydd

Er mwyn dechrau'r broses hon, yn syml, ceisiwch ddod yn ymwybodol o weithgareddau bob dydd. Byddwch yn ymwybodol o fwyta'ch pryd bwyd: gan edrych yn fanwl ar y bwyd sydd ar eich plât, ei deimlo yn eich ceg, profi'r blas, yr arogl. Byddwch yn ymwybodol ohono wrth i chi gnoi. Nid chwilio am brydferthwch yr ydyn ni; gallwch fod yn ymwybodol o unrhyw beth yn eich byd. Yr hyn rydych chi'n ei wneud yw sylwi ar eich byd mewn ffordd newydd.

Felly, y tro nesaf rydych chi'r tu allan, byddwch yn ymwybodol – yn ymwybodol o'ch cerddediad wrth i'ch traed daro'r ddaear. Beth allwch chi ei glywed? Beth allwch chi ei weld? Ei arogli? Allwch chi deimlo'r gwynt ar eich wyneb? Beth sy'n mynd drwy'ch meddwl (ewch ati i arsylwi ar eich meddyliau a'u derbyn)? Does dim rhaid i'r hyn rydych chi'n ei glywed, ei weld ac yn y blaen fod yn bleserus. Ond byddwch yn ymwybodol ohonyn nhw – dyma'ch byd. Rhowch o'ch amser i sawru'r byd hwnnw.

Ymwybyddiaeth ofalgar wrth anadlu

Mae hwn yn ymarferiad syml ond defnyddiol. Canolbwyntiwch ar eich anadlu am funud. Gallwch wneud hyn yn unrhyw le, unrhyw bryd, boed ar eich eistedd neu'n sefyll. Meddyliwch yn ôl i Bennod 4 a'r grefft o 'anadlu pwyllog': anadlwch i mewn yn araf drwy'ch trwyn am dair i bedair eiliad. Daliwch eich gwynt am dair i bedair eiliad, ac anadlu allan drwy'ch ceg am ryw chwech i wyth eiliad. Gwnewch hyn dair gwaith yn olynol.

Nawr, ychwanegwch ymwybyddiaeth ofalgar at y sgìl hwn. Felly, canolbwyntiwch yn galed ar bob anadl, a dim byd arall. Os yw eich meddwl yn dechrau crwydro, peidiwch â phoeni – byddwch yn ymwybodol o'r meddyliau hynny. Gadewch iddyn nhw fod yr hyn ydyn nhw. Peidiwch â cheisio eu newid, ond yn hytrach dychwelwch eich ffocws yn esmwyth at eich anadlu. Byddwch yn ymwybodol o bob anadliad drwy'ch trwyn; byddwch yn ymwybodol o sut mae'n teimlo i ddal pob anadl; sut mae'n teimlo wrth i chi anadlu allan drwy'ch ceg. Sylwch ar unrhyw newidiadau i unrhyw ran arall o'r corff wrth wneud hyn.

Ymwybyddiaeth ofalgar wrth fyfyrio

Meddyliwch am rywbeth yn eich byd i ganolbwyntio arno. Os ydych chi'r tu allan gall fod yn goeden, yn gwmwl, y lloer, blodyn, car; os ydych chi dan do, gall fod yn gloc, beiro, cadair neu liniadur. Unrhyw beth. Canolbwyntiwch ar hwn yn unig. Fel o'r blaen, os daw meddyliau eraill, gadewch iddyn nhw fod a gadewch iddyn nhw ddiflannu cyn canolbwyntio eto ar y peth dan sylw. Canolbwyntiwch arno fel pe baech chi'n ei weld am y tro cyntaf erioed. Archwiliwch sut mae'n edrych, sut mae'n teimlo efallai, y ffordd mae'n newid. Gwnewch hyn am funud neu ddau.

Dail yn yr afon

Dechreuwch trwy anadlu'n ymwybodol ofalgar. Caewch eich llygaid a byddwch yn ymwybodol o'ch meddyliau ac, wrth i chi sylwi ar bob un yn ei dro, dychmygwch ei roi ar ddeilen a gweld y ddeilen honno'n llithro i lawr yr afon. Rhowch bopeth rydych chi'n sylwi arno ar ddeilen a'i wylio'n llithro i ffwrdd. Gadewch i'r meddyliau ddod atoch. Os yw eich meddwl yn crwydro, dewch â'ch sylw'n ôl i'r hyn y buoch yn meddwl amdano a'i roi ar y ddeilen.

Ar ôl munud neu ddau, canolbwyntiwch eto ar anadlu'n ymwybodol ofalgar, agorwch eich llygaid, a dewch yn ymwybodol o'ch amgylchedd.

Sganio'r corff

Math o fyfyrio yw hwn y gallwch ei wneud bob dydd, neu mor aml ag sy'n teimlo'n iawn i chi. Mae'n eich helpu i fod mewn cysylltiad â'ch corff a nodi sut rydych chi'n teimlo. Fel y dechneg ymlacio cynyddol ac anadlu o'r bol ym Mhennod 5, y nod yw helpu i ryddhau unrhyw straen yn eich corff.

Penderfynwch pa syniadau ac ymarferion sydd fwyaf addas i chi, ac ewch ati i ymarfer mor aml â phosib fel bod ymwybyddiaeth ofalgar yn dod yn ail natur i chi.

Mae clipiau sain i'ch tywys drwy'r ymarferion sganio'r corff a dail yn yr afon, yn ogystal â thraciau ymlacio eraill, ar gael yn stresscontrolaudio.com. Mae cyfarwyddiadau ysgrifenedig ar gyfer y ddau yn yr Atodiad.

Rhan 3 Byddwch y fersiwn orau ohonoch chi'ch hun

Mae dysgu ac ymarfer sgiliau cysylltu, bod yn egnïol, dal ati i ddysgu, rhoi a thalu sylw i gyd yn sail i les. Nawr, er mwyn hybu eu grym ymhellach, gallwn ychwanegu **tosturi** a **diolchgarwch**.

Tosturi

'Os ydych chi am i eraill fod yn hapus, byddwch dosturiol. Os ydych chi am fod yn hapus, byddwch dosturiol.'
Y Dalai Lama

Mae straen yn gallu ennyn y gwaethaf ynom – rydyn ni'n flin, yn ddiamynedd, yn gwylltio'n hawdd, yn gul ein meddwl ac ati. Rydyn ni'n gallu bod yn bobl anodd byw gyda nhw. Ac felly pan fyddwn ni'n barod i 'gysylltu' i hybu ein lles, efallai na fydd eraill mor awyddus i gysylltu â ni. Ond gan fod y rhan fwyaf ohonon ni'n bobl garedig sy'n ceisio byw ein bywyd orau y medrwn ni, rydyn ni'n ceisio gwneud ein gorau glas i ymddwyn yn glên at eraill. Felly rydyn ni'n ceisio cael perthynas dda â nhw. Yn anffodus, yr hyn sy'n dueddol o ddigwydd yw ein bod ni'n cadw'r gwenwyn neu'r sbeit go iawn ar ein cyfer ni'n hunain. Rydyn ni'n siarad â ni'n hunain mewn ffordd na fydden ni byth yn gwneud ag unrhyw un arall; rydyn ni'n lladd arnon ni'n hunain, byth yn canmol ein hunain, hyd yn oed yn casáu ein hunain. O ganlyniad, nid ein perthynas ag eraill sydd angen ei datrys mewn gwirionedd, ond y berthynas â ni ein hunain.

Mae'n bryd meddwl am y ffrwyn ddall eto. Yr hyn sydd ar yr ochr anghywir i'r ffrwyn ddall yw ein hymdeimlad o dosturi, hyd yn oed ein hymdeimlad o chwarae teg – pe na baech chi byth yn siarad fel hyn ag unrhyw un arall, pam mae hi'n deg i chi siarad â chi'ch hun yn y fath fodd? Allwch chi ddim teimlo'n dda amdanoch chi'ch hun os byddwch chi'n parhau fel hyn. Felly mae angen i chi ychwanegu at eich lles trwy drin eich hun gyda mwy o dosturi. Mae hyn yn cymryd amser ac ymdrech. Pan fyddwch chi dan straen, mae'n hawdd meddwl am bopeth drwg – y pethau sydd reit ar flaen eich meddwl. Mae'n anoddach gweld yr hyn sy'n dda amdanoch chi'ch hun.

Felly, fel o'r blaen, rhaid i chi adeiladu'r sylfaen – camu'n ôl, diosg y ffrwyn ddall, aros am funud. A gyda'r ffrwyn ddall o'r neilltu, rhowch gyfle i chi'ch hun ystyried pethau o safbwynt mwy tosturiol. Yna, gallwch herio'r gwenwyn rydych chi'n ei ddefnyddio wrth siarad â chi'ch hun. Hefyd, cymerwch gip arall ar yr adran 'cryfderau' yn eich rhestr bywyd (Pennod 3). Ydyn nhw'n helpu?

Er mwyn hwyluso pethau, dyma ddwy ffordd dda o alluogi'ch hunan i deimlo tosturi:

Llythyr tosturiol Cyn dechrau'r dasg hon, gwnewch yr ymarfer anadlu'n ymwybodol ofalgar a drafodwyd yn gynharach yn y bennod a daliwch ati wrth fynd drwy'r broses.

Dychmygwch eich hunan tosturiol chi – beth fyddai'n ei feddwl am rai o'r pethau rydych chi'n eich cosbi'ch hun amdanyn nhw? Fel yr unigolyn hwn – sef y fersiwn orau ohonoch chi'ch hun – ysgrifennwch lythyr at y fersiwn arferol ohonoch chi'ch hun. Fel eich hunan tosturiol, ystyriwch a yw eich hunan arferol yn rhy feirniadol; a yw'n hepgor rhywbeth (gofalwch eich bod wedi diosg y ffrwyn ddall); a yw eich hunan arferol yn haeddu mwy o chwarae teg.

Cofiwch eich bod chi'n defnyddio'r un sgiliau â'r rheini a ddysgoch chi wrth reoli'ch meddyliau, pan oedd eich llais synnwyr cyffredin yn herio'ch llais straen.

Efallai yr hoffech chi ddangos y llythyr hwn i rywun sy'n eich adnabod yn dda ac y gallwch chi ymddiried ynddo. Hwyrach y bydd gan y person hwnnw gyngor da.

Gweithredoedd tosturiol Mae hyn yn ychwanegu at y syniadau a drafodwyd mewn perthynas â'r pedwar cam tuag at les – meddyliwch am 'gysylltu' a 'rhoi'. Yn syml, po fwyaf rydych chi'n malio am eraill, gorau oll y gallwch falio a gofalu amdanoch chi'ch hun. Mae helpu yn gallu rhoi ystyr i'n bywydau. Rydyn ni'n cysylltu ag eraill ac yn sylweddoli bod pawb yn gorfod ymdopi â rhyw broblem neu'i gilydd. Ac mae helpu ein gilydd ar siwrnai bywyd yn fuddiol i bawb. Mae gwneud y pethau bychain caredig yn mynd ymhell. Felly, gweithiwch yn galed i ddangos tosturi tuag at ffrindiau, cymdogion, cyd-weithwyr ac aelodau'r teulu.

Mae hyn yn golygu bod y math o berson yr hoffech chi fod (a siawns y byddai pob un ohonon ni am fod yn dosturiol).

Yn olaf, gofalwch eich bod yn addo dangos tosturi tuag atoch chi'ch hun wrth ddeffro bob bore. Un syniad da yw rhoi carreg fach yn eich poced a, bob tro y byddwch chi'n ei theimlo, cofiwch bwysigrwydd tosturi a gwneud y pethau bychain caredig. Gallwch adeiladu ar hyn trwy ddysgu mwy am ddiolchgarwch hefyd.

Diolchgarwch

Bellach, mae llawer o dystiolaeth i ddangos bod teimlo'n ddiolchgar yn gallu creu newidiadau mawr yn ein bywydau: mae'n ein gwneud ni'n fwy hael, ac yn fwy cymwynasgar a thosturiol. Mae'n lleihau ein teimlad o arwahanrwydd ac yn ein gwneud ni'n fwy hyderus a maddeugar. Mae'n gallu ein helpu i fod yn fwy byw ac effro. Mae'n rhoi mwy o ymdeimlad o bleser i ni yn ein bywyd bob dydd. Yn fwy na dim, mae'n gallu newid ein hymennydd, hybu ein systemau imiwnedd, ein helpu i ymdopi'n well â phoenau a gwynegon, ac mae'n gallu lleihau ein pwysedd gwaed a chyfradd curiad y galon.

Mae teimlo'n ddiolchgar yn ein helpu i aros yn y presennol yn hytrach na phendroni am y gorffennol neu boeni am y dyfodol (sylwch ar y cysylltiad ag ymwybyddiaeth ofalgar). Mae'n helpu i atal emosiynau drwg fel straen, eiddigedd a chwerwedd. Os ydych chi'n gallu cyfri'ch bendithion, rydych chi'n llai tueddol, siawns, o ganolbwyntio ar y pethau drwg. Mae pobl ddiolchgar yn iachach ac yn fwy bodlon eu byd. Mae dweud 'diolch yn fawr' (a'i feddwl e) yn gallu gwneud i ni deimlo'n hapusach.

Er bod rhai ohonon ni'n ei chael hi'n hawdd bod yn ddiolchgar am yr hyn sydd gennym, mae'n anodd i lawer – mae'r hysbysebion bob amser yn dweud wrthym ni nad yw'r hyn sydd gennym yn ddigon; bod yna wastad rywbeth gwell i'w brynu; rhyw fan gwyn man draw. Ac er bod llawer yn ein cymdeithas yn byw mewn angen, gwaetha'r modd, mae llawer ohonon ni'n gwybod nad yw prynu mwy yn arwain at les.

Felly, mae angen cryn amser ac ymdrech i feithrin ymdeimlad cryfach o ddiolchgarwch. Dyma ambell ffordd wych o gyflawni hynny, a chreu'r fersiwn orau ohonoch chi'ch hun.

Nodwch dri pheth da am eich diwrnod Ar ddiwedd y dydd, eisteddwch yn ôl a meddwl am bethau i fod yn ddiolchgar amdanyn nhw: eich teulu, eich swydd, eich iechyd. Gall fod yn weithred fach garedig gan gyd-weithiwr, cyfle i fynd am dro bach, sgwrs gyda chymydog, machlud haul. Mae rhai pobl yn cadw dyddiadur diolchgarwch er mwyn pori drwyddo weithiau i'w hatgoffa'u hunain am bethau da bywyd. Gwnewch hyn mor aml ag y dymunwch – unwaith y dydd, unwaith yr wythnos, unwaith y mis. Gofalwch ei fod yn teimlo'n newydd a ffres, yn hytrach na thrin a thrafod yr un hen bethau.

Diolchwch i'r rhai rydych chi'n ddiolchgar iddyn nhw Gall hyn eu helpu i deimlo'n werthfawr (efallai nad ydyn nhw'n sylweddoli sut rydych chi'n teimlo). Hefyd, os ydyn nhw'n teimlo eu bod yn cael eu gwerthfawrogi, maen nhw'n fwy tebygol o barhau i ymddwyn yn garedig at bobl eraill.

Llythyr o ddiolchgarwch Meddyliwch am y bobl rydych chi'n teimlo'n ddiolchgar iddyn nhw, ond heb lwyddo i ddweud wrthyn nhw. Mae eistedd ac ysgrifennu atyn nhw'n gallu bod yn weithred gadarnhaol dros ben. Efallai'ch bod am i'r unigolyn hwnnw dderbyn y llythyr neu'r e-bost, efallai ddim. Does dim rhaid i chi anfon y neges mewn gwirionedd; gallai'r weithred o'i hysgrifennu ynddi'i hun fod yn fuddiol i chi (er, meddyliwch pa mor fendigedig fyddai hi'r i'r unigolyn hwnnw dderbyn eich llythyr). Gallai'r llythyr gael ei gyfeirio at rywun sydd wedi marw – nain neu daid, eich athro cyntaf, arweinydd eich tîm pêl-droed – ond os ydych chi'n sylweddoli bod yr unigolyn hwnnw wedi'ch helpu chi ar eich taith, meddyliwch beth hoffech chi ei ddweud wrtho cyn eistedd ac ysgrifennu'r llythyr.

Gair i gloi

Mae hybu'ch lles a rheoli straen yn rhoi'r cyfle gorau posib i chi fwynhau manteision tymor hir. Meddyliwch am y sgiliau sy'n gweddu orau i chi a'u hymarfer bob dydd – gan ddechrau heddiw.

Rydyn ni'n trafod darn ola'r jig-so ym Mhennod 11.

11

Rheoli'ch dyfodol

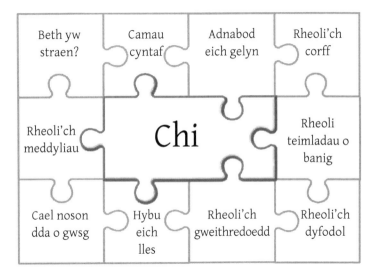

Yn y bennod olaf hon byddwn yn edrych ar y ffyrdd gorau o gyfuno'r sgiliau rydyn ni wedi'u dysgu gyda'n gilydd i'ch cadw mewn rheolaeth o'ch bywyd.

Ar ddechrau'r llyfr hwn fe edrychon ni ar sut mae straen yn ei adnewyddu'i hun drwy gylch cythreulig, gan beri i chi deimlo'ch bod yn cael eich llethu:

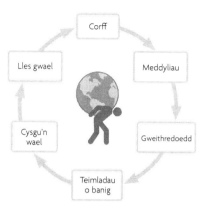

Rydyn ni'n gorffen gyda chylch cadarnhaol newydd yn ei le i reoli straen a sicrhau lles:

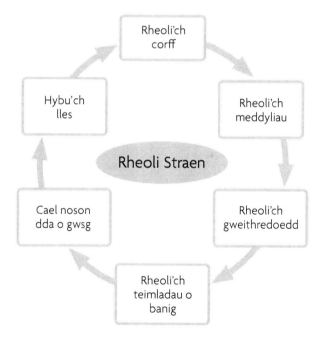

A nawr mae'n rhaid i ni wneud yn siŵr ein bod ni'n parhau i fwydo'r cylch cadarnhaol hwn i sicrhau gwell dyfodol. Gallwn wneud hyn drwy ddefnyddio'r sgiliau rydyn ni wedi'u dysgu yn y pum cam sydd wedi'u hamlinellu yn y llyfr hwn.

Pum cam tuag at well dyfodol

Cam 1 Adnabod eich gelyn

Pennod 2 Beth yw straen?

Dylech bellach wybod llawer mwy am straen.

Pennod 3 Adnabod eich gelyn

Dylech fod wedi disgrifio'ch straen a gweld y patrymau.

- Dylech fod wedi cwblhau'r rhestr bywyd.
- Dylech fod wedi mesur eich straen a'ch lles.
- Dylech fod wedi tynnu llun o'ch cylch cythreulig.
- Dylech fod wedi gosod eich nodau.

Cam 2 Camau cyntaf

Pennod 4

- Dylech fod wedi dechrau gyda llechen lân.
- Dylech fod wedi edrych am broblemau cudd.
- Dylech fod wedi defnyddio rhai o'r pum ffordd ar hugain o ymdopi.

Cam 3 Ymladd yn ôl

Pennod 5 Rheoli'ch corff

- Dylech fod wedi edrych ar leihau eich caffein.
- Dylech fod wedi edrych ar ddefnyddio ymarfer corff.
- Dylech fod wedi rhoi cynnig ar ailhyfforddi'ch anadlu.
- Dylech fod wedi rhoi cynnig ar ymlacio cynyddol.

Pennod 6 Rheoli'ch meddyliau

- Dylech wybod sut mae adeiladu'r sylfaen.
- Dylech wybod sut mae defnyddio'r 5 Her Fawr.
- Dylech wybod sut mae torri straen yn ddarnau llai.

Pennod 7 Rheoli'ch gweithredoedd

- Dylech fod yn wynebu'ch ofn.
- Dylech fod wedi edrych ar fentro allan o'ch cylch cysurus.
- Dylech fod wedi rhoi cynnig ar ddatrys problemau.

Pennod 8 Rheoli'ch teimladau o banig

- Dylech fod yn cyfuno'ch sgiliau: rheoli'ch corff, eich meddyliau a'ch gweithredoedd.
- Dylech fod wedi edrych ar leihau'r perygl o deimlo panig.

Pennod 9 Cael noson dda o gwsg

- Dylech fod wedi edrych ar y cyngor ar gwsg.
- Dylech fod wedi edrych ar ailhyfforddi'ch cwsg.

Cam 4 Lles

Pennod 10 Lles

- Dylech fod wedi mesur eich lles.
- Dylech fod wedi cymryd eich pedwar cam tuag at les: cysylltu, bod yn egnïol, dal ati i ddysgu, rhoi.
- Dylech fod wedi astudio ymwybyddiaeth ofalgar pob dydd; anadlu ac arsylwi yn ymwybodol ofalgar; dail yn yr afon a sganio'r corff.
- Dylech fod wedi ymarfer bod y fersiwn orau ohonoch chi'ch hun gyda thosturi a diolchgarwch.

Cam 5 Cadw rheolaeth ar eich straen

A chithau nawr wedi dysgu cymaint am straen a lles, gall y gwaith caled ddechrau. Mae e fel pasio'ch prawf gyrru: rydych chi'n gwybod beth i'w wneud, ond mae'n rhaid i chi ymarfer yn ddyfal cyn i chi ddod yn yrrwr da. Dewiswch y sgiliau sydd fel pe baen nhw'n gweddu orau i chi a gweithiwch yn galed i'w meistroli.

Nodau ar gyfer y dyfodol

Pan mae ein lefelau straen yn uchel, weithiau mae'n gallu ymddangos yn symlach cymryd pethau un dydd ar y tro. A gall hynny fod yn dacteg ddefnyddiol. Fodd bynnag, a chithau nawr yn gweithio ar eich nodau ar gyfer y dyfodol, gallwch ddechrau meddwl am y math o ddyfodol rydych chi ei eisiau. Mae cael nodau yn ein hysgogi a'n herio ni ac, os ydyn ni'n cyrraedd ein nod, cawn ymdeimlad o gyflawniad. Maen nhw'n hybu ein hunanhyder a'n hunan-gred. Felly meddyliwch pa nodau y gallech chi eu gosod i chi'ch hunan. *Eich nodau chi* ddylen nhw fod, nid awgrymiadau pobl eraill. Y ffordd orau o wneud hyn yw defnyddio'r meini prawf canlynol wrth osod eich nodau:

Penodol Ceisiwch benderfynu beth yn union rydych chi eisiau ei gyflawni. Pam fydd hyn yn dda i chi? Oes modd ei dorri i lawr yn gamau llai? (Defnyddiwch y dull datrys problemau yma.)

Mesuradwy Sut byddwch chi'n gwybod pryd fyddwch chi wedi cyrraedd eich nod (neu bob cam ar y ffordd)? Gwnewch eich nodau mor bendant â phosib.

Cyraeddadwy Heriwch eich hun ond gofalwch fod y nod o fewn cyrraedd. Oes gennych chi ddigon o reolaeth i gyflawni'ch nod?

Perthnasol Gallai cwestiynau defnyddiol gynnwys: 'Ydy'r nod yn un gwerth chweil?' 'Ai dyma'r amser gorau i fynd amdani?'

Amseredig Mae hyn yn rhoi amserlen i chi: 'Pryd alla i ei ddechrau?' 'Lle fydda i ymhen mis?' 'Pryd fydda i'n cyrraedd fy nod?'

Meddyliwch yn ofalus am eich nodau a gwneud nodyn ohonyn nhw gan ddefnyddio'r meini prawf hyn.

Rheoli'ch dyfodol

Cymryd rheolaeth o'ch bywyd

Anelwch am ymdopi *gweithredol*, nid *goddefol*. Ymdopi goddefol yw, er enghraifft, pan fyddwch chi'n gobeithio bod rhywun arall yn delio â'r broblem neu y bydd y broblem yn diflannu.

Ymdopi gweithredol yw pan fyddwch chi'n cymryd rheolaeth, yn gweld beth yw'r broblem ac yn cymryd cyfrifoldeb dros fynd i'r afael â'r broblem honno (mae datrys problemau yn berffaith ar gyfer hyn).

Delio ag anawsterau

Peidiwch â disgwyl i'ch cynnydd fod yn hawdd nac yn hwylus. Mae anawsterau'n gyffredin. Ceisiwch gynyddu'n raddol nifer y diwrnodau da a lleihau nifer y diwrnodau drwg.

Ceisiwch ragweld pryd mae anawsterau yn fwyaf tebygol – a oes problemau gartref, straen yn y gwaith, ar ôl yfed gormod, ac ati. Ewch ati i ganfod ffyrdd o'u hatal.

Peidiwch â mynd i banig os ydych chi'n wynebu anhawster. Derbyniwch yr hyn sy'n digwydd. Cymerwch gam yn ôl ac edrychwch i weld pam mae hyn yn digwydd. Yna ystyriwch beth allwch chi ei wneud yn ei gylch.

Peidiwch â meddwl bod un rhwystr yn dad-wneud popeth rydych chi wedi'i gyflawni. Os ydych chi wedi cymryd pum cam ymlaen a bod rhywbeth yn eich gorfodi chi'n ôl un cam, rydych chi'n dal i fod bedwar cam yn nes ymlaen.

Gadewch i eraill eich helpu

Dywedwch wrthyn nhw sut rydych chi'n teimlo a bwrw'ch bol. Dewiswch bobl y gallwch chi ymddiried ynddyn nhw i'ch helpu. Cymerwch gysur o'u pryder amdanoch. Gwrandewch ar eu cyngor. Os yw'r cyngor yn gall, rhowch y cyngor hwnnw ar waith.

Dysgwch longyfarch eich hun

Os ydych chi wedi cyrraedd unrhyw un o'ch nodau; os ydych chi wedi wynebu problem a'i datrys; os ydych chi wedi brwydro yn erbyn gofid, yna rydych chi'n haeddu clod – rhowch glod i chi'ch hun ar unwaith.

Adeiladu cefnogaeth

Gall straen gronni pan nad oes gennych chi amrywiaeth o wahanol fathau o gefnogaeth yn eich bywyd. Os oes gennych chi broblemau mewn un rhan o'ch bywyd, gallwch ddibynnu ar elfennau eraill o gefnogaeth nes i chi ddatrys y broblem. Y foeswers yw: peidiwch â rhoi'ch wyau i gyd yn yr un fasged.

Gofalwch eich bod yn cadw'ch perthnasoedd yn gryf. Ewch ati i ddatblygu diddordebau newydd, hobïau newydd. Rhowch sylw i'ch bywyd cymdeithasol. Gofalwch fod gennych chi strwythur i'ch diwrnod neu'ch wythnos. Canolbwyntiwch ar y syniadau sy'n ymwneud â lles yn y bennod flaenorol.

Byddwch yn wyliadwrus o'r llethr llithrig

Gofalwch nad oes hen arferion gwael yn sleifio'n ôl i'ch bywyd. Gallai'r rhain gynnwys osgoi, torri cysylltiad â phobl eraill, yfed i reoli straen, gadael i'r ceiliog rhedyn lamu heb ei herio. Ewch ati'n syth i'w hatal yn y fan a'r lle.

Edrych i'r dyfodol

Peidiwch â gadael y cyfan i ffawd – meddyliwch a chynlluniwch ymlaen llaw. I wneud eich cynnydd yn haws, meddyliwch am y cwestiynau canlynol:

- Beth yw'r pethau pwysicaf dwi wedi'u dysgu o ddarllen y llyfr hwn?
- Beth yw'r sgiliau mwyaf (a lleiaf) defnyddiol dwi wedi'u dysgu?
- Pryd mae anawsterau'n fwyaf tebygol a sut galla i eu hatal?
- Pa agweddau ar straen sy'n dal yn drech na mi? Pam felly a beth yw'r ffordd orau o ddelio â hyn?

Gair i gloi

Mae pob un o'r penodau yn y llyfr hwn wedi bod yn un darn o'r jig-so sydd, o'i roi gyda'i gilydd, wedi ein galluogi i weld y darlun mwy sy'n arwain at reoli straen. Y brif thema drwy gydol y llyfr hwn yw'r nod o'ch gweld chi'n dod yn therapydd i chi'ch hun. Felly nawr mae'n bryd rhoi'r darn olaf, a phwysicaf, o'r jig-so yn ei le – chi.

Credwch ynoch chi'ch hun

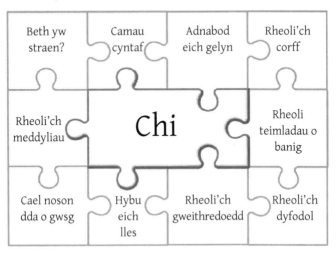

Oherwydd rydych *chi'n* bwysig.

Atodiad 1

Ymlacio ac ymwybyddiaeth ofalgar

* Mae traciau sain ar gael yn stresscontrolaudio.com

Ymlacio cynyddol 1: Ymlacio dwfn

Eisteddwch yn ôl, mor gyfforddus ag y gallwch chi. Gadewch i chi'ch hun ymlacio cystal ag y gallwch chi. Nawr caewch eich llaw dde yn ddwrn, yn dynnach ac yn dynnach, ac astudiwch y tensiwn wrth i chi wneud hynny. Cadwch eich dwrn ar gau a theimlo'r tensiwn yn eich dwrn, eich llaw a blaen y fraich dde… a nawr ymlaciwch. Gadewch i fysedd eich llaw dde lacio. Sylwch ar y gwahaniaeth yn eich teimladau.

Nawr gadewch i'ch hun fynd a cheisiwch ymlacio'r corff i gyd. Ac unwaith eto, caewch eich llaw dde yn ddwrn, yn dynn, dynn. Arhoswch fel hyn a sylwch ar y tensiwn eto… a gadewch fynd, ac ymlaciwch. Mae'ch bysedd yn sythu ac rydych chi'n sylwi ar y gwahaniaeth unwaith eto.

Nawr gwnewch hynny eto gyda'ch dwrn chwith. Caewch eich dwrn chwith tra bod gweddill y corff yn ymlacio. Caewch y dwrn yn dynnach a theimlwch y tensiwn… ymlaciwch… a theimlwch y gwahaniaeth. Daliwch ati i ymlacio fel hyn am ychydig ac, wrth i chi wneud hynny, gadewch i'ch anadlu arafu

.

ac anadlwch yn rhythmig ac yn hamddenol. A nawr caewch
y ddau ddwrn yn dynnach ac yn dynnach; y ddau ddwrn yn
dynn, a rhan flaen y ddwy fraich. Astudiwch y teimladau,
teimlwch y tensiwn... ac ymlaciwch. Sythwch eich bysedd
a theimlwch nhw'n ymlacio. Daliwch i ymlacio'ch dwylo a
blaenau'ch breichiau mwy a mwy.

Nawr plygwch eich penelinoedd a thynhau rhan ucha'r
breichiau; tynhewch nhw'n galetach ac astudiwch y teimladau
o densiwn... a nawr sythwch eich breichiau, gadewch iddyn
nhw ymlacio a theimlwch y gwahaniaeth eto. A gadewch
i chi'ch hun ymlacio mwy ac unwaith eto, tynhewch ran
ucha'r breichiau. Daliwch y tensiwn a'i astudio'n ofalus. Nawr
sythwch y breichiau ac... ymlaciwch. Ymlaciwch cystal ag y
gallwch chi. A thalwch sylw manwl i'ch teimladau bob tro y
byddwch chi'n tynhau a phob tro y byddwch chi'n ymlacio.

Nawr sythwch eich breichiau fel eich bod yn teimlo'r tensiwn
mwyaf ar hyd cefn eich breichiau. Estynnwch eich breichiau
a theimlwch y tensiwn... a nawr ymlaciwch. Rhowch eich
breichiau'n ôl mewn safle cyfforddus a gadewch i'r ymlacio
fynd rhagddo ohono'i hun. Dylai'ch breichiau deimlo'n
gyfforddus o drwm wrth i chi adael iddyn nhw ymlacio. Ac,
unwaith eto, sythwch y breichiau fel eich bod yn gallu teimlo'r
tensiwn ar hyd cefn eich breichiau. Sythwch nhw, teimlwch y
tensiwn, daliwch y tensiwn... ac ymlaciwch. Canolbwyntiwch
ar ymlacio'r breichiau'n llwyr a chael gwared ar unrhyw
densiwn. Gwnewch eich breichiau'n gyfforddus a gadewch
iddyn nhw ymlacio mwy a mwy... a daliwch ati i ymlacio'ch
breichiau mwy a mwy. Hyd yn oed pan fydd eich breichiau'n
teimlo fel petaen nhw wedi ymlacio'n llwyr, ceisiwch fynd gam

ymhellach. Ceisiwch ymlacio hyd yn oed yn fwy, gymaint ag y gallwch chi.

Canolbwyntiwch ar ymlacio'ch anadlu. Arafwch eich anadlu fel eich bod yn anadlu'n hamddenol braf, yn rhythmig a hamddenol. Arafwch eich anadlu a gadewch i chi'ch hun ymlacio mwy a mwy.

A gadewch i'ch cyhyrau i gyd lacio a thrymhau. Setlwch yn ôl yn dawel ac yn gyfforddus. Crychwch eich talcen nawr, crychwch e'n dynnach ac yn dynnach... a nawr rhowch y gorau i grychu'ch talcen. Ymlaciwch a'i wneud yn llyfn. Dychmygwch eich talcen a chroen eich pen yn mynd yn fwyfwy llyfn wrth i chi ymlacio mwy. A nawr gwgwch, crychwch eich aeliau ac astudiwch y tensiwn. Daliwch y tensiwn... ac yna'i ryddhau. Gwnewch eich talcen yn llyfn eto.

A nawr caewch eich llygaid yn dynnach ac yn dynnach; teimlwch y tensiwn o amgylch y llygaid. Daliwch y tensiwn... yna rhyddhewch y tensiwn, ac ymlaciwch. Caewch eich llygaid yn ysgafn ac yn gyfforddus a sylwch ar y teimlad o ymlacio a mwynhewch y teimlad. Nawr clensiwch eich ceg; dewch â'ch dannedd at ei gilydd. Astudiwch y tensiwn drwy'r geg. Daliwch y tensiwn, teimlwch y tensiwn drwy'r geg... ac yna rhyddhewch y tensiwn. Gadewch i'ch ceg agor ryw fymryn a mwynhewch y teimlad o ymlacio. Nawr gwasgwch eich tafod yn galed yn erbyn top eich ceg. Chwiliwch am y tensiwn... a rhyddhewch y tensiwn. Gadewch i'ch tafod ddychwelyd i safle cyffordus, naturiol. Nawr crychwch eich gwefusau, yn dynnach ac yn dynnach. Crychwch eich gwefusau a theimlwch y tensiwn... a rhyddhewch y tensiwn. A nodwch y cyferbyniad rhwng tensiwn ac ymlacio. Teimlwch eich wyneb cyfan, eich talcen a chroen eich pen wedi ymlacio. Llygaid, ceg, gwefusau, tafod a'r llwnc. Mae'r ymlacio'n mynd ymhellach ac ymhellach.

Nawr trowch at gyhyrau'r gwddf. Gwasgwch eich pen yn ôl mor bell ag yr aiff e a theimlwch y tensiwn yn eich gwddf. Rholiwch eich gwddf i'r dde a theimlwch y tensiwn yn codi. Rholiwch eich gwddf i'r chwith; sythwch eich pen ac yna'i blygu ymlaen; pwyswch eich gên yn erbyn eich brest a gadewch i'ch pen ddychwelyd i safle cyfforddus... ac astudiwch y teimlad o ymlacio. Gadewch i'r teimlad ddatblygu.

Nawr codwch eich ysgwyddau; gwthiwch nhw i fyny mor bell â phosib. Gwthiwch eich ysgwyddau i fyny; daliwch y tensiwn... a gollyngwch eich ysgwyddau a theimlwch eich hun yn ymlacio. Mae'ch gwddf a'ch ysgwyddau'n ymlacio. Ac, unwaith eto, gwthiwch eich ysgwyddau i fyny; gwthiwch nhw i fyny mor bell â phosib. Gwthiwch nhw i fyny, ac ymlaen, ac yn ôl. Teimlwch y tensiwn yn eich ysgwyddau a rhan ucha'ch cefn. Ac yna gollyngwch eich ysgwyddau unwaith eto ac ymlaciwch. Gadewch i'r teimlad o ymlacio ymledu'n ddwfn i'r ysgwyddau, yn ddwfn i gyhyrau'r cefn. Ymlaciwch eich gwddf a'ch llwnc a'ch safn a gadewch i'ch wyneb ymlacio mwy a mwy. A gadewch i'r teimlad o ymlacio dyfu'n ddyfnach ac yn ddyfnach ac yn ddyfnach.

Ac unwaith eto, canolbwyntiwch ar arafu'ch anadlu. Gadewch i'ch anadlu arafu fel ei fod yn helpu'ch corff i ymlacio mwy a mwy. Ceisiwch ymlacio'ch corff cystal ag y gallwch chi. Teimlwch y trymder cyfforddus sy'n mynd law yn llaw â theimlad o ymlacio ac anadlwch i mewn yn rhwydd ac yn rhydd, i mewn ac allan. Sylwch sut mae'r teimlad o ymlacio'n cynyddu pan fyddwch chi'n anadlu allan. Nawr anadlwch i mewn yn ddwfn a llenwch eich ysgyfaint. Daliwch eich anadl ac astudiwch y tensiwn... a nawr anadlwch allan. Gadewch i furiau'r frest lacio a gwthiwch yr aer allan yn awtomatig. Daliwch ati i ymlacio ac anadlu'n rhydd ac yn ysgafn ac yn araf bach. Teimlwch eich hun yn ymlacio a'i fwynhau a, gyda gweddill eich corff wedi ymlacio cymaint â phosib, llenwch eich ysgyfaint eto. Anadlwch yn ddwfn a daliwch eich anadl eto. Anadlwch allan a gwerthfawrogwch y gwahaniaeth. Daliwch ati i ymlacio'ch brest a gadewch i'r teimladau ymledu i'ch cefn, eich ysgwyddau, eich gwddf a'ch breichiau. Gadewch i bopeth fynd a mwynhewch yr ymlacio.

Nawr gadewch i ni droi'n sylw at gyhyrau'r abdomen. Tynhewch gyhyrau'r stumog. Gwnewch eich canol yn galed. Sylwch ar y tensiwn, daliwch y tensiwn... ac ymlaciwch. Gadewch i'r cyhyrau lacio a sylwch ar y cyferbyniad. Unwaith eto, tynhewch gyhyrau'r stumog. Daliwch y tensiwn a'i astudio. Daliwch y tensiwn a byddwch yn ymwybodol o'r tensiwn... ac yna'i ryddhau. Gadewch i'ch stumog ymlacio mwy a mwy. Nawr tynnwch eich stumog i mewn; tynnwch y cyhyrau i mewn a theimlwch y tensiwn fel hyn... ac ymlaciwch. Gadewch eich stumog allan; daliwch i anadlu'n naturiol ac yn rhwydd a theimlwch eich brest a'ch stumog yn cael eu tylino'n dyner. Nawr tynnwch eich stumog i mewn eto a daliwch y tensiwn. Nawr gwthiwch allan a theimlwch y tensiwn fel hynny. Daliwch y tensiwn. Unwaith eto, tynnwch i mewn a daliwch y tensiwn... a nawr ymlaciwch. Gadewch i'ch stumog ymlacio'n llwyr. Gadewch i'r tensiwn gilio wrth i chi ymlacio fwyfwy. A bob tro y byddwch chi'n anadlu allan, sylwch ar yr ymlacio rhythmig yn eich ysgyfaint ac yn eich stumog. Sylwch ar sut mae'ch brest a'ch stumog yn ymlacio mwy a mwy. A gadewch i'r teimladau hyn ddatblygu drwy'ch corff i gyd wrth i chi ymlacio mwy a mwy. Rhyddhewch yr holl densiwn ac ymlaciwch.

Nawr ystwythwch eich pen-ôl a'ch cluniau; ystwythwch drwy bwyso i lawr ar eich sodlau mor galed ag y gallwch chi. Pwyswch i lawr gyda'ch holl nerth... ac ymlaciwch... a sylwch ar y gwahaniaeth. Sythwch eich penngliniau ac ystwythwch gyhyrau'ch cluniau eto. Daliwch y tensiwn... ac yna'i ryddhau. Gadewch i'r ymlacio ddigwydd ohono'i hun.

Pwyswch eich traed a'ch bodiau i lawr fel bod cyhyrau croth (cefn) y goes yn tynhau. Astudiwch y tensiwn; daliwch y tensiwn... ac yna'i ryddhau. Y tro hwn, plygwch eich traed i fyny tuag at eich wyneb fel eich bod chi'n gallu teimlo tensiwn ar hyd y ddwy grimog (blaen y goes). Dewch â'ch bodiau reit i fyny; teimlwch y tensiwn... a'i ryddhau. Daliwch ati i ymlacio am ychydig.

Nawr gadewch i chi'ch hun ymlacio mwy a mwy. Ymlaciwch eich traed, eich pigyrnau, croth y ddwy goes a'r crimogau. Ymlaciwch eich penngliniau, eich cluniau a'ch pen-ôl. Teimlwch drymder rhan isa'ch corff wrth i chi ymlacio ymhellach. A nawr gadewch i'r teimlad o ymlacio ymledu i'ch stumog, eich gwasg a gwaelod y cefn. Rhyddhewch bob dim fwy a mwy. Teimlwch eich corff cyfan yn ymlacio. Gadewch i ran ucha'r cefn, y frest, yr ysgwyddau a'r breichiau, hyd at flaenau'ch bysedd, ymlacio mwy a mwy. Daliwch ati i ymlacio'n ddyfnach ac yn ddyfnach. Peidiwch â gadael i unrhyw densiwn gripian i'ch gwddf. Ymlaciwch eich gwddf a'ch safn a holl gyhyrau'r wyneb. Daliwch ati i ymlacio'ch corff cyfan fel hyn am ychydig. Wrth i chi ymlacio mwy a mwy, dychmygwch eich corff yn mynd yn drymach ac yn gynhesach. Dychmygwch eich bod yn suddo'n ddyfnach ac yn ddyfnach ac yn ddyfnach wrth i ymlacio fwyfwy. A dychmygwch eich corff yn cynhesu, gyda theimlad cynnes braf wrth i unrhyw arwyddion o densiwn ddiflannu. Ac wrth i chi ymlacio fwyfwy, dychmygwch suddo'n ddyfnach ac yn ddyfnach ac yn ddyfnach i gyflwr o ymlacio perffaith. Mewn cyflwr o ymlacio perffaith, dylech deimlo'n amharod i symud yr un cyhyr yn eich corff.

Nawr fe allwch chi ymlacio ddwywaith cymaint drwy anadlu'n araf ac yn rhythmig. Rydych chi'n dod yn llai ymwybodol o bethau a symudiadau o'ch cwmpas. Rydych chi'n canolbwyntio'n llwyr ar ymlacio mwy a mwy wrth i'ch corff fynd yn drymach ac yn gynhesach o hyd. Daliwch ati i ymlacio fel hyn. Pan fyddwch chi eisiau codi, cyfrwch yn ôl o 5 i 1. Yna dylech chi deimlo'n dda ac wedi'ch adfywio, yn hollol effro ac wedi ymlacio'n llwyr.

Ymlacio cynyddol 2: Ymlacio cyflym

Eisteddwch yn ôl, mor gyfforddus ag y gallwch chi. A dechreuwch drwy arafu'ch anadlu fel bod eich anadlu'n ymlacio fwyfwy a'ch corff yn gallu dechrau ymlacio ar unwaith.

Canolbwyntiwch ar y man lle mae'r tensiwn yn eich corff a chanolbwyntiwch ar ryddhau'r tensiwn hwnnw. Dwi am i chi ddychmygu gwthio unrhyw densiwn o gorun eich pen i lawr i fodiau'ch traed. Dychmygwch unrhyw arwyddion o densiwn yn cael eu gwthio i lawr eich talcen, i lawr eich wyneb. Gwthiwch y tensiwn i lawr, i lawr i'ch gwddf fel bod eich wyneb yn ymlacio. Astudiwch unrhyw arwyddion o densiwn ar eich wyneb a gadewch iddyn nhw gael eu gwthio i lawr ac i lawr. Gadewch i'ch wyneb ymlacio a, drwy wthio'r tensiwn i lawr ac i lawr, mae eich gwddf yn ymlacio.

Gadewch i'ch ysgwyddau ddisgyn a gwaredwch unrhyw densiwn o'r cyhyrau hynny a gwthiwch y tensiwn i lawr i'ch breichiau. A theimlwch y teimlad o ymlacio'n ymledu i lawr o'ch wyneb, i lawr o'ch ysgwyddau, i mewn i'ch breichiau. A dychmygwch y teimlad o ymlacio yn ymledu i lawr eich breichiau, gan wthio unrhyw densiwn o'i flaen, gan wthio'r tensiwn allan o'ch breichiau i lawr i'r dwylo a gwthio'r tensiwn allan o'ch corff, allan drwy flaenau'ch bysedd. Canolbwyntiwch ar ymlacio'r breichiau yn llawn ac yn ddwfn. Dychmygwch fod eich ysgwyddau hyd flaenau'ch bysedd wedi ymlacio. Gadewch i'ch breichiau ymlacio mwy a mwy.

A gwthiwch unrhyw arwyddion o densiwn i lawr eich brest. I lawr eich stumog, gan wthio'r tensiwn i lawr eich coesau fel bod eich brest yn ymlacio a'ch stumog yn ymlacio. Canolbwyntiwch unwaith eto ar eich anadlu, gan adael i'ch anadlu arafu fel ei fod yn gyfforddus iawn i chi ac yn eich ymlacio. A gadewch i'ch corff ymlacio mwy a mwy. A gwthiwch y tensiwn hwn ymhellach i lawr eich coesau. Gwthiwch y tensiwn hwn mor bell oddi wrthych â phosib; i lawr drwy'ch cluniau, i lawr drwy gyhyrau croth y goes ac allan o'ch corff, drwy fodiau'ch traed. A chanolbwyntiwch eto ar y teimlad o ymlacio yn ymledu. Gadewch i'r teimlad ymledu i lawr drwy'r coesau fel bod eich cluniau, cyhyrau croth y goes a'ch traed yn ymlacio'n braf. Ac unwaith eto, dychmygwch eich corff yn ymlacio fwyfwy. Mae'ch anadlu'n ymlacio'r corff mwy a mwy wrth i'ch cyhyrau ymlacio mwy a mwy.

A dychmygwch eich corff yn mynd yn bleserus o drwm, yn bleserus o gynnes. Gadewch i'ch corff ymlacio'n ddyfnach ac yn ddyfnach. Edrychwch am unrhyw arwyddion o densiwn sy'n weddill yn eich corff. Ynyswch y tensiwn ac yna'i wthio allan o'ch corff. Canolbwyntiwch ar ymlacio'r rhannau o'r corff lle rydych chi'n dod o hyd i densiwn. A gadewch i'r teimladau hynny o densiwn ddiflannu, ac i deimladau pleserus o ymlacio gymryd eu lle. Ac os oes gennych chi unrhyw ofidiau ar hyn o bryd, gadewch iddyn nhw ddiflannu. Gadewch iddyn nhw fynd. Gadewch i'ch meddwl ymlacio cymaint â'ch corff. Canolbwyntiwch ar ymlacio pleserus a dim byd arall.

A gadewch i'r teimladau hyn o ymlacio ddatblygu a mwynhewch nhw. Ac wrth i'r ymlacio cyflym hwn ddod i ben, dwi am i chi gadw'r teimlad hwn o ymlacio. Peidiwch â gadael i densiwn sleifio'n ôl i mewn i'r corff; peidiwch â gadael i densiwn sleifio'n ôl i mewn i'ch meddwl. Canolbwyntiwch ar ymlacio a chadwch y teimlad gyda chi, beth bynnag fyddwch chi'n ei wneud heddiw. Ac yn eich amser eich hun, wrth i chi gyfrif i lawr o 5 i 1, byddwch yn teimlo wedi ymlacio'n llwyr, yn hollol effro ac yn dawel braf.

Dail yn yr afon

Mae'r ymarfer hwn yn eich dysgu i gymryd cam yn ôl ac arsylwi ar eich meddyliau llawn straen yn hytrach na bod yn eu canol nhw. Sylwch nad yw meddyliau'n ddim byd ond meddyliau, geiriau sy'n llifo heibio nad oes angen i ni ymateb iddyn nhw; dim ond sylwi arnyn nhw sydd angen i ni ei wneud. Eisteddwch yn dawel, caewch eich llygaid a chanolbwyntio ar eich anadlu. Yna dechreuwch sylwi ar y meddyliau sy'n dod i'ch meddwl.

Yn eich dychymyg, rhowch bob un o'r meddyliau rydych chi'n sylwi arnyn nhw ar ddeilen unigol a'i gwylio'n llithro i lawr yr afon. Does dim angen chwilio am y meddyliau nac aros yn gwbl effro, yn disgwyl iddyn nhw ymddangos. Gadewch iddyn nhw ddod ac, wrth iddyn nhw wneud hynny, rhowch nhw ar ddeilen a gadewch iddyn nhw lithro i ffwrdd. Gall eich sylw grwydro ond does dim ots; dyna mae'r meddwl yn ei wneud. Cyn gynted ag y bydd eich meddwl yn crwydro, trowch eich ffocws yn ôl i'r meddyliau a'u rhoi nhw ar y dail. Ac ar ôl ychydig funudau, trowch eich sylw'n ôl at eich anadlu ac agorwch eich llygaid a dod yn ymwybodol o bopeth o'ch cwmpas eto.

Sganio'r corff

Caewch eich llygaid ac anadlwch yn ysgafn drwy'ch trwyn. Wrth i chi anadlu i mewn, efallai y byddwch yn ymwybodol bod yr aer yn teimlo'n eithaf oer. Ac wrth i chi anadlu allan, mae'n teimlo'n gynhesach. Does dim angen i chi newid cyfradd na rhythm eich anadlu o gwbl. Y cyfan rydych chi'n ei wneud yw gwylio'r anadl wrth i chi anadlu i mewn ac allan. Talwch sylw i'ch anadlu am ychydig funudau.

Nawr trowch eich sylw at eich brest. Beth ydych chi'n ymwybodol ohono wrth i chi anadlu i mewn ac allan yn ysgafn? Ble rydych chi'n teimlo'r anadl? Yn rhan ucha'r frest

neu'r rhan isaf? Pa gyhyrau sy'n symud? Pa esgyrn sy'n symud
wrth i chi anadlu i mewn ac allan yn ysgafn? Os gallwch chi,
wrth i chi anadlu allan, dechreuwch deimlo eich bod chi'n
gallu rhyddhau, ymlacio a gadael fynd. Felly bob tro rydych
chi'n anadlu i mewn ac anadlu allan, rydych chi'n dysgu
rhyddhau, ymlacio a gadael fynd. Felly drwy wneud dim ond
anadlu gallwch ddechrau teimlo'n fwy heddychlon a thawel ac
wedi ymlacio.

Trowch eich sylw at eich traed. Beth ydych chi'n ymwybodol
ohono yn eich traed yr eiliad hon? Unrhyw deimladau
arbennig yn eich bodiau? Pinnau bach? Diffyg teimlad? Ydy'ch
traed yn teimlo'n boeth neu'n oer? Meddyliwch am sut mae'ch
traed yn teimlo a dim arall. Nawr byddwch yn ymwybodol
o'ch coesau, eich croen, eich cyhyrau, esgyrn rhannau isaf
eich coesau, eich pengliniau, eich cluniau. Talwch sylw i'r hyn
rydych chi'n ymwybodol ohono yn eich traed a'ch coesau'r
eiliad hon. Ac os gallwch chi, ceisiwch ddychmygu bod pob
anadl yn llifo drwy'ch coesau, yn rhyddhau, yn ymlacio ac yn
gadael fynd. Felly wrth i chi anadlu i mewn ac anadlu allan,
mae'r anadl yn llifo i ffwrdd drwy'ch coesau, ac allan drwy
flaenau'ch bodiau, gan ryddhau, ymlacio a gadael fynd. A
theimlwch eich hun yn ymlacio a theimlo'n heddychlon.

Nawr trowch eich sylw at eich dwylo. Beth ydych chi'n
ymwybodol ohono'r eiliad hon yn eich dwylo? Y teimladau ym
mlaenau'ch bysedd, cledrau'r dwylo, cefn eich dwylo? Beth
bynnag fo'r teimladau hynny, dydych chi'n gwneud dim ond
talu sylw iddyn nhw a bod yn ymwybodol ohonyn nhw.

Nawr byddwch yn ymwybodol o'ch breichiau a'ch ysgwyddau –

y croen, yr esgyrn; byddwch yn ymwybodol o unrhyw densiwn, unrhyw dyndra, unrhyw anghysur. Y cyfan rydych chi'n ei wneud yw sylwi arno a bod yn ymwybodol ohono. Ac, fel cynt, dwi am i chi anadlu i mewn ac, wrth i chi anadlu allan, teimlo fel pe bai'r anadl yn llifo drwy'ch breichiau, gan ryddhau, ymlacio a gadael fynd. Teimlwch yr anadl yn llifo i ffwrdd drwy flaenau'ch bysedd. Efallai y byddwch yn ymwybodol bod eich meddwl yn dechrau crwydro; eich bod chi'n dechrau meddwl am bethau eraill. Peidiwch â phoeni am hyn. Byddwch yn ymwybodol o'r hyn sy'n digwydd ac yna trowch eich meddwl yn ôl at wrando ar fy llais a bod yn ymwybodol o'ch anadl bob tro rydych chi'n anadlu i mewn ac anadlu allan. Rhyddhewch, ymlaciwch a gadewch fynd.

Nawr trowch eich sylw at eich wyneb. Beth ydych chi'n ymwybodol ohono yn y cyhyrau yn eich talcen, eich llygaid, eich safn, eich ceg? Unrhyw dyndra? Unrhyw densiwn? Fel cynt, rydych chi'n mynd i anadlu i mewn, ac wrth i chi anadlu allan rydych chi'n mynd i ryddhau, ymlacio a gadael i unrhyw densiwn fynd o gyhyrau'ch wyneb. Mae bron fel pe bai'r anadl yn llifo drwy'ch wyneb; drwy gyhyrau'ch talcen, eich llygaid, eich safn. Rhyddhau, ymlacio a gadael fynd.

Trowch eich sylw at eich pen: y cyhyrau ar gorun eich pen, cefn eich pen, eich gwar a'r holl ffordd i lawr eich asgwrn cefn. Beth ydych chi'n ymwybodol ohono'r eiliad hon? Unrhyw dyndra? Unrhyw densiwn? Unrhyw anghysur? Ac fel cynt, rydych chi'n mynd i anadlu i mewn, ac wrth i chi anadlu allan mae'r anadl yn mynd i lifo dros gorun eich pen, i lawr cefn eich pen, yr holl ffordd i lawr eich asgwrn cefn. Ymlacio, rhyddhau a gadael fynd. Trwy wneud dim ond anadlu, gallwch ddysgu ymlacio, rhyddhau a gadael fynd.

Nawr trowch eich sylw yn ôl at eich brest. Efallai eich bod chi'n ymwybodol eich bod chi'n anadlu fymryn yn arafach, fymryn yn ddyfnach. Os gallwch chi, hoffwn i chi ddychmygu eich bod chi'n gallu anadlu i mewn ac allan o'ch bol; fel pe bai eich anadlu'n disgyn hyd yn oed yn is a'ch bod yn anadlu drwy ganol eich bol. Ac, wrth i chi anadlu allan, mae'r anadl yn llifo drwy flaenau bodiau'ch traed, drwy flaenau'ch bysedd, top eich pen a gwaelod eich asgwrn cefn. Rhyddhau, ymlacio a gadael fynd. A theimlwch eich hun yn ymlacio ac yn teimlo'n heddychlon. Wrth i'ch corff ddysgu ymlacio, gallwch ddysgu sgiliau ymlacio'ch meddwl. Gallwch ddod yn ymwybodol o sut gall meddyliau wibio i mewn i'r meddwl a chysylltu ag emosiynau fel ofn neu dristwch neu rwystredigaeth. Ond does dim angen i chi ddilyn y meddyliau i mewn i'r emosiynau hyn. Gallwch adael i'r meddyliau lifo i ffwrdd fel dail mewn afon.

Ac wrth i chi ddod yn ymwybodol unwaith eto o'ch anadlu yng nghanol eich bol ac, i helpu'ch meddwl i ymlacio, hoffwn i chi feddwl am rywle tawel, heddychlon; rhywle rydych chi wedi bod iddo'n ddiweddar, efallai, neu amser maith yn ôl. Rhywle rydych chi wedi bod iddo go iawn neu rywle yr hoffech chi fynd iddo. A hoffwn i chi, yn eich dychymyg, fynd i'r lle hwnnw a gorffwys yno. Hoffwn i chi setlo yn y lle heddychlon hwnnw a dychmygu eich bod chi'n symud yn rhwydd a diymdrech tuag at rywle dymunol lle rydych chi'n mynd i orffwys am ychydig funudau. Wrth i chi symud yn rhwydd a diymdrech drwy'r olygfa, efallai y byddwch chi'n ymwybodol o synau; efallai y byddwch chi'n ymwybodol o arogleuon neu bersawrau sy'n eich helpu i deimlo'n dawel braf neu'n

heddychlon. Efallai fod rhywbeth y gallwch chi estyn allan
a'i gyffwrdd. A meddyliwch sut mae hynny'n teimlo o dan
flaenau'ch bysedd a sut mae'r synnwyr hwnnw yn eich helpu i
deimlo. Mor bwyllog, mor heddychlon. Ac wrth i chi setlo yn y
man heddychlon hwnnw a gorffwys yno am ychydig funudau,
yn dawel ac yn ddiogel, rydych chi'n edrych o'ch cwmpas ar y
lliwiau, a'r golau a'r cysgodion, beth allwch chi ei arogli, beth
allwch chi ei glywed, beth allwch chi ei gyffwrdd. Ac mae'r
holl deimladau hyn yn eich helpu i deimlo'n dawelach, yn fwy
heddychlon, ac wedi ymlacio mwy. Ac rydych chi'n dod yn fwy
ymwybodol o ba mor gyfforddus mae'ch corff chi nawr a pha
mor dawel yw eich meddwl chi nawr. A mwyaf oll y byddwch
chi'n ymarfer yr ymlacio hwn, gorau oll y byddwch chi'n gallu
dychwelyd at y meddyliau a'r teimladau hyn o dawelwch a
heddwch ble bynnag a phryd bynnag y byddwch chi angen
gwneud hynny, dim ond drwy anadlu ac, wrth i ni gyrraedd
y diwedd, gallwch chi naill ai agor eich llygaid, gan deimlo'ch
bod wedi cael eich adfer a'ch adfywio, yn barod i wneud
beth bynnag rydych chi angen ei wneud, neu, os dymunwch,
gallwch suddo i mewn i gwsg heddychlon ac adfywiol wrth i'r
sesiwn ymlacio yma ddod i ben.

Atodiad 2

Adnoddau ychwanegol

Fideo

Mae gan Sefydliad Iechyd y Byd ddau fideo yn seiliedig ar lyfrau gwych Matthew Johnstone: 'I had a black dog: his name was depression' a 'Living with a black dog'.
www.youtube.com/watch?v=XiCrniLQGYc
www.youtube.com/watch?v=2VRRx7Mtep8

Mae'r llyfrau ar gael yn Gymraeg: *Roedd Gen i Gi Du* a *Byw gyda Chi Du*.

Gwefannau

www.wales.nhs.uk
www.mind.org.uk
www.getselfhelp.co.uk

Rhifau ffôn

Llinell gymorth GIG Cymru (dim achosion brys) 0845 46 47, neu 111 (Lloegr a'r Alban). Sylwer: nid oes gwasanaeth o'r fath yng Ngogledd Iwerddon ar hyn o bryd.
Y Samariaid (Y DU a Gweriniaeth Iwerddon) 116 123

Ymlacio ac ymwybyddiaeth ofalgar ar-lein

stresscontrolaudio.com

Mynegai